现场 6S 精益管理实务

姚水洪　邹满群　编著

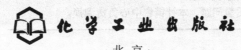

化学工业出版社

·北京·

内容简介

以6S为基础的现场管理是企业基础管理的重要组成部分，其高低水平直接决定企业运营效率与运营效益的高低。本书从6S管理的推行要素、推行过程与推行方式等方面展开，详细而全面地阐述了6S这一强大而有效的现场管理工具的推行和实施。主要内容有：现场6S管理推行过程，整理的推行与推进、整顿的推行与推进、清扫的推行与推进、清洁的推行与推进、安全的推行与推进、素养的推行与推进，6S管理活动的督导与考核、6S管理的体系化与标准化及6S管理活动的有效实施与持续发展。

本书可供企业现场管理人员、培训人员、咨询顾问等学习，也可供相关专业的大、中专学生参考或作为教学、培训教材。

图书在版编目（CIP）数据

现场6S精益管理实务/姚水洪，邹满群编著. —北京：化学工业出版社，2013.5（2022.7重印）

ISBN 978-7-122-16785-9

Ⅰ.①现… Ⅱ.①姚…②邹… Ⅲ.①企业管理-生产管理 Ⅳ.①F273

中国版本图书馆CIP数据核字（2013）第055120号

责任编辑：高　钰　　　　　　　　　　文字编辑：丁建华
责任校对：蒋　宇　　　　　　　　　　装帧设计：张　辉

出版发行：化学工业出版社（北京市东城区青年湖南街13号　邮政编码100011）
印　　装：北京七彩京通数码快印有限公司
787mm×1092mm　1/16　印张18　字数389千字　2022年7月北京第1版第9次印刷

购书咨询：010-64518888　　　　　　　售后服务：010-64518899
网　　址：http://www.cip.com.cn
凡购买本书，如有缺损质量问题，本社销售中心负责调换。

定　　价：58.00元　　　　　　　　　　　　　　　　版权所有　违者必究

　　企业生产运营的主要目标是质量、成本、时间和柔性，这些是企业竞争力的根本源泉。尤其是近二三十年来，随着信息技术突飞猛进的发展，社会需求日益多样化、多变化等，现代企业的生产经营规模也在不断扩大，产品本身的技术和知识密集程度不断提高，产品的生产和服务过程日趋复杂，世界范围内的竞争日益激烈，企业运营的目标使运营管理本身也在不断发生变化。企业要想按照运营目标要求满足市场或社会需求，获得持续发展，除了有一套符合企业自身实际的管理制度外，还需要有效的现场管理体系。起源于日本的5S（即"整理"、"整顿"、"清扫"、"清洁"、"素养"）管理是现场管理的核心与基础，日本企业一直以来把全面质量管理、员工教育培训与5S管理三个体系贯穿于企业运营过程中，在世界竞争市场上获得可持续竞争力。5S管理理论进入我国后被引进"安全"要素而称为6S管理。

　　从国内企业发展的层级来看，企业国际竞争力仍显不足。企业国际竞争力不足的原因除了企业战略与理念达不到国际竞争的层次外，另外一个重要的原因在于企业现场管理缺乏效率。现场管理包含企业运营的方方面面，现场管理是否有效直接关系到企业战略与理念落实的有效性，关系到企业品牌、质量、安全、士气等各方面管理的有效性。企业生产经营活动与管理活动都必须落实到现场，从现场管理的综合情况可以判断一个企业战略计划分解与落实的总体概貌，可以判断一个企业管理理念是否有效，可以看出一个企业的企业文化总体情况，可以看出一个企业人力资源的素质与人员士气。为此，发达国家的企业，尤其是那些世界知名企业非常重视现场管理，重视企业现场管理的效能提升。日本企业始终把以5S管理为核心的现场管理作为提升企业核心竞争力的管理方式，始终把5S管理作为企业基础管理手段，不断提升企业在世界市场上的核心竞争能力；欧美很多企业例如通用电气等也非常重视企业的现场管理，把5S管理作为一项先进的管理手段贯彻于企业运营管理活动中，并不断创新现场管理的方式和手段，提升现场管理的效能；世界范围内目前有65%的企业都在广泛地推行5S或6S管理。我国很多企业例如青岛海尔、太原钢铁、宝钢集团等通过参观学习日本5S管理的成功做法，并在企业内部逐步推行，使得企业获得长足发展，尤其是青岛海尔集团，其"OEC"管理模式、"日清日洁"、"6S大脚印"等无不带有日本企业5S管理的痕迹，只是结合海尔企业实际以及中国文化的具体特色而已。我国目前有89.4%的日资企业、台资企业以及69.6%的港资企业都在实施或推行5S管理；国内珠江三角洲、长江三角洲七成以上的企业也在推行这种管理活动。这表明5S管理或6S管理在企业管理中的重要性日益为企业管理层所认识，也表明这种管理方式或手段对于企业提升核心竞争能力的重要性。

5S管理或6S管理内容简单，在推行过程中首先必须要理念到位，其次要持之以恒，把其中的管理内容变成企业文化的内容，这样才能达到推行的目的，才能有效提升现场管理的效能，夯实企业核心竞争力的基石。本书结合企业运营实际要求，从6S管理的推行要素、推行过程与推行方式等方面展开，全面分析企业推行6S管理各个阶段的内容。本书作者多年来从事企业现场运营管理的研究与咨询，希望能与企业现场管理人员分享6S管理的知识和经验。

本书可供企业现场管理人员、培训人员、咨询顾问等学习，也可供相关专业的大、中专学生参考或作为教学、培训教材。

书中如有错误或不妥之处，恳请读者批评指正，相关建议、要求等可发邮件至yaoshh@163.com，作者表示诚挚的谢意。

姚水洪

2013年1月

目录

第七章　安全的推行与推进　　　167

第八章　素养的推行与推进

第九章　6S管理活动的督导与考核

现场 6S
精益管理实务

第一章
现场6S管理概述

第一节
现场6S管理内容与特征

一、6S起源与发展

（1）起源与发展

日本是一个资源贫乏，但工业十分发达的经济强国，其工业产品对于世界各国都不陌生，国内马路上几乎随时随处可见的丰田、日产、三菱、马自达等品牌轿车在穿行，几乎每一家大型商场都出售索尼、松下、佳能等品牌的彩电、数码相机和手机。可以说，日本的工业产品已经几乎渗透到世界各国的各个领域和各个角落。人们在羡慕的同时，也不得不被其工业产品的可靠性能、简洁外形、经济合理的结构而折服。可就是这个国家，在20世纪四五十年代，其生产水平却比较低下，产品品质粗糙，因而只能在欧美的地摊上低价出售。日本人正是通过推行5S管理法并持之以恒地加以推行，提升企业基础管理水平，才很快改变上述现状。5S管理训练和培养了日本企业员工"认真对待每一件小事，有规定按规定做"的工作作风，改变了日本产品的品貌，为生产一流品质的工业产品奠定了良好的基础，为日本经济在第二次世界大战后的迅速崛起注入了活力。

5S指的是在生产现场中对人员、机器、材料、方法等生产要素进行有效管理。1955年，日本5S的宣传口号为"安全始于整理、整顿，终于整理、整顿"，当时推行只是前面的2S，其目的仅为了确保作业空间和安全，后因生产控制和质量控制的需要而逐步提出后续的3S，即"清扫"、"清洁"、"素养"（或称"修养"），从而使其应用空间及适用范围进一步拓展。20世纪50年代以来，以丰田、松下等为代表的日本企业的管理水平与发展能力获得世界公认，其基于基础管理获得的效率、质量、安全使得这些企业形成傲步世界的核心能力。由于5S管理简单、实用、效果显著，在丰田公司的倡导推行下，5S管理在日本企业中广泛推行，对于塑造企业的形象、降低成本、准时交货、安全生产、高度的标准化、创造令人心旷神怡的工作场所、现场改善等方面发挥了巨大作用，逐渐被各国的管理界所认识。

5S管理作为一个重要的基础管理活动，在30年的日本战后崛起过程当中，发挥了重要作用。后来在20世纪70年代末期，日本丰田汽车大面积地占领了美国市场，对美国的制造业形成非常大的冲击，美国人当时很着急，麻省理工学院组织国际上非常多的专家去到日本去研究，发现了这套方法，其中5S是一个基础，于是推而广之。1986年，首部5S著作问世，从而对整个现场管理模式起到了巨大的冲击作用，并由此掀起5S热潮。

随着世界经济的发展，5S已经成为企业管理的一股新潮流。日本企业成功推行5S管理所带来的巨大业绩引起全球企业界管理人士的关注，我国很多企业例如青岛海尔、太原钢铁、宝钢集团等通过参观学习日本5S管理的成功做法，并在企业内部逐步推行，使得企业获得长足发展。尤其是青岛海尔集团，其"OEC"管理模式、日清日洁、6S大脚印等无不带有日本企业5S管理的痕迹，只是结合海尔企业实际以及中国文化的具体特色而已。国内的青岛海尔等优秀企业推行5S，不仅在于要改善生产环境、提高产品品质，更重要的是通过推行5S去改善员工精神面貌，培养和吸引一流的人才，缔造一流的企业。我国钢铁、电力、煤炭行业中的很多企业也开始借鉴日本5S管理方法，强化企业基础管理工作。

（2）关于起源与发展的两个问题

关于5S管理的起源与发展有两个问题需要说明：一是起源，二是发展。

关于5S管理的起源问题，其实没什么过多可说的。目前国际企业界公认这种管理方式起源于日本，也是在日本获得长足的发展。但国内有人认为，西门子公司在推行5S工作时，接受培训的员工却说5S起源于20世纪三四十年代的美国，后来流传到欧洲，被以严谨著称的德国人发扬光大，最后在60年代被日本人学到了手中；也有人认为，"5S起源日本，发展于美国"；有人认为，泰勒《科学管理》中已经形成5S内容雏形；更有甚者，有人在追寻中华民族古文化中，提出《弟子规》内容是最早的5S雏形，5S内容真正起源于中国，只不过是日本人在工厂实践中加以总结、归纳，最终形成了5S理论。其实说起源于日本、英美都可以理解，毕竟这种管理方式是工业化的产物和要求；起源于中国古代说完全没必要，古代中国很多思想都是小农经济社会的产物，与现代工业化下的生产运营基本没联系，没必要牵强附会。日本企业首先运用5S管理方式改变企业面貌，使企业形成自己核心竞争能力，在世界范围内参与竞争，就已经足以说明问题。另外，就5S管理的起源问题没必要追踪研究，更应该关注5S管理的实施与应用效果，关注这种管理方式的本质。

关于5S管理的延伸与发展问题，这是一个不得不说的问题。目前国内有的公司在原来5S的基础上增加了安全（Safety）要素形成6S管理（5S进入我国以后，由海尔公司引进"安全"一词，形成了最初的6S管理理论），也有的企业增加节约（Save）及安全（Safety）这两个要素，形成了7S管理；也有的企业加上习惯化（Shiukanka，日语罗马拼音）、服务（Service）及坚持（Shikoku，日语罗马拼音），形成了10S管理。真有这种必要吗？5S管理是行为与结果的结合，国内很多企业基于经验主义与功利主义的原因把5S管理延伸为6S管理、7S管理，甚至10S管理，其实是混淆了行为以及行为的结果，增加了管理的难度，这也是很多企业5S管理不能持久推行的原因。以安全来说，其实5S中的整理、整顿、清洁、清扫已经包含了安全的行为要求，而安全的活动结果正是5S管理所期望和要求的结果，把结果当成行为，在5S管理中增加安全要素，其实没必要。但可以理解的是，由于我国企业运营中的安全形势比较严峻，5S中加了一项"安全"就变成6S，这是中国的一个不得已的"创造"，国外都叫5S。中国企业在实践当中发现，其实现场5S还要重视到安全的管理，所以就把安全加到5S。

变成6S之后，其实就会发现，5S做好了，非常容易去保障现场安全，有利于强化员工的安全管理意识，所以6S实际上是5S开展下来得到的一个业绩结果，第六个"S"就属于关键业绩指标的这个层面。后面的坚持、习惯、节约等同样如此。这涉及5S管理的内涵与本质，后面具体探讨。

本书基于国内企业的习惯，仍然把安全作为其中一个要素，按照6S的要素编写（以下文中5S管理和6S管理通用）。

二、6S管理的内容

（1）6S管理的基本内容

所谓6S管理，不过是5S管理基础上增加一个要素——安全。5S管理是指对生产现场各生产要素（主要是物的要素）所处状态不断进行整理、整顿、清洁、清扫、安全、提高素养的活动。由于整理（Seiri，日语罗马拼音，下同）、整顿（Seiton）、清扫（Seiso）、清洁（Seiketsu）、素养（Shitsuke）这5个词日语中罗马拼音的第一个字母都是"S"，所以简称5S。由于增加的要素——安全（Security或Safety。有些人认为是前者，有些人认为是后者，但第一个字母都是S）的第一个字母也是"S"，因而变成6S管理。

➢ 整理（Seiri）。将工作场所的任何物品区分为有必要和非必要的，除了有必要的留下来，其他的都清除掉。实质上是彻底把需要与不需要的人、事、物分开，再将不需要的人、事、物加以处理。整理是改善生产现场的第一步。其要点是对生产现场摆放和停滞的各种物品进行分类；其次，对于现场不需要的物品，诸如用剩的材料、多余的半成品、切下的料头、切屑、垃圾、废品、多余的工具、报废的设备、工人个人生活用品等，要坚决清理出现场。整理的目的是：改善和增加作业面积；现场无杂物，行道通畅，提高工作效率；消除管理上的混放、混料等差错事故；有利于减少库存，节约资金。从价值创造的角度看，必须区分企业运营中创造价值的活动与非价值创造的活动。

➢ 整顿（Seiton）。把留下来的必要用的物品依规定位置摆放，并放置整齐加以标识。目的在于工作场所一目了然，消除寻找物品的时间，整整齐齐的工作环境，消除过多的积压物品。实质上是把需要的人、事、物加以定量和定位，对生产现场需要留下的物品进行科学合理地布置和摆放，以便在最快速的情况下取得所要之物，在最简洁有效的规章、制度、流程下完成事务。简言之，整顿就是人和物放置方法的标准化。整顿的关键是要做到定位、定容、定量。抓住了上述三个要点，就可以制作看板，做到目视管理，从而提炼出适合本企业的物品的放置方法，进而使该方法标准化。从价值创造的角度来看，需要清除企业运营中非价值创造环节。

➢ 清扫（Seiso）。将工作场所内看得见与看不见的地方清扫干净，保持工作场所干净、亮丽的环境。目的在于稳定品质，减少工业伤害。实质上是把工作场所打扫干净，对出现异常的设备立刻进行修理，使之恢复正常。清扫过程是根据整理、整顿的结果，将不需要的部分清除掉，或者标示出来放在仓库之中。清扫活动的重点是必须按照企业具体情况决定清扫对象、清扫人员、清扫方法，准备清扫器具，实施清扫的步骤，方能真正起到效果。

➤ 清洁（Seiketsu）。将整理、整顿、清扫进行到底，并且制度化，经常保持环境处在美观的状态。目的在于创造明朗现场，维持上面3S成果。实质上是在整理、整顿、清扫之后，认真维护、保持完善和最佳状态。在产品的生产过程中，永远会伴随着没用的物品的产生，这就需要不断加以区分，随时将它清除，这就是清洁的目的。清洁并不是单纯从字面上进行理解，它是对前三项活动的坚持和深入，从而消除产生安全事故的根源，创造一个良好的工作环境，使员工能愉快地工作。这对企业提高生产效率，改善整体的绩效有很大帮助。清洁活动的要点则是：坚持"三不要"的原则——即不要放置不用的东西，不要弄乱，不要弄脏；不仅物品需要清洁，现场工人同样需要清洁，工人不仅要做到形体上的清洁，而且要做到精神上的清洁。清洁活动实施时，需要秉持三个观念。

第一个观念：只有在清洁的工作场所才能生产出高效率、高品质的产品。

第二个观念：清洁是一种用心的行动，千万不要只在表面上下工夫。

第三个观念：清洁是一种随时随地的工作，而不是上下班前后的工作。

➤ 安全（Safety）。重视安全教育，每时每刻都有安全第一观念，防患于未然。目的在于建立起安全生产的环境，所有的工作应建立在安全的前提下。安全贯穿于整个活动与生产运营过程。安全结果的前提是有安全的理念，在安全理念支配与安全规则引导下从事安全生产活动，产生安全生产行为，获得安全活动的结果。为此，需要遵守安全规章制度，严格按照安全规程行为。企业运营中重要的是预防安全隐患，消除一切不安全的行为、活动、过程与安全事故。实施6S管理的一个重要结果要求就是过程安全、结果安全，需要员工具有安全的生产运营理念，创造安全生产的环境。

➤ 素养（Shitsuke，或称修养）。每位成员养成良好的习惯，并遵守规则做事，培养积极主动的精神（也称习惯性）。目的在于培养有好习惯、遵守规则的员工，营造团队精神。实质上是指养成良好的工作习惯，遵守纪律，努力提高人员的素质，养成严格遵守规章制度的习惯和作风，营造团队精神。这是6S活动的核心。没有人员素质的提高，各项活动就不能顺利开展，也不能持续下去。实施6S管理，要始终着眼于提高人的素质。6S活动始于素质，也终于素质。在开展6S活动中，要贯彻自我管理的原则。创造良好的工作环境，不能指望别人来代为办理，而应当充分依靠现场人员来改善。

6S的含义见表1-1。

表1-1　6S的含义

中文	日文	英文	典型例子
整理	Seiri	Organization	倒掉垃圾，将长期不用的物品放入仓库
整顿	Seiton	Neatness	30s内就可找到要使用的物品
清扫	Seiso	Cleaning	谁使用谁负责清洁（管理）
清洁	Seiketsu	Standardization	管理的公开化、透明化
素养	Shitsuke	Discipline and Training	严守标准、团队精神
安全		Safety	安全培训与安全教育

在6S的实际推行过程中，很多人常常混淆"整理"与"整顿"、"清扫"和"清洁"等概念。为了使6S得以迅速推广传播，很多推进者想了各种各样的方法来帮助理解记忆，如漫画、顺口溜（表1-2）、快板等。

表1-2　关于6S的顺口溜

6S	顺口溜	6S	顺口溜
整理	要与不要，一留一弃	清洁	洁净环境，贯彻到底
整顿	科学布局，取用快捷	安全	安全操作，以人为本
清扫	清除垃圾，美化环境	素养	形成制度，养成习惯

（2）6S管理之间相互关系

6S管理是一个全方位的系统管理。"整理、整顿、清扫、清洁"即顺畅工作现场，优化质量环境，为员工创造一个舒适的工作场所；"素养、安全"即提升员工素质，提高工作效率，保障企业运营安全，建设一支具有高素质的员工队伍，塑造良好的企业形象。

6S管理中的6个"S"——整理、整顿、清扫、清洁、素养、安全并不是各自独立，互不相关的要素内容，它们之间是一种相辅相成，缺一不可的关系。

整理是整顿的基础，整顿是整理的巩固；

清扫是显现整理、整顿的效果；

通过清洁和素养使企业形成一个所谓整体的改善气氛；

整理、整顿、清扫、清洁是为了有效地控制现场的物和事的要素，通过整理、整顿、清扫、清洁形成一个安全的现场生产环境；

通过整理、整顿、清扫、清洁四个"S"来改变现场，通过设计过程、设计环节来改变员工，通过解决事和物的因素，掌握科学的方法，使员工提高素养，培养成良好的习惯，从而改变员工，使人这个要素得到有效的控制，它们之间是一一对应的关系；

素养的养成进一步推进整理、整顿、清扫、清洁活动的深入开展；

安全现场生产环境的形成使员工在现场非常安心，能够有序地来开展作业，不会受到心理上的不适感和威胁感。

6S内部关系如图1-1所示。

有人用几句口诀来说明6"S"之间的关系，见表1-3。

表1-3　6"S"之间的关系口诀

关　系	口　诀
整理与整顿	只有整理没有整顿，物品真难找得到
整顿与整理	只有整顿没有整理，无法取舍乱糟糟
整理、整顿与清扫	只有整理、整顿没清扫，物品使用不可靠
整理、整顿、清扫与清洁	3S之效果怎保证，清洁出来献一招
素养与其他4S	标准作业练修养，公司管理水平高
安全与其他5S	安全环境有保证，其他工作放心搞

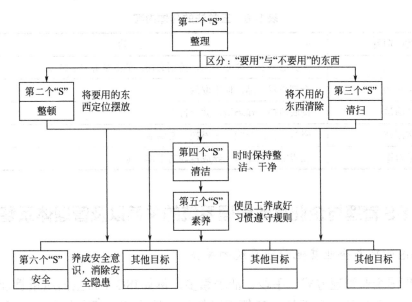

图1-1　6S内部关系

（3）有关5S或6S管理的其他说法

欧美国家的有些企业称5S管理为"5S作战"或"5C作战"，我国香港地区的企业则称之为"五常法"。

欧美的5S作战的具体内容见表1-4。

表1-4　5S作战的具体内容

5S的项目	内　容
Soft（分类）	区分要与不要的物品，将不要的物品清除掉
Straighten（定位）	合理放置需要的物品，以便取用
Scrub（刷洗）	清除垃圾、污物等
Systematize（制度化）	将日常活动及检查工作列入管理制度之中
Standardize（标准化）	将上述四个步骤标准化，并持续推行下去

5C作战的具体内容如表1-5所示。

表1-5　5C作战的具体内容

英　文	中　文	内　容
Clear out	清除	区分要与不要的物品，将不要的物品清除掉
Configure	安置	合理安置需要的物品
Clear & Check	清扫和检查	将工作场所打扫干净，并及时监督检查
Conform	遵守	制定标准，并遵照执行
Custom & Practice	习惯和实践	养成良好的习惯，并持续改善

五常法的具体内容如表1-6所示。

表1-6　五常法的具体内容

五常的项目	内　容
常组织	区分必需品与非必需品，控制必需品的数量并妥善放置
常整顿	合理放置物品，便于取放
常清洁	彻底清扫工作场所，并保持干净
常规范	坚持做到常组织、常整顿、常清洁
常自律	按规定方式操作，养成良好的工作习惯

三、6S管理与企业其他管理系统的关系以及管理体系整合

（1）6S管理与企业其他管理系统的关系

目前我国企业管理方式、手段、活动繁多，例如ISO9000全面质量管理、双基管理、质量安全环保认证管理等。6S管理既然如此地重要，那它与TQM（全面质量管理）、TPM（全员生产性维护）、安全管理等活动又有什么关系？6S管理是否要增加企业员工的负担，如何处理好与其他管理方式的关系？如何有效整合相关管理手段？

应该说，6S管理是整个企业管理的基础，是TPM的前提，是TQM的第一步，是推行ISO 9000的结晶，也是企业职能管理、双基管理等活动的深入。如果有了6S管理的推动，企业任何活动就能收到事半功倍的效果，6S都推行不了的企业，一定无法成功地进行其他活动。

➢ 6S管理是企业现场管理的基础，是全面生产管理TPM的前提，是全面品质管理TQM的第一步，是ISO9000有效推行的保证，是企业职能管理深入的基础。

➢ 6S管理能够营造一种"人人积极参与，事事遵守标准"的良好氛围。有了这种氛围，推行ISO、TQM及TPM就更容易获得员工的支持和配合，有利于调动员工的积极性，形成强大的推动力。

➢ 实施ISO、TQM、TPM等活动的效果是隐蔽的、长期性的，一时难以看到显著的效果，而6S管理活动的效果是立竿见影。如果在推行ISO、TQM、TPM等活动的过程中导入6S管理，可以通过在短期内获得显著效果来增强企业员工的信心。

➢ 6S管理是现场管理的基础，6S管理水平的高低，代表着管理者对现场管理认识的高低，这又决定了现场管理水平的高低，而现场管理水平的高低，制约着ISO、TPM、TQM活动能否顺利、有效地推行。通过5S管理活动，从现场管理着手改进企业体质，能起到事半功倍的效果。

➢ 6S管理是企业安全管理的基础。6S管理为企业营造和形成一个安全生产的现场环境，消除现场一切安全生产隐患，同时提高员工的安全生产意识，对企业整个安全管理起到先行作用和基础作用。

进一步来说，把6S管理与企业其他管理活动的关系归总为三个方面：
一是6S管理为企业其他管理活动营造和谐的整体推进氛围。一个企业，无论是导入全面的体制管理，还是要推动ISO认证、TPM管理，在导入这些管理活动之前，如果没有先行掀起6S，或推行6S，或推行其他方法的活动，就很难起到良好的促进作用。推动6S可以营造一种和谐的运营管理氛围，营造一种让企业中的每一个人都养成一种习惯并能让员工积极地参与其中的氛围。做任何一件事情都需要有严格的标准和良好的氛围，企业去推行ISO，再去推动TQM，或推动TPM，就能很容易地获得员工的支持与配合，也有利于调动员工的积极性来形成强大的推动力。

二是6S管理为企业其他管理活动的推进体现效果，增强信心。推动6S，与其他ISO、TQM、TPM的关系可以体现出一种效果，也可以增强员工对企业的信心。实施ISO，实施TQM或者是TPM的活动，它的效果是一种隐蔽和长期性的，一时难以看到的，而6S的推动的效果则立竿见影，如果在推行ISO、TQM、TPM的活动的过程中先导入了6S，可以在短期内获得显著效果来增强企业员工的信心。

三是6S管理为企业其他相关管理活动的推行打下坚实的基础。6S为相关活动打下坚实的基础。6S是现场管理的基础，6S水平的高低代表着现场管理水平的高低，而现场管理的水平高低则制约着ISO、TQM、TPM活动能否顺利地推动或推行。所以只有通过5S的推行和活动，从现场管理着手，来改进企业的体制，才能够起到事半功倍的效果。

6S与管理合理化的关系如图1-2所示，6S与企业改善的关系见表1-7，6S与ISO的关系见表1-8。

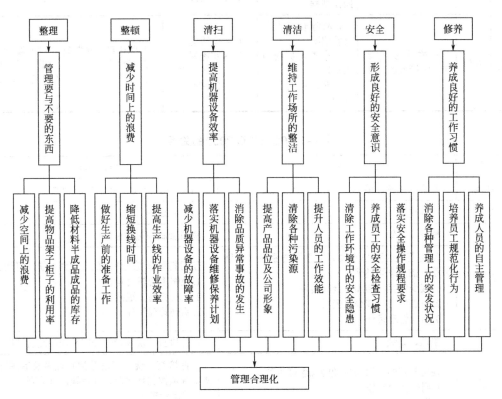

图1-2　6S与管理合理化的关系

表1-7　6S与企业改善的关系

5S	对象	意义	目的	实施检查方法	使用工具	目标
整理	物品空间	1.区分要与不要的东西 2.丢弃或处理不要的东西 3.保管要的东西	1.有效利用空间 2.消除死角	1.分类 2.红牌作战 3.定点照相	1.照相机、录影机 2.定点照相 红色标识	创造一个"清清爽爽"的工作场所
整顿	时间空间	1.物有定位 2.空间标识 3.易于归位	1.缩短换线时间 2.提高工作效率	1.定位、定品、定量 2.看板管理 3.目标管理	1.各类看板 2.照相机、录影机	创造一个"井然有序"的工作场所
清扫	设备空间	1.扫除异常现象 2.实施设备自主保养	1.维持责任区的整洁 2.降低机器设备故障率	1.责任区域 2.定检管理	1.定检表 2.照相机、录影机	创造一个"零故障"的工作场所
清洁	环境	永远保持前3S的结果	1.提高产品品位 2.提升公司形象	1.美化作战 2.三要：要常用、要干净、要整齐	照相机、录影机	创造一个"干干净净"的工作场所
安全	环境设备人员	1.养成安全责任意识 2.培养安全工作习惯	1.消除安全隐患 2.建设安全工作环境 3.落实企业安全操作规程	1.定期安全检查 2.安全教育 3.安全评比 4.生产例会	1.照相机、录影机 2.点检表 3.评核表	创造一个"无安全隐患"的工作场所
修养	人员	养成人员守纪律、守标准的习惯	1.消除管理上的突发状况 2.养成人员的自主管理 3.规范化的员工行为	1.礼仪活动 2.5S实施展览 3.5S表扬大会 4.教育训练	1.照相机、录影机 2.点检表 3.评核表	创造一个"自主管理"的工作场所

表1-8　6S与ISO 9000的关系

项目	6S	ISO 9000
内容	整理、整顿、清扫、清洁、安全、修养	ISO 9001、ISO 9002、ISO 9003
方法	合理化过程	制度化过程
材料	整理、整顿 使用整理（要与不要）的手段与整顿（识别系统）的观念可达到 1.减少库存，增加资金周转率 2.先进先出，减少呆废料 3.明确管理责任	物料管制与追溯性 使用物料管制程序，配合识别系统，可达到 1.控制不合格材料 2.使材料易于追溯 3.明确管理责任
成品	整理、整顿 使用整理的手段与整顿的观念可达到 1.明确管理责任 2.提高生产效率 3.提高管理水平	首件检查、现场管理等控制程序及追溯性 首件检查，现场管理等控制程序及追溯性，使用各项控制程序及识别系统，可达到 1.明确管理责任 2.维持过程品质的稳定性 3.提高现场管理水平

项目	6S		ISO9000
半成品	整理、整顿		首件检查、现场管理等控制程序及追溯性
	使用整理的手段与整顿的观念可达到 1.明确管理责任 2.提高生产效率 3.提高管理水平		使用各项控制程序及识别系统，可达到 1.明确管理责任 2.维持过程品质的稳定性 3.提高现场管理水平
文件	整理、整顿		文件控制程序
	1.提高文件作业效率 2.减少浪费，节省空间 3.合理化		1.提高文件作业效率 2.标准化 3.制度化
目标	1.提高企业整体管理水平 2.养成上下一体，守纪律、守标准的习惯		1.提高企业品质管理水平 2.养成上下一体，守标准、守纪律的习惯
结论	故6S实际上是ISO9000的基础，也是提高企业的各项管理水平的手段		

（2）管理体系的整合

企业管理体系越多，管理越混乱，容易导致员工无所适从。企业需要对内部采用的管理体系整合，达到最佳的管理效果。

管理体系整合的原则在于达成高效管理的目的，确保运营的成本、效率、安全、质量与柔性的目的；整合的基本要求在于确保员工积极性、主动性和能动性的发挥，建立起一个便于创新、自律管理的安全运营环境。任何管理体系都是工具，必须从有利于企业运营角度进行选择，从降低或减少员工工作负担角度去选择（长期角度），从培养员工的责任意识和自觉习惯角度去选择。

管理体系整合的方法很多，根据企业现有的管理体系内容进行比较筛选，从价值链增值环节选择整合的形式和方式，或者在确保体系完整性前提下进行归并，或者删除管理效果不佳的内容，形成能增强企业价值链的各环节价值的管理体系。

企业管理体系的内容整合与每一个管理体系的目的都在于，强化企业基础管理，为企业战略目的的实现服务。而体系整合管理的效果就是各职能、各岗位在分工协调的基础上，为企业战略目标奋斗。由此，可以通过企业的流程基础整合、岗位基础整合、数量基础整合（数量指标）三位一体达成目的，三位一体就是流程基础整合、岗位基础整合和数量基础整合三者有机地融为一体，在一种管理机制中，同时具备流程基础整合、岗位基础整合和数量基础整合的特征。其特点就是以管理主体为架构来构建企业管理机制、以岗位为基础构建管理机制，体现经营岗位的理念进行层次整合、目标整合、利益整合、责权利整合、业务整合、信息整合以及全要素整合。

四、6S管理的本质特征

6S管理是指在生产现场中对人员、机器、材料、方法等生产要素进行有效管理的一种管理活动，它提出的目标简单、明确，就是要为员工创造一个干净、整洁、舒

适、科学合理的工作场所和空间环境，并通过6S管理有效的实施，最终提升人的品质，为企业造就一个高素质的优秀群体。6S管理活动的对象是现场的"环境"与"人"，它对生产现场环境全局进行综合考虑，并制订切实可行的计划与措施，从而达到规范化管理。6S管理活动的核心和精髓是人的品质，如果没有员工品质的相应提高，6S管理活动就难以开展和坚持下去。

在当下，6S管理作为企业管理的基础无疑为国内企业指明了起步的方向。但在实施6S管理过程中，必须明确这种管理方式的基本内涵与特征，这样才不至于违反管理的规律，持续地把6S管理推行下去，并形成企业的文化特质与员工的习惯化行为。

（1）6S管理坚持行为与结果的统一

6S的前四个方面内容：整理、整顿、清扫、清洁是规范企业员工的行为，是从行为层次上对员工活动的约束与管理。6S管理的目的在于企业安全运营下的效率与效益。

整理、整顿、清扫、清洁——形成安全生产的环境；
  确保产品服务的质量；
  提升企业运营的效率；
  获得企业运营的效益。

在企业以及企业对员工、团队的绩效评价中，安全、质量、效益、效率等都是业绩指标，而整理、整顿、清扫、清洁既可以是业绩指标，但更多的是过程控制与行为指标。

6S管理能否有效持续进行下去，重要的是把以上两个方面结合，也就是把行为与结果统一起来，通过控制行为达到目标结果的实现（图1-3）。

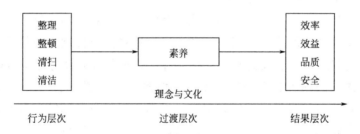

图1-3 6S管理的层次

（2）6S管理坚持对人的管理与对物的管理的统一

6S管理具有人本主义的因素，强调管理中以人为本，充分调动员工的积极性和创造性，其最后一个"S"就是素养，是人的素质按照企业的要求提升。

其实，不管是什么管理方式、模式、手段，管理的目的都在于使对人的管理与对物的管理协调统一起来，将制度化与人性化结合起来，使员工在温馨、和谐环境下为企业创造效益。6S管理是要形成整洁、和谐的现场管理环境，对现场的各个要素、方面制定管理规范，形成一套现场规范化管理体系，通过规范、制度等约束、调整员工的行为。本质上是对人的行为的规范、是对现场物与环境的规范。

第一个层级：强制性层级。规范、制度形成以后，员工完全被动执行，必须辅助强有力的绩效评价体系和制度督导团队，员工完全没有积极性，任何工作都是应付检查，企业运行成本高，运行效率与效益较低。整个企业素质难以提升。

第二个层级：适应性层级。员工被动地适应企业所制定的各类规范、制度，工作积极性有一定程度的提升，但仍然需要一套有效的绩效评价体系确保制度与规范的有效性，管理相对人性化。

第三个层级：自主性层级。员工主动把自己的行为统一到企业规范与制度之下，并且工作积极性、主动性得以提升。能够根据企业运行实际与管理机构沟通，确保制度、规范更切合实际要求。员工的规范意识、制度意识很强。

企业的制度、规范是需要人来执行的，必须充分调动员工的积极性、能动性，把对人的管理（素质、素养与规范）与对物的管理（规范、制度等）结合起来。这也正是6S管理的核心。日本、欧美等国的企业能持续、有效地实施6S管理，扎实企业的基础管理，原因也正在于此。反观我国很多企业（例如很多煤炭企业），花费很大的人力、物力与财力制定一整套详细的6S管理方案，执行过程中更多不惜血本，但效果很差，而且无法进行下去，其原因在于违背6S管理的内在精神，把员工也当成对象物，难以调动起员工的积极性。

6S的核心是聚焦于人的改变，现场出现混乱等问题，其实背后都是人的问题，6S就是通过整理、整顿、清扫、清洁四个"S"来改变现场，通过设计过程、设计环节来改变员工，也就是通过改变现场来改变员工，通过创造好的现场、好的变化来教育员工、影响员工、培养员工、熏陶员工。员工在改善的过程当中会受到意识的冲击、观念的冲击，从而内心产生改变，这样就会慢慢培养成习惯，而且通过这个过程能够培养员工的眼光，也就是说不止是组织大家改变，还能够让大家带着问题意识和问题眼光来直觉现场，把问题当问题发现出来，而且马上行动，把问题当问题来对待，这是它最重要的地方。

（3）6S管理坚持理念贯彻与执行保证的统一

6S管理中的各项活动需要通过理念贯彻，才能有行为上的保证，进而获得执行。一直以来，执行力是我国企业始终强调的内容，但执行力来于何方？其实就是首先有理念的先导，通过理念强化获得认同，企业的执行力才有保障。素养的养成必须有理念上的接受与认同。国内很多企业在实施和推行6S管理时，首先需要通过各种方式进行宣贯、宣传，让企业员工认同活动的意义和作用。

企业现场管理做得好坏的判别标准有四个：一是能不能在现场看到由上往下贯彻的东西，包括企业方针的和目标；二是能不能看到现场的管理痕迹，有了方针目标，还要到现场查看；三是能不能看到现场的数字，所有微观的、现场的改善，都是围绕业绩指标进行的，要有利于目标的实现，要看到数字的推移变化；四是能不能看到现场的改善和变化，特别是来自于员工的变化。这四个标准实际上是把理念贯彻与执行结合起来的判别标准，理念贯彻彻底就能确保员工精神素质的变化。6S管理中的各项活动主要在于执行，但这种强化执行是在充分的理念认同基础上的执行，是把理念贯彻与执行结合起来的一项管理活动。

（4）6S管理把塑造优秀团队与打造一流员工队伍结合

6S管理即整理、整顿、清扫、清洁、素养、安全，因其易学、易操作、易考核和见效快，充满了无限的创意而风靡全世界，并塑造出无数优秀团队。团队管理从现场6S管理做起，如果现场肮脏不堪、生产无序，怎能生产出好的产品？这样的团队又怎能驾驭市场？

6S管理是基础工作的基础，它创造的整洁有序的环境会提醒员工正在进行高品质的生产劳动。6S留给人们的是革除马虎之心、凡事认真的品质。对于企业来说，6S是一种态度。企业竞争的核心能力是执行力，执行力要靠纪律保障，把想到的事情做到，把做的事情做好，是执行力的基本要求。不是为6S而6S，而是为了形成有纪律的文化。对管理人员来说，6S是基本能力。现场每天都在发生变化，异常每天都可能发生。现场管理无非是管好人、机、料、法、环。让现场井然有序是干部的基本能力。对员工来说，6S是每天必需的工作。如果闲时整理忙时忘，现场混乱，就难以避免工具找不着，设备经常坏，物料搞混乱，工序间意见不断，生产不安全。

随着6S管理的推行，员工发现和解决问题的热情充分发挥出来了。在整理中学会判断，在整顿中学会节约，在清扫中学会标准化，在清洁中学会制度化，在素养中学会礼仪，在操作中学会安全。6S管理是富有创意的管理，目视管理是其中之一。通过视角感觉引起意识变化，油漆和标贴是常用的材料，令现场的通道区、定位区、危险区一目了然，井然有序；看板管理是其中之二，通过看板，把管理内容显示出来，使流程透明化，并营造组织向上的氛围；礼仪管理是其中之三，有语言礼仪（包括电话礼仪）、仪表礼仪、服饰礼仪和行为礼仪，提高员工素质；其他还有晨会、问题展示等。6S管理不能仅满足于治理大环境，还要追求细节优化。如果员工都敢于把柜子（工具、物品、资料柜）和抽屉打开，接受6S检查，表示员工们搞好6S管理的自信。通过6S管理，自我约束、自我管理、自我激励、自我学习，员工规范自己行为成为习惯，就一定能塑造出优秀的企业团队。

第二节
现场6S管理的实施与推进

一、6S管理的意义和目的

（1）企业推行6S管理的意义

相关统计资料表明：

世界范围内目前有65%的企业都在广泛地推行5S或6S管理；

我国目前有89.4%的日资企业、台资企业以及69.6%的港资企业都在实施或推行5S管理；

国内珠江三角洲、长江三角洲七成以上的企业也在推行这种管理活动；

近几年来，内地很多国有企业，例如煤炭、钢铁、电力等行业中的企业也在大力推行这种6S管理活动，电子信息、日用化学等行业中的企业也在了解或推行6S管理活动。

可以说，6S管理活动盛行于国内企业界。但从运营实际来看，很多企业实施6S管理活动的效果差强人意，不太令人乐观。原因尽管因企业而差异，不明确6S管理活动推行的意义，无法系统地推行这种管理活动，应该是一个重要原因。

对于企业来讲，6S是一种态度。把想到的事情做到，把做的事情做好，是执行力的基本要求。6S管理活动的推行不是为6S而6S，而是为了形成具有高效执行力的企业文化。第一，对管理人员来说，6S是基本能力。现场每天都在发生变化，异常事件时时、处处都在发生。现场管理无非是管好人、机、料、法、环，让现场井然有序是管理者的基本能力。第二，对员工来说，6S是每天必需的工作。如果现场混乱，就难以避免工具找不着，设备经常坏，物料混乱，投诉不断，生产不安全，事故不断的现象，这样的现场，质量无法保障，安全无法保障，效益和效率也无法保障。第三，6S是基础，有了良好的6S管理，TPM、TQM、ISO等活动的推行就会事半功倍，否则就如同开拖拉机上高速公路。第四，6S的效果快速而明显，但如果不能持续，退步也很明显，因而6S是企业管理水平的指示器，连6S都不能做好的企业，其持续竞争力值得怀疑。

从日本企业推行6S管理成功实践来看：

第一，6S管理是打造具有持续竞争力的企业、建设一流员工素质队伍的基础管理手段。6S管理组织体系的使命是焕发组织活力，不断改善企业管理机制，6S管理组织体系的目标是提升人的素养、提高企业的执行力和竞争力。尽管6S管理给人最直观的感觉是物品摆放整齐有序，取用寻找物品很方便，环境整洁干净，标识清晰明确。但这些都可以说是6S管理的基本"疗效"。6S管理真正精髓的地方，却不是在现场环境的整洁方面，而是企业持续改善的发动机，是员工素养提升的助推器。

第二，6S管理是形成组织认同、理念与文化认同，进而产生一流企业文化的基础管理活动。6S管理中6个"S"要素间有着内在的逻辑关系，并构成相对完备的体系，其中提升人的素养，形成追求卓越、精益的企业文化和形成企业人力的合力是6S管理的中心和内核。

可以想想，为什么5S管理（6S管理的基础）起源于日本？文化原因是根本。日本人多地少（国土面积不到38万平方公里；人口1.3亿），资源贫乏，在这样特定地理、人文环境中，日本每一位民众都深知资源的重要性，懂得节约资源的意义。由此，他们发现5S在节约时间、空间，提高效率，确保质量等管理层面上的巨大经济价值，于是5S就油然而生，并遍及家庭、学校、企事业单位而遍地开花，由此惠及整个民族。在日本居家中，他们的空间可以非常狭窄，但其整洁度和条理性却不容置疑、毫不含糊。这是一种认同的文化，是一种文化素养。

6S管理的核心其实就是"素养"。按照6S的本意，"整理"是分清工作场所任何物品是否有存在的必要，把不必要之物清理掉；"整顿"是把确定留下来的必要物品，有规律地摆放整齐；"清扫"则是将工作场所看得见与看不见的地方都彻底扫除干净；"清洁"是认真保持前述3项工作的成果；"素养"要求每位成员养成良好的习惯，培养出积极主动的精神，严格按规则做事，素养即习惯，习惯即文化；"安全"就是要落实全员安全教育，树立缜密的安全生产观念，消防设施、器材有效方便，安全通道通畅无阻，员工按操作规程，准确完成每一个动作，防患于未然，确保安全万无一失。纵观6S管理内容，"整理、整顿、清扫"能为工作场所达成最大的有效空间和最合理的器具摆放，并立体地进行空间大扫除。工作器具顺手可得，既节约许多手忙脚乱找资料，翻箱倒柜找工具的时间，又身处于爽心悦目，宽敞明亮的工作环境之中。这一切是提高效率、提高工作质量的良好手段，是提高企业管理品位的重要法宝。6S的前三项只是其首先要做的工作，"清洁"和"素养"才是其核心所在。把6S前三项的良好开端推广开去，自觉将其变成习惯，形成动作的下意识，成为自身品格的组成部分，只有这样才能达到"清洁"和"素养"之保持与习惯的要求，最终达到人的素养的不断提升，也只有人员素养的不断提升才能使6S长兴不衰，持之以恒，充满活力，显现完美的效果。

为此，企业6S管理具有以下三个基本意义。

➤ **基础管理提升和强化**：内部推进企业各项管理活动的深入，管理更切合企业实际，和谐运营；外部形成良好的社会形象与产生良好的社会美誉度。

➤ **理念认同与素养形成**：形成企业合力，消除企业发展的内部障碍，激发企业员工的工作积极性、能动性和创造性，为社会提供优质产品与服务，提升企业运营效率。

➤ **责任意识培育与养成**：对岗位负责，对企业负责，消除责任区内的安全隐患，确保责任区内现场整洁与形象保持，确保责任区内的活动与衔接不影响相邻环节的效率。

（2）企业推行6S管理的目的

6S管理的落脚点是安全、品质、效率与效益（或者是质量、成本、效率、安全，如果加上柔性指标，其实就是整个企业管理与运营的目标。实际上，柔性是美国人在工业链理论提出的，美国人发现企业与企业之间质量、效率、成本、安全都做得不错，可是有的企业明显比别的企业竞争力要高，一个很重要的方面是随着市场环境的变化，企业的响应能力如何，企业的应变能力如何，如果应变快、应变效果好，就称为柔性高，柔性高的企业，就能快速抓住机会。柔性在实际工作当中，是没有很多专门为它设立的指标，但是质量、成本、效率、安全都跟它有关联，比如说交货周期短，抓住市场机会的能力就高；质量水平高，响应市场的能力也会高，所以它的柔性就会提高），这也是企业推行或实施6S管理的目标。结合柔性与6S管理目标——安全、质量、效率、成本，可以演绎出企业推行或实施6S管理的很多目的（图1-4）。

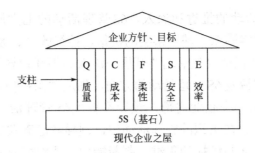

图1-4 6S管理活动目标

本书综合很多书籍的说法，推行或实施6S管理的目的主要有以下几个方面的内容：

➢ 改善和提高企业形象。整齐、清洁的工作环境，容易吸引顾客，让顾客有信心；同时，由于口碑相传，会成为其他公司的学习对象。

➢ 促成效率的提高。良好的工作环境和工作气氛，有修养的工作伙伴，物品摆放有序，不用寻找，员工可以集中精神工作，工作兴趣高，效率自然会提高。

➢ 改善物品及物料在库周转率。整洁的工作环境，有效的保管和布局，彻底进行最低库存量管理，能够做到必要时能立即取出有用的物品。工序间物流通畅，能够减少甚至消除寻找，滞留时间，改善物品/物料在库周转率。

➢ 减少甚至消除故障，保障品质。优良的品质来自于优良的工作环境。通过经常性的清扫，点检，不断净化工作环境，避免污物损坏机器，维持设备的高效率运转，提高产品品质。

➢ 保障企业安全生产。储存明确，物归原位，工作场所宽敞明亮，通道畅通，地上不会随意摆放不该放置的物品。如果工作场所有条不紊，意外的发生也会减少，当然安全就会有保障。

➢ 提高企业运行的可视化。随着企业各种场所、空间的杂物的减少，保管空间也会减少，仓库、作业场所等的货架的高度自然降低。这样现场的情况就会一目了然，相关人员可以及早发现问题，解决问题。

➢ 降低生产成本。通过实施6S可以减少人员、设备、场所、时间等等的浪费，从而降低生产成本。

➢ 改善员工精神面貌，增加员工的组织归属感，使组织活力化。人人都变成有修养的员工，有尊严和成就感，对自己的工作尽心尽力，并带动改善意识，人人都乐于提供各种合理化的改善建议，增加企业的活力。

➢ 缩短作业周期，确保交货期。由于实施了"一目了然"的管理，使异常现象明显化，减少人员、设备、时间的浪费，生产顺畅，提高了作业效率，缩短了作业周期，从而确保交货期。

（3）企业推行6S管理的原则

6S管理活动的推进需要有与ISO 9001：2000质量管理体系推进相同的原则，这样

才能更有利于6S管理活动的推进和深入。6S管理活动的七大原则是：领导作用、全员参与、过程管理、顾客满意、基于事实的决策、持续改进、系统思考。

① **领导作用**。企业任何管理活动的开展与深入离不开领导的重视与推进。企业领导者确立组织统一的宗旨及6S管理活动的方向，创造并保持使员工能充分参与实现组织目标的内部环境。在一个企业内部，领导不重视6S管理活动的基础管理作用，6S管理活动无法推进下去。在组织的管理活动中，领导者起着关键作用。企业的决策者应该具有海纳百川的胸怀与敏捷的思维、判断能力，能够面对复杂的市场做出快速决策与反应，能够合理使用企业有限的资源，充分发挥人力资源的功能，为企业高效营运营造一个良好的环境氛围。企业管理者需要充分了解社会、顾客、员工等相关方的要求，建立和实施一个有效的、系统的6S管理活动体系，确保应有的资源及充分发挥、加强信息的反馈和沟通，并随时将组织运行的结果与目标比较，根据情况决定实现6S管理活动目标的持续改进的措施，使员工大显身手，为组织作出最大的贡献。

② **全员参与**。6S管理是提升企业基础管理水平的一项管理活动，必须全员调动全员参与。只有全部员工的充分参与，才能使他们的才干为企业带来收益。企业的基础管理是通过企业内部各类层次人员的参与才得以提升。当企业各类人员每个人的能力和聪明才干得到充分的发挥时，企业管理水平才能上台阶，进而通过高水平的管理为企业带来巨大的收益。企业的6S管理不仅需要最高管理者的正确领导，还要全员的参与，必须对职工进行6S管理理念、职业道德、顾客中心意识、岗位技能、业务知识和敬业精神的教育，提升素养，激发工作积极性和责任感。

③ **过程管理**。6S是一个动态改进与提升的管理活动。在企业的6S管理过程中这6项管理项目是环环相扣的，企业应当适时进行必要的过程控制，以充分暴露生产现场中的不足与问题，及时采取必要的纠正措施，促使其不断改进并持之以恒地进行下去。现场作业环境控制就是检查作业现场是否保持清洁安全、布局合理，设备设施保养完好、物流畅通等，这不仅反映出现场人员的日常工作习惯和素养，还反映出现场6S管理的水平。6S管理持续改进的控制就是指对生产现场管理中存在的缺陷与问题进行分析研究，采取必要的纠正措施，加以改进，以达到提升企业现场管理水平的目的。通常有下列两个方面的问题需要改进：一是现场抽查中暴露的问题，如有些物料没有列入定置管理，或定置不合理；二是随新产品生产的需要，新工艺的应用，原有的定置管理已经不适用，这种改进需要根据新的生产流程，重新设计部分现场物料的定置，方能保证现场定置管理的长期有效地进行下去。

④ **顾客满意**。组织依存于顾客，组织内部下道工序是上道工序的顾客。企业应当理解顾客当前和未来的需求，并争取超越顾客期望。在当今激烈的市场竞争中，如果提供的产品和服务不被顾客所接受，则该组织将无法生存，所以顾客是每一个组织存在的基础。6S管理最重要的目的在于形成有利于产品、服务质量提升的现场环境，消除组织中的一些不良现象，提升员工素养，为产品与服务质量提升提供可靠保障，通过产品、服务品质获得客户满意。这个指导思想不仅领导要明确，还应在全体员工中牢固树立，并贯彻执行。

⑤ **基于事实的决策**。有效决策是建立在数据和信息分析的基础上。组织在决策前

对收集的信息、资料、数据要进行综合的分析、评价，要多方面人员参加，也可请组织外的专家参加，通过头脑风暴法等，进行去伪存真的筛选，反复比较，评价论证，优先、优化、改进，使政策既有前瞻性、科学性、及时性，又有操作性、实践性、发展性。凡事要取得成功，必须进行精心的策划和进行正确的决策，决策需要占有大量的信息和数据，通过调查研究和分析，确立若干方案，进行比较、论证、评价、分析，然后进行优化作出决策。在对信息和资料做科学分析时，统计技术是最重要的工具之一，统计技术可来测量、分析和说明产品过程的变异性，可以为持续改进提供信息，进行决策。

⑥ **持续改进**。持续改进总体业绩应当是组织的一个永恒的目标，6S管理活动尤其强调持续改进与提升。任何事物都是不断发展的，都会经历一个从小到大，从弱到强，从不完善到完善的发展过程。6S管理活动也是发展的、变化的、动态的，不会停留在一个水平上。通过6S管理活动的持续改进与不断提升，促进企业基础管理水平的有效提升。要改进，观念首先要转变、要升华，不改进、不发展，就意味着停止、倒退，是没有出路的，历史经验表明现在竞争的周期在缩短，世界500强在五年中有1/3企业被挤出，这就激励人们要不断改进，才能不断发展，才能站稳市场。持续改进包括：了解现状、分析原因、建立目标、实施措施、解决问题、测量、验证和分析结果，并把有效的措施和方法纳入更改文件中去等活动。通过一个PDCA循环，提高一步，再进行新一轮的PDCA（计划、执行、检查、总结）循环，进行持续的6S改进。

⑦ **系统思考**。将相互关联的过程作为系统加以识别、理解和管理，有助于组织提高实现目标的有效性和效率。管理的科学性在于不用单一的方法，而需要综合的系统的考虑，根据组织的目标，识别这些活动所形成的过程，分析这些过程的相互作用，及重点构建符合实际的6S管理系统，并且系统地推进与有效实施，系统地实施各个过程的控制，则有助于管理目标的实现，提高管理的效率和有效性，使产品和服务质量满足顾客的需求和期望，确保企业运营中的质量、安全、效率与效益目标的实现。

以上七个方面的原则与日本著名顾问师隋冶芝先生对5S总结的"推进八大要诀"基本一样。推进5S的八大要诀分别是全员参与，其乐无穷；培养5S大气候；领导挂帅；理解5S精神；立竿见影的方法；领导巡视现场；上下一心，彻底推进；5S为改善的桥梁。

> **【阅读材料1】隋冶芝先生的5S推进八大要诀**
>
> 要诀一：全员参与，其乐无穷
>
> 　1.5S的推动要做到企业上下全体一致，全员参与。
>
> 　2.经理、科长、主任、班组长要做到密切地配合。
>
> 　3.小组活动，是其中的一个环节。
>
> 　因为推行5S的是一个车间，一个部门。在装配车间，主管就应该告知员工，或教育员工整理、整顿、清扫的重要性，然后再进一步地告知每个人，要养成一种规范化，怎么样去进行整理、进行整顿、进行清扫。每一个人都能够做好以后，这个小组就可以做

得更好。所以5S的活动，第一，它的一个环节就是部门，每一个人都有责任；第二，每一个责任都要环环相扣，也就是每一个领导干部之间都要环环相扣。

要诀二：培养5S的大气候

1.5S的推动，不要秘密地行动，也不要加班加点来做，要让全员认同。5S是一个非常简单的工作，只要大家知道整理、整顿、清扫，然后再进一步地提出方案，如何让大家做得更好，就叫清洁。

2.充分地利用口号，标语，宣传栏。让每个员工都能明白5S推动是公司提升企业形象、提高品质，替公司节约成本的一项最好的活动，也是企业迈向成功的重要途径。所以5S的一些口号、标语和宣传栏要让每个人都了解，5S是非常简单但又每天时刻都要做好的五件工作。

3.每个月要举行一次全员大会，厂长或总经理要表态。

要诀三：领导挂帅

- 最高领导要抱着我来做的决心，亲自出马。
- 交代每一个部门的经理或者科长要大力地推动。
- 在推动的会议上，领导要集思广益，让大家积极地提出怎么做会更好。

要诀四：要彻底理解5S精神

- 为什么挂红牌了，这不好，有改善的必要吗？应该避免这种质问口气的话。
- 5S推进要说明精神要点，让每个员工都毫无疑问地去执行。
- 在实行过程中，让大家参与，参观学习效果显著的5S的样板场所，看哪个班组做得最好，大家相互观摩，或给予指导，或提出更好的改进意见。

要诀五：立竿见影的方法

- 整理的推进过程可以采取红牌作战的方法，也就是针对问题点，亮红灯，亮红牌的具体方法，判断基准要明确。
- 整顿可以使用看板管理的方法，把形式和内容展示出来，让大家都能一目了然。
- 照片是一种保持记录的良好方法。
- 录像也是一种解决问题、说服观众的一种省力工具。
- 你可以量化，采用适当的方法将正在做和已取得进步的工作进行量化，这是很重要的。

要诀六：领导要巡视现场

- 巡视过程中要指出哪里做得好，哪里做得还不够。
- 巡视完毕后，要召开现场会议，将问题点指定专人及时地跟进解决。
- 确认问题点的改进进度，担当者要细心研究改进方法，最终成果再向领导汇报。

要诀七：上下一心，彻底推进。领导要有一种雷厉风行的良好作风，确立推进的体制和方式，这样才能上下齐心。全公司展开红牌作战，谁做错了就给予指正。

要诀八：以5S作为改善的桥梁。通过推行5S来达到降低成本，提升产品质量的目的。生产更流畅，要从根本上彻底地解决问题。所以说在实际推行过程中，很多企业都发生过下面的现象："一紧二松，三垮台，四重来"的现象，所以必须要坚持推行5S。

二、为什么要实施现场6S管理

（1）卓越企业：从6S起步

 案例1-1

日本一家丰田系企业有着世界级的制造水平，可出人意料的是，它不仅外观有些破陋，而且设备相当陈旧。厂房是第二次世界大战后建造的，生产设备大多已经用了好几十年。车间内、机器上到处都是员工建立的各种颜色的维护、防错和快速切换装置及标志。每一位工人正按着固定的节拍，操作着5～7台功能不同的机器，高效率生产着世界一流的产品。庞大的厂房内紧密安排着机器、少量库存、工人以及物流通道，没有任何不必要的物品，也见不到成堆的在制品。每20min就有物流工送来生产计划（看板）和相应原材料，并取走已完成产品。显眼处的看板系统，清楚地表示着客户需求的节拍、完成状况以及各工序的生产状况。偶尔绿灯会变为灰黄灯，表示出了问题，但几秒钟内现场管理人员就会出现在黄灯指示的工序旁，和操作人员一起解决问题。通常只要1～2min，黄灯就会变回绿灯。工厂内所有的人、机器、原材料及成品，都在以客户的需求为节拍井然有序地流动着，就像一曲令人赏心悦目的交响乐。这家工厂的生产指标——生产率、质量、成本、交付水平、安全健康、环保以及员工士气（用人均合理化建议和人均改善数量来衡量）等关键指标，都达到了世界一流水平。

卓越企业与厂房高大与否、设备先进与否并无必然的联系，卓越企业不取决于外观，而取决于内涵，表现出的是最具竞争力的内涵和本质，而最具竞争力又表现在三个方面：第一，产品在成本上最具竞争力；第二，产品质量恰恰满足不同客户的要求；第三，服务能够超出客户的期望。实际上，卓越企业有很多共性的外在：环境整洁、流动有序、工具设备维护良好、库存与在制品水平维持在最低限度等，共性的内在和核心在于：它们有一群士气高昂、特别积极主动的员工，进一步来说，这些企业有一种特殊的强势文化。这种企业文化的基本内容就是：企业各个环节的员工都能充满热情、持续有效地锁定并消灭各种浪费，并且永不满足。精益生产的专家会对你说，如果你的工厂能最大程度地消灭7种浪费，那么你就能实现精益生产。这7种浪费，按照丰田生产体系（TPS）创始人大野耐一的说法，指的是过度加工、过量生产、存货这三种原材料上的浪费，多余的动作、物料搬运、等待这三种对工人劳动力和时间的浪费，以及由不合格产品造成的质量上的浪费。

让企业的核心员工总是充满热情和积极主动是非常困难的一件事。但卓越企业总是相信自己的员工有智慧、有热情、勇于竞争，通过推行5S活动，逐步形成自己卓越的文化基因。

从表面上看，6S的有些活动和大扫除的确没有太大的差别。在6S的整理阶段，确实会找出大量不必要的东西，如报废的工具、好几年都没动用的原材料、已经丧失

使用价值的清洁用具等，多年没有彻底清扫过的地面也会来一次完完全全的清扫。但实质上，6S和TPM／TPS的本质没有什么不同。卓越企业的文化是想方设法锁定和消除浪费，这也正是5S的本质。其实，从整理阶段就在开始消除浪费——抛弃不必要的东西，就是释放以前被占用和浪费的空间。

6S与卓越企业的紧密联系，还体现在它们所使用的文化塑造和思考工具大多没有差别。6S广泛使用的合理化建议、小组活动（Group Activity）、5个为什么分析法、一点课程（One Point Lesson）等工具，在卓越企业中也被广泛使用。正是借助这些工具的制度化使用，企业才能够激活员工的智慧，激发他们的自主性，从而逐步建立起追求零缺陷、零损失、零事故的文化。6S不是大扫除，而是和TPM、TPS或者精益生产一脉相承的——它们的本质，都是鼓励员工努力消灭任何浪费。如果能够这样看待6S，那么6S活动一开始，就已经在建设卓越企业的文化。

卓越企业实施6S的要点如下：

➢ 领导对6S的笃信并身体力行的参与；

➢ 持续开展6S，任何时候任何阶段都不间断；

➢ 周密规划，示范展开，阶段推进，持续改善；

➢ 全员参与企业6S评估，并且把评估固定在流程中，定期地、经常性地进行；

➢ 在6S的实施过程中，同时开展"合理化建议"、"一点课程"等活动；

➢ 现场是工人的现场，不粗暴干涉工人的现场决定，尊重他们的智慧。

➢ 定期检查、考核并形成制度，严格奖罚，设立奖励和认可系统，激发员工的智慧和热情。

（2）国内企业管理的现实问题

著名趋势学家、美国宾夕法尼亚大学教授杰里米·里夫金的《第三次工业革命——新经济模式如何改变世界》再次勾勒出"第三次工业革命"令人震撼的图景。越来越多的事实让人们开始感受到这次浪潮的气息，而由此引发的"中国制造"崛起是否被终结，以及如何实现中国产业转型的大讨论也进入高潮。美国所提的"再工业化"是对以往传统工业化的扬弃，其实质是以高新技术为依托，发展高附加值的制造业，比如先进制造技术、智能制造、新能源、生物技术，信息等新兴产业，从而重新拥有强大竞争力的新工业体系。3D打印技术将使工厂彻底告别车床、钻头、冲压机、制模机等传统工具，这种更加灵活、所需要投入更少的生产方式，便是第三次工业革命到来的标志，传统的制造业将逐渐失去竞争力，数字化、人工智能化制造与新型材料将广为应用。第三次工业革命带来的数字化制造旨在降低产品成本。但正如一位美国学者所说，"所有的经济增长都是制度创新"。现在制度创新与管理变革对我国企业来讲是挑战也是机遇，必须改变旧式的企业制度和管理体系，按照新的工业需求更新管理模式和商业模式。

当今世界经济形式发生了深刻的变化，第三次工业革命改变世界的未来，也使企业竞争的形势、格局发生巨大的变化。由于新的产业革命是以信息技术和能源技术融合为特征，生产正在走出大批量制造和流水线式的规模生产，这使得生产成本不再是决定企业成本的关键因素，终端产品的竞争优势来源也不再是同质产品的低价格竞争，而是通过更灵活、更经济的新制造装备生产更具个性化的、更高附加值的产品，这对于凭借低要素成本实现大规模生产同质产品的中国企业来说，将是极大的挑战。企业怎么才能在这种激烈变化的竞争环境中存续、发展？一个核心的问题是，任何企业必须具有可持续的竞争能力与竞争优势。美国的战略管理专家提出企业要建立的优势共性有三条：

第一，企业要有高质量的优势；

第二，要有低成本的优势；

第三，要有快速反应的优势。

但企业要形成以上三条优势，其内部管理必须高效、有效。我国一名管理专家曾经提出，国内企业管理存在着12个问题，例如管理中摸着石头过河、有效沟通不畅、有效授权困难、人治与法治分不清、管理方法八仙过海、以我为本等。其实，从国内绝大多数企业管理现状来看，主要的问题在于基础管理不扎实、企业人员责任意识不强、企业员工积极性没有有效调动起来。具体来说，国内绝大多数企业管理中存在的问题主要表现在以下方面。

➤ 经验主义的管理。国内很多企业家或企业管理者非常迷信自己过往成功的经验，对经验过于自信，把这种经验持续地应用到企业运营管理中，而且对经验与创新的理解往往形而上学，忘了经验所处的环境已经发生改变。经验是有用的，但其有用性是有条件的，无视经验所发生作用的条件，唯经验是从，以为一个经验可以放之四海而皆准，就是经验主义。这些企业家或企业管理者很少进行理论学习，对企业不是通过规范、制度等进行管理，企业规范化管理程度较低。现实社会输在过分相信曾经成功经验上的大企业很多，中、小企业就更多。

➤ 功利主义的管理。照搬国外企业和国内优秀企业成功的经验，不管什么管理模式、方法等，只要认为有用有利。照搬其他企业成功的经营模式、管理模式，拿来就行，以为这样就可以一劳永逸地解决企业所有管理问题。近年来，流行于国内的经营及管理模式有多元化经营、OEM（定牌生产或贴牌生产）、连锁加盟、联营并购、上市、零收购、深度分销、管理者收购、管理扁平化，供应链管理、ERP（企业资源计划）、执行力理论、平衡记分卡、战略管理、流程管理、绩效管理等，就被很多企业引进，而且是不加改变地引进。它们或许对某些企业带来了积极的作用，但多数随潮流而动的企业在运用这些经营模式或管理模式后的成果并不让人乐观。即使碰到偶尔有失败者著书立说地告诫，希望人们克服表面上的效仿，进行系统客观的对象性研究，但仍然难以阻挡人们对这些新名词的热衷，并总是在形式上徘徊不前。

➤ 形式主义的管理。国内很多企业似乎在管理上总是赶时髦，纷纷引进时髦的管理理论、管理手段、管理模式等，对企业基础管理视而不见，总以为时髦的管理内容能够解决企业中所有管理问题，能解决企业运营中的所有问题。例如，ISO 9000引入的不在于改善企业运营质量，提升企业产品服务质量，而是编写复杂的质量管理体系文件；企业绩效管理演变为期末填写考核表格的形式过场。企业注重表象，而忽略管理最应尊崇的本质，其结局就是虽然投入了大量的资源，企业却始终得不到当初设计的效果，甚至导致基础管理实效。管理中的形式主义的问题出在管理层面，是管理者自身思想和行为的结果，员工无非是其思想的执行者而已。

➢ 命令主义的管理。这种形式的管理强调企业管理者的意志，企业的任何行为、活动唯企业管理者的意志而行，迎合管理者的需求和偏好，企业所形成的制度体系、规范规则可以因管理者的意志而发生改变，企业领导者的个人意志就代表管理的方向。一方面，企业制定了许多规章制度，但结果却是"上有政策、下有对策"，好的制度总是无法得以贯彻实施，根源在于企业管理者有着浓重的"人治"思想；另一方面，企业管理者以个人意志代替企业管理，管理者的想法和思想就是企业文化。形成绝对权威；再者，很多企业根据企业管理者的意图来制定制度，随意性很强，制度执行表现出等级性，规章制度朝令夕改、随意制定。

其实，中国企业管理的问题是个系统化的问题，不是哪种管理模式能完全解决得了的。6S管理重点在于夯实企业的基础管理，突出企业运营与管理理念的变化。如果能扎实推进6S管理，有效实施，肯定能改变企业管理现状，提升企业运营效率。

（3）实施6S管理的作用

国内很多管理专家对6S管理的作用进行了详细分析，归纳如下。

➢ 亏损为零（6S为最佳的推销员）。在行业内乃至国内外被称赞为最干净、整洁的工厂或企业，无缺陷、无不良、配合度好的声誉在客户之间口碑相传，忠实的顾客越来越多；知名度很高，很多人慕名来参观，求职者争着来公司工作；人们都以购买公司的产品为荣。整理、整顿、清扫、清洁和修养维持良好，并且成为习惯，以整洁为基础的工厂有很大的发展空间。

➢ 不良为零（6S是品质零缺陷的护航者）。产品按标准要求生产与检测仪器正确地使用保养是确保品质的前提。环境整洁有序，异常一眼就可以发现，干净整洁的生产现场可以提高员工品质意识；机械设备正常使用保养，减少次品产生。员工知道要预防问题的发生而非仅是处理问题。

➢ 浪费为零（6S是节约能手）。6S能减少库存量，排除过剩生产，避免零件、半成品、成品在库过多，避免库房、货架、天棚过剩，避免卡板、台车、叉车等搬运工具过剩，避免购置不必要的机器、设备，避免"寻找"、"等待"、"避让"等动作引起的浪费，消除"拿起"、"放下"、"清点"、"搬运"等无附加价值动作，避免出现多余的文具、桌、椅等办公设备。

➢ 故障为零（6S是交货期的保证）。工厂无尘化，无碎屑、碎块和漏油，经常擦拭和保养，机械运转率高，模具、工装夹具管理良好，调试、寻找时间减少；设备产能、人员效率稳定，综合效率可把握性高，每日进行使用点检，防患于未然。

➢ 切换产品时间为零（6S是高效率的前提）。模具、夹具、工具经过整顿，不需要过多的寻找时间；整洁规范的工厂机器正常运转，作业效率大幅上升；彻底的6S让初学者和新人一看就懂，快速上岗。

➢ 事故为零（6S是安全的软件设备）。整理、整顿后，通道和休息场所等不会被占用，物品放置、搬运方法和积载高度考虑了安全因素，工作场所宽敞、明亮，使物流一目了然；人车分流，道路通畅，"危险"、"注意"等警示明确；员工正确使用保护器具，不会违规作业；所有的设备都进行清洁、检修，能预先发现存在的问题，从而消除安全隐患；消防设施齐备，灭火器放置位置、逃生路线明确。万一发生火灾或地震时，员工生命安全有保障。

➢ 投诉为零（6S是标准化的推动者）。人们能正确地执行各项规章制度，去任何岗位都能立即上岗作业；谁都明白工作该怎么做，怎样才算做好了，工作方便又舒适。每天都有所改善，有所进步。

➢ 缺勤率为零（6S可以创造出快乐的工作岗位）。一目了然的工作场所，没有浪费、勉强、不均衡等弊端；岗位明亮、干净，无灰尘、无垃圾的工作场所让人心情愉快，不会让人厌倦和烦恼；工作已成为一种乐趣，员工不会无故缺勤旷工；6S能给人"只要大家努力，什么都能做到"的信念，让大家都亲自动手进行改善；在有活力的一流工场工作，员工都由衷感到自豪和骄傲。

总而言之，通过6S运动，企业能够健康稳定快速成长，逐渐发展成对地区有贡献和影响力的卓越企业，并且确保能获得四个相关方的满意。

➢ 投资者满意（Investor Satisfaction，IS）。通过6S，使企业达到更高的生产及管理境界，投资者可以获得更大的利润和回报。

➢ 客户满意（Customer Satisfaction，CS）。表现为高质量、低成本、交期准、技术水平高、生产弹性高等特点。

➢ 雇员满意（Employe Satisfaction，ES）。效益好，员工生活富裕，人性化管理使每个员工可获得安全、尊重和成就感。

➢ 社会满意（Society Satisfaction，SS）。企业对区域有杰出的贡献，热心公益事业，支持环境保护，这样的企业有良好的社会形象。

三、企业实施6S管理的基础和条件

本质上来说，6S管理不过是一个最基本的强化企业基础管理的管理工具。6S管理的本质是形成具有时代感的企业文化，靠机制强化员工的责任心，是一种良好习惯养成的管理活动，是通过改善环境以及改善环境的过程来影响员工、改变员工、提高员工执行能力的活动。6S管理推行过程中，特别应把握6S管理本质，把握素养这个核心，在文化层面下足工夫。培训活动要持之以恒，提案活动要持之以恒，改善活动要持之以恒。

企业推行6S管理，需要具备两个基础条件。

（1）观念先导基础

香港政府在20世纪70年代末期以后，在全球有两大美誉：廉洁和高效。廉洁的原因是因为香港政府采取了高薪养廉的政策，高效的原因有很多，其中一个基础就是6S活动的开展，香港政府叫它五常法。香港浸会大学教授何广明把5S这种方法稍微改变，变成五常法——即常整理、常整顿、常清洁、常规范、常自律，用这样一个方法去推行，很多服务机构，包括餐饮、医院、政府部门，都在运用。要建立正确的6S意识，而且把它上升到意识观念。

6S不只是一项管理活动，首先意识层面要有6S的意识。

企业管理层必须具有6S管理理念，深刻了解和把握6S的内涵和本质。没有管理者的大力倡导和支持，企业任何管理活动都无法推行下去；如果管理者对要推行的管理活动的理解发生偏差，管理活动的推进也会产生偏差，甚至演变为形式主义的过程，达不到与其的目标。对于企业管理者来说，首先是管理层要相信这套方法，这就是理念。有了理念之后，管理者才能有而且需要有实际的投入和行动，而不是仅仅在口头上做出一些承诺。

企业的所有员工都需要有整理、整顿的意识，清扫、清洁的意识，要有素养、安全的意识，这个地方的意识会决定企业对待6S和其他相关工作的基本态度，而且6S也确确实实在意识层面也是一样存在的。例如人们脑袋里面是不是有一些意识观念、行为准则应该整理整顿、清扫清洁了？做事情的时候，是不是应该有所讲究，有自己的思路，有自己的方法，要不断地进行观念的改善、观念的革新，这也是一个非常重要的基础，所以6S首先是意识层面的意识到位，后面的6S才能抓到位。

（2）职责明确基础

区域划分明确。企业中的每个员工的角色和职责不同，只有职责分明，各司其职，奖勤罚懒，才能保护企业大多数员工的工作热情和积极性，提升整个组织的运营效率。在6S管理活动推行过程中，企业所有的区域、设备等都要有明确的责任者，对区域、设备等的责任划分体现出"谁使用，谁负责"的原则，由区域、设备等的使用者负责该区域、设备的6S现场管理工作，不留死角，不出现无人负责的区域、场所、设备等。6S管理工作重要的是把各项活动内容落实到企业日常管理与日常工作中，并使员工养成习惯。明确职责是为了增强员工责任感，员工只有清楚对维护工作环境所负的责任，才能主动投入到6S现场管理活动中。明确职责是6S现场管理活动得以持续推行的前提和基础。

责任内容明确。在推行6S管理活动中，明确职责是第一步。关键还需要对现场6S管理工作的实施项目、实施频率和达到的水平也有明确的要求，使员工清楚工作内容，这有利于整理、整顿、清扫、安全工作的深入实施和实施水准的长期保持。国内很多推行6S管理的企业虽然也强调保持工作场所干净整洁的重要性，但不能取得好的实施效果，或者虽然能一时将工作场所收拾得干净整洁，但不能长期保持下去，其中对6S现场管理实施内容没有明确的要求是一个很重要的原因。

责任主体明确。企业内各区域、设备、场所等的行政责任以及内容明确之后，关键还需要落实到每一个组织和每一个人员身上，有些企业通过逐级的现场6S管理责任状的方法强化实施，本着"谁签字，谁负责"的原则，明确各自管理的区域责任人的责任内容、完成期限以及奖罚办法等，效果良好。

实际上，对于企业来说，推行 6S 的目的非常明确，但目标的实现需要有项目推进的条件保证，其根本在于发挥企业各级，尤其是实施 6S 活动人员的积极性、能动性，让这些人员对自己的工作现场亲历亲为地去实施、执行 6S 管理活动的细节要求。任何强加于人或命令式的 6S 是不可能达到预期效果的。其实，6S 活动的本质在于人员素质提升，前提在于人的积极性与能动性的发挥，如果在 6S 活动与日常工作发生冲突时，需要明确告知相关人员优先工作，就能让人明确 6S 活动本身的作用，也能让员工工作轻松，而不是被动承压做事，这样反而使 6S 活动更容易推行下去。具体来说，6S 活动推行的条件如下：

① 必须发挥企业员工的积极性、主动性和能动性；
② 遵循工作优先的原则处理工作与 6S 活动的关系；
③ 将 6S 活动理念贯彻到员工意识中；
④ 始终坚持动手去做的原则；
⑤ 坚持安全第一的原则。

四、6S 管理推行的不利因素与误区

（1）6S 管理推行的不利因素

由于社会文化的影响以及政治经济环境的影响，国内企业在 6S 管理活动中存在很多不利的因素。

一是企业管理层对 6S 管理认识不清。企业高层领导不重视是推行 6S 不成功的基本因素；企业中高层领导对现场 6S 管理认识不深，认为就是大扫除或者安排几个专员做就可以做好，企业舍不得做一些投入，比如人力、物力等；平时检查敷衍了事，客户要来企业或说企业现场 6S 做得不好，那领导就安排做一次大扫除或让相关部门组织一下，客户没有要求了，领导就不管了，平时漠不关心等。

二是企业急功近利，不系统地把握和推行 6S 管理，这是很多企业现场 6S 管理推行中存在的主要问题。主要体现在对 6S 的认识、6S 执行者的培训和选择推行的样板、部门等方面。一些企业的管理者看到同行或外界都在推行 6S 或对 6S 略知一二，在没有对 6S 进行深入研究的情况下，匆忙推行 6S。他们总是认为只要认识和后期动作正确就不用在做好全部准备的情况下再去推行。

三是现场 6S 管理推行组织不得当。现场 6S 管理推行组织不得当会给企业带来不少麻烦。需要具有 6S 管理推行和组织经验的人，或者经过深入培训的人来主导这项管理活动的推进，并且企业高层必须参，建立起 6S 管理活动组织的威信。

四是员工对 6S 管理认识误区导致行动表面化。由于员工对 6S 认识误区的存在，在推行 6S 管理的过程中，大家的意见难统一和达成共识，这样势必导致推行的力度和质量下降，甚至推行失败、毫无结果。很多企业的员工对现场 6S 管理的内容基本不了解，现场 6S 管理到了员工那里就只是口号而已。企业需要进行广泛深入的培训，让员工掌握 6S 精髓，把 6S 当作一件基础管理工作来抓，以规范现场、提高员工素质，提

高效益、提升效率和提高质量为目的。

五是企业对6S推行缺乏恒心。现场6S管理是一项长期性的活动，要使推行工作持久、有效，必须加强推行过程中对控制的执行力，这样才能确保整理、整顿、清扫、清洁、安全、素养6个方面实施到位。有些企业开始可能很有热情去实施6S，随着时间的推移，这种热情不再，最后6S的推广以逐渐消失而结束。而且，很多企业没有一套科学合理的6S考核评价体系，这样也难维持和开展下去。保持和巩固6S管理成果，避免出现滑坡现象，这是6S管理工作的重点。6S管理是一项长期的经常性工作，必须坚持不懈地抓紧抓实、抓好，这样才能充分发挥6S管理的作用。

六是对6S管理活动认识不到位。主要指的是企业员工，甚至是部分领导对于6S管理的实施意义认识不到位。例如，"工作忙，没有时间做6S"，把生产与6S对立起来；"6S就是简简单单，就是做做卫生"，把6S管理与卫生工作、大扫除等同起来；"员工素质差，搞不好6S"，把理念与执行对立；等等。其实，根本原因还在于企业管理层对6S管理活动认识不清，以"我"为主，规范规则管理意识不强，忽视企业基础管理的工作与作用。

（2）6S管理推行的误区

很多刚开始实施6S的企业认为：6S无非就是整天扫地、整理物品以及将物品进行定位。在这种想法的作用下，他们认为6S就是为了在企业有客户进行参观，或者有重要的政府官员来视察的时候，给外界留下一个良好的形象，让别人觉得本企业已经脱离了家庭作坊式的生产。总的来说，当前很多企业对6S活动的认识还存在不少的误区，这些误区可归纳为如下几点。

➤ 6S就是大扫除。很多企业的员工，包括领导都认为6S仅仅是一种大扫除，只是为了改善企业形象所开展的活动。实际上，6S活动不仅能够使工作现场保持清洁，更重要的是通过持续不断的改善活动，使工作现场的6S水平达到一定的高度，促使员工养成良好的工作习惯，提高员工的个人素养。

➤ 6S只是生产现场员工的事情。很多不在生产一线的工作人员认为：6S活动是生产现场员工的事情，不在生产现场的人员不需要开展6S活动。实际上，单个部门的6S活动是很难在全范围内取得预期效果的。例如，如果业务部门所下达的订单没有及时出厂，致使产品堆积在车间，生产车间的人员将无法进行6S活动。6S活动强调的是全员参加，领导尤其要带头参与。

➤ 搞好6S企业就不会有任何问题。很多企业在推行6S活动的时候总希望6S活动能够"包治百病"，解决企业内部所有的问题。实际上，6S只是企业修炼的一个基本功，它产生的效果范围仅包括生产现场的整洁以及员工素养的提高。一个企业要想获得盈利，除了开展6S活动之外，还需要注意在战略管理、流程管理、绩效管理、营销管理等方面下工夫。期待6S是包治百病的灵丹妙药是不切实际的。

➤ 6S活动只花钱不赚钱。企业存在的根本目的就是为了最大程度地追求效益，很多企业没有远见，认为开展6S活动需要较多的投入，6S活动的推广是赔本生意，因而不愿意实施。一般来说，6S活动的开展初期需要投入较多的资金，并且很难在短期内形成收益，但只要企业能够持续开展这项活动，6S将为企业带来长远的发展效益。

➤ 由于太忙而没有时间推行6S。企业生产现场的状况一般都比较复杂，经常会出现很多预想不到的问题。工作人员除了要从事正常的生产工作之外，还需要花费相当多的精力用于解决工作现场中出现的各种问题。很多员工认为目前的工作已经非常繁重，实施6S活动增加了员工的工作负担。实际上，6S的实施正是为了提前发现问题、解决问题，防止突发事件的发生，实施6S之后，工作人员的工作反而会变得轻松。

➤ 6S活动是形式主义。有人认为整理、整顿、清扫、清洁和素养等6S活动过于注重形式，缺少实质性的内容，因而对6S活动的实施效果始终持怀疑的态度。一般说来，6S活动的实施确实需要一些形式，例如标准、宣传、培训等，但是6S活动的目的是为了使员工通过不断的重复，养成良好的工作习惯。

➤ 开展6S活动主要靠员工自发行为。很多企业将6S活动推行失败的原因归结为员工不愿意参与。准确地说，6S活动的实施，并不是靠员工的自发行为，而是靠带有强制性的执行标准，员工在6S活动的实施过程中必须按照6S的要求来行事。6S活动的实施虽然强调员工的全体参与，但依然应该由企业的高层由上而下地加以推动和监督。

现场 **6S**
精益管理实务

现场 **6S**
精益管理实务

第二章
现场6S管理推行
过程

第一节
现场6S管理的推行步骤

一、现场6S管理推行前的现状审计

"知己知彼，百战不殆"，孙子兵法中的战争原则也适合6S活动的实施，对于企业来说，管理变革本身就是一场战争活动，这里"敌方"就是管理改进、提升，是6S管理的目标，而"我方"是目前的管理与企业运营现状。推行任何一项管理变革或实施一项管理活动，必须首先了解本企业的管理现状以及管理中经常出现的问题，也就是需要对企业的管理现状进行审计，明确将要推行的活动重点以及侧重点，有针对性地解决企业运营中的问题，提升企业运营与管理水平。把握现状，明确目标、理想、定位与现状的差距，这就是6S管理活动推行的内容，或者是6S管理要做的事情。

为此，企业在推进6S之前，必须根据6S的基本要求，对企业的现场进行诊断评论，通过诊断，可以比较客观地掌握公司的整体水平。

➢ 迄今为止，企业实施哪些管理活动以及做过哪些管理变革，这些变革、管理活动与6S活动在内容上有哪些交叉，是否覆盖相关部分？

➢ 这些管理变革以及管理活动在哪些部门实施，实施的时间多长，实施的效果如何？效果好与坏的原因有哪些？解决了管理上的哪些问题？

➢ 员工是否能正确对待上述管理活动以及变革的推行，是否理解？

➢ 与6S活动在内容上交叉的那些部分员工是否理解，实施效果如何？

➢ 企业员工对推行一项新的管理活动是什么态度？

➢ 企业是否已经形成、确立起推行或实施6S活动的三大支柱：

一是企业领导者推行与实施的意愿；
二是现场工作人员的工作积极性、主动性；
三是6S活动推行的方法准备。

➢ 企业所处的6S程度水平。

➢ 企业有哪些强项？有哪些薄弱的环节？

➢ 在本企业，6S推行的难易度在什么地方？

其实，以上对于企业管理的审计也就是推行6S活动前的活动策划，主要内容如下：

① 采取各种能采取的方式收集相关信息，例如通过内部网络、报刊、会议、建议

书等方式收集信息；

　　② 记录下管理审计的各种审计或诊断结果；

　　③ 分析、研究推行或实施6S活动的效果测定方法。

二、现场6S管理推行步骤

　　在实践活动中，推行6S活动的步骤根据企业情况不同而有差异，有的是经历启动、实施、改善和标准化四个阶段，有的是经历局部推行（现场诊断、选定样板区、实施改善、确认效果）和整体推行两个步骤，有的是秩序化阶段、活力化阶段、透明化阶段三个阶段。但不管理论分析上还是实际做法上的差异多大，实质内容基本一样（图2-1）。本书以较通俗的"三阶段，六步骤"介绍现场6S管理推行步骤。

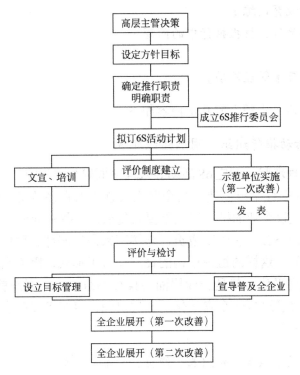

图2-1　6S活动推进程序

　　三个阶段分别是：

　　➤ 准备阶段。首先必须了解什么是6S，通过基础培训了解6S以后，对企业的现状要做对照检查，发现差距，同时在有条件的情况下，通过参观6S优秀企业，做一个外部交流，横向对比也容易发现不足，发现差距，从而对6S以及现场改善的必要性、紧迫性形成共识，在这个基础上建立公司的推进体制，也就是说公司的6S推行组织应该怎么做，应该划定哪些责任区，明确哪些责任人。

　　➤ 实施评估阶段。这个阶段就是要导入6S，首先通过局部试点或样板工程的方法，对比现状，先创造一个局部的变化，由点到面；然后全面铺开，全员行动，全面

进行改善,通过导入6S发现问题,推动问题解决,同时导入周检、月检和月度评比的机制,而且做到奖优罚劣,推动相关问题的解决,推动现场亮点的创造,这样就形成一个全面的效果。这个机制是周检发现问题,推动解决,月检做月度的检查,月度的评比,形成激励机制,从而形成一个自主的推动方式。

➤ 巩固阶段。通过改善现场,同时把6S管理活动与相关的质量管理、设备管理、标准化管理结合起来,做到让员工容易遵守,而且使员工形成良好的习惯,形成一个自主改善的状态。把这一个过程固化成企业的制度、企业的标准。

六个步骤分别是:

➤ 成立6S活动推行组织,明确组织职责;
➤ 6S活动策划与管理审计、划分责任区;
➤ 宣传造势、教育训练;
➤ 样板区局部试行,把握推行中的问题;
➤ 全面导入;
➤ 巩固,纳入日常管理活动。

推进6S活动"六个步骤"的基本内容如下。

(1)成立6S活动推行组织,明确组织职责

① 根据企业管理现状,制定6S活动导入程序框架与流程图。

② 成立企业6S推行小组,建议由企业主要领导人直接负责,结合组织力量,以形成体系的保障。建议企业的推行组织不要太复杂,有些企业成立"6S推行委员会",下面有一个办公室,办公室有若干成员,再接下来是生产部、质量部等各部门,生产部下面又有各个车间,这样的组织结构的设立会流于形式,因为它层级太多,面积太多,所以一般建议扁平化,就是企业层面的推行小组,再接下来就直接划分责任区,这样非常扁平化。有了这样一个扁平化的推进组织,直接可以落实到一线,同时要有效划分责任区和责任人。

➤ 小组职位设置:组长、副组长、组员、干事、文员。
➤ 小组总人数应控制在20人以内,可根据企业规模或现场要求具体确定。

③ 以文件形式明确推进小组的职责。

➤ 推行小组职责:负责6S活动的计划和工作的开展;设定6S方针和目标;确定6S推进的方法、方案;制订推进计划及策划推进活动;实施6S教育训练;制定6S考核评价标准;建立6S监督检查体系。
➤ 组长职责:负责6S小组的运作,指挥和监督所属组员。
➤ 组员职责:参与制订、修订6S活动计划,确实执行组长之命;拟定各种活动办法;负责进行本部门的宣传教育、推动6S;负责活动的定期审核;定期检讨、改善;进行活动指导及争议的处理;处理其他有关6S活动事务。

➢ 干事职责：拟定推行方案，召集会议和整理资料；筹划、推动相关活动；

➢ 文员职责：负责小组的行政、文书工作，负责评比分数的统计和公布。

（2）6S活动策划与管理审计、划分责任区

① 拟定企业6S活动推行方针及目标。

➢ 推行方针：应制定方针作为6S活动的指导原则。

➢ 推行目标：6S活动期望的目标应先设定，以作为活动努力的方向及用于执行过程的成果检讨。

② 管理审计与诊断：明确企业6S活动推行前的管理现状以及推行6S活动的重点、侧重点以及难点。

③ 收集资料：收集6S相关的资料，如推行手册、标语、培训资料、其他厂的案例等，为后面的工作做准备。

④ 划分责任区域：实行区域责任制，将现场划分为若干个区域并制定负责人。根据初次会议讨论的结果，由各部门主管负责将本部门划分为若干个区域，并制定区域负责人，以书面的形式上交6S小组。办公室的责任人是职能部门的责任人，办公室的成员就不只是这个部门的人员，还有相关的责任区的人员，之后设定责任区，明确责任人。除了以基本的部门现场为原则以外，有的时候两个部门会是同一个责任区，这样又有问题了，某车间的某一条线在这个区域，另外一个车间的另外一条线也在这个区域，把这个区域作为一个责任区，两个人分属不同的部门，就容易出问题了，最好是同一个部门一个负责人，可是现场做不到时也可以两个部门合并起来，责任人明确出来，两个部门，两个责任人，然后共同推进，有利于解决跨部门工作的问题，至于具体的问题，通过工作当中的指导，协调，是完全可以解决的。责任区明确出来以后，要有责任牌，标明责任人和责任区域，从大区域到细致区域，甚至为了落实好6S，每一个车间班组内部要责任到人，在公司层面就只是管到具体的6S责任区就行了。

⑤ 拟定工作计划。6S活动的推行，除有明确的目标外，还须拟定活动计划表，并经最高主管的核准，以确定工作进度，6S活动分为三个阶段，即准备阶段、实施评估阶段、巩固阶段。每个阶段应严格按照PDCA循环进行。

⑥ 制定实施办法。

➢ 由6S小组干事负责草拟活动办法（包括试行方案），经6S推行小组组长、组员会签，并在会签表上签写意见，然后在小组会议上共同讨论，最终达成共识，作为活动的办法。

➢ 6S活动办法的内容包括制定要与不要的东西的区分方法、6S活动评分方法、6S活动审核方法、6S活动的评比、奖惩方法等相关规定。

➢ 6S活动的导入应采取分步走的推进方式，即不论是在部门内做样板，还是面向全企业导入，都采取先做好整理，合格后再做整顿，整顿合格后再做好清扫，最后

做好清洁与素养，进而达到全面开展，分步走的每一步都要按期审核、验收，在做下一步的同时必须保持前一步的成果。

（3）宣传造势、教育训练

推动6S活动除了要做好策划工作外，还一定要让整个企业的全体员工了解为何要做和如何去做，同时告知进行活动的必要性与好处在哪里，这样才能激发员工的参与感和投入感。因此，开展必要的宣传造势、教育训练是必不可少的环节，也是6S活动成败的关键。

① 活动前的宣传造势

➢ 前期各项宣传活动的推行。企业各部门、单位主管负责利用部门（分组）例会向员工讲述实施6S的必要性和作用，使员工对6S有初步的了解，激发员工的好奇心。

➢ 制订推行手册及海报标语。为了让全员进一步了解，全员实行，应制订推行手册，并且做到人手一册（发放前向员工讲明，推行手册是否保存良好是要纳入评分项目的，丢失就要扣分），通过学习，确切掌握6S的定义、目的和推行要领等。另外，配合各项宣导活动，制作一些醒目的标语，塑造气氛，以加强文宣效果。

➢ 最高领导的宣言。利用内部报刊、媒体、网络或者会议等形式，由企业最高领导强调和说明推动6S活动的决心、信心和重要性。

② 教育训练与考核

➢ 培训：企业6S推行活动中的教育培训有管理人员与审核员的6S培训（由企业6S小组组长负责）；全员6S培训（新进人员由人力资源部门负责组织培训；现有员工由各部门自行负责组织培训）；现场审核前审核员的培训三种。

➢ 考核：由6S小组干事负责对所有接受培训的人员进行卷面考核，对于考核不合格者以下述方式处理：对管理人员和审核员采取每天补考一次，直到合格为止的方法；对于企业老员工采取由各部门再次组织培训（可采用实际操练的方式进行），干事于2天后再组织补考，直至合格的方法；对企业新员工每人给予一次补考的机会，补考不合格者，做试用不合格处理。

（4）样板区局部试行，把握推行中的问题

① 依据试行方案集中力量在样板区试行。选择样板区局部推进的好处：

➢ 能集中所有的力量，推进效果明显，减少大家对推进的抗拒阻力，消除疑虑；
➢ 及时对试行期间的问题点加以收集和系统分析、总结，必要时可根据实际情况适当调整推进方案。

② 按6S推行计划组织审核员对样板区进行审核。针对审核中发现的不符合项应立即召开检讨会议，分析原因，采取纠正措施和验证的方式整改，必要时可根据实际情况适当调整试行方案。

③ 参观、学习。审核合格后由6S小组组织各部门、单位的代表分批到样板区参观、学习。

（5）全面导入

在样板区局部推进达到预先目的后，就进入全面导入6S的阶段。

① 全面导入活动的实施。

➤ 将试行的结果经过分析、修订，确定正式的活动办法等相关文件。

➤ 下达决心。由企业最高领导通过内部网络、电视等，或者召集全体人员或企业主要人员，再次强调推行6S活动的决心，公布正式导入的日期以及最高领导的期望。

➤ 实施办法的公布。由6S小组组员签名的6S活动推行办法、推行时间、审核与评分标准应予公布，使全体员工能正确了解整个活动的进程，使每个员工都能清楚自己的6S活动内容，知道5W2H，即5W（为什么要做、在哪里做、做什么、何时做、谁来做），2H（怎么做、做到什么程度）。

➤ 活动办法说明。由6S小组召开组员会议，向小组组员说明活动方法。

➤ 由各组员对本部门、单位员工举行活动方法说明会。

② 审核。6S活动的推行，除了必须拟定详尽的计划和活动办法外，在推动过程中还要定期安排审核员依据6S检查标准表的对每个责任区的实施情况进行检查、审核，以确认是否按照6S要求推行。

➤ 审核的主要活动（分四步完成）。
　　——审核的启动。包括指定审核组长和审核员，确定审核目的，编制审核计划，分配工作等。
　　——现场审核的实施。包括召开首次会议，依据6S检查标准表的对现场实施检查、评定，形成审核发现，准备审核结论，召开末次会议等。
　　——编制、发放审核报告。审核报告包括6S活动评分表和整改通知书。注意：对于严重违反6S要求的，除了要扣分外，还必须开出整改通知书通知责任部门限期整改。
　　——整改措施的验证。6S小组将依据整改通知书于一周内对审核中发现的严重不符合项进行验证，以确认是否按要求整改。

➤ 审核周期。审核周期根据6S活动推行的进展情况而定，导入期的频度应较密，原则上每周一次，到巩固期后可过渡到每两周一次或每月一次，但连续两次审核的间隔不得超过1个月。

③ 审核结果公布、评比与奖惩办法。

➤ 审核结果的公布。审核员必须于审核的当天将评分表交到6S小组文员处，由6S小组文员进行统计，并于次日12点前将成绩公布于6S公布栏。

➤ 评比、奖惩办法。活动以月为单位进行评比，评比采取扣分制，每月确定每组基准分，根据每次审核的评分表对基准分进行扣减，于月底进行总评。对于基准分未扣完的小组，将所剩余的基准分按规定标准换算为相应金额人民币后奖给该组，以作鼓励；对于基准分为零的小组，不给予任何奖惩。对于基准分为负的小组，将对该组给予罚款处理，罚款金额即为所负的基准分按规定标准换算后所得人民币的金额，罚款由该组全体人员分担。对于总分排名第一的区域，每月还在公布栏相应部位粘贴红旗予以表扬。对于总分排在最后的小组，每月在公布栏相应部位粘贴黑旗以作激励。

➢ 年终对活动的实施情况进行总评，对总分前2名的小组，发给锦旗和奖金。

④ 检讨及改善修正。推行6S活动和进行其他管理活动一样，必须导入PDCA循环，方能成功。PDCA循环由P（策划）、D（实施）、C（检查）、A（处置）四个阶段组成。P（策划）是拟定活动目标，进行活动计划及准备；D（实施）是按照P阶段制订的计划去执行，如进行文宣、训练、执行工作；C（检查）是依据目标，对实施情况进行检查；A（处置）是把成功的经验加以肯定，形成标准，对失败的教训，也要认真总结。在推行期间C和A更是一种持之以恒的项目，若不能坚持，则6S很难成功，若能脚踏实地加以改善，则6S活动将逐见功效。

➢ 问题点的整理和检讨：由6S干事负责每周将各部门的问题点集中记录，整理在"6S整改措施表"中，并发至责任部门。

➢ 定期检讨：在6S推行的初期，一定要实施周检讨，若一个月才检讨一次，则堆积的问题太多，难有成效。相对稳定后，可改为每月检讨一次。针对重点问题、反复出现的问题，责任部门必须进行原因分析，制定改善对策，限期改善。

（6）巩固，纳入日常管理活动

全面的6S导入达到预先目的后，就要进入巩固，纳入日常管理活动的步骤。6S贵在坚持，要很好地坚持6S，必须将6S做到标准化和制度化，让它成为员工工作中的一部分，所以，应将6S纳入日常管理活动，定期地对推行过程中出现的问题进行检讨、总结，定期对6S推行的结果进行评比。

 案例2-1 国内某机械企业5S实施步骤

步骤一：成立5S推进组织

1.成立5S推进组织——5S推进小组，主导全公司5S活动的开展，公司主管生产的总经理助理是当然的5S推进小组负责人。

2.生产管理部工业工程科为5S的归口管理部门，主持日常工作。

3.公司各部门（或车间）必须指派一位员工为现场管理（联络）员。

4.各部门领导是本部门5S推进的第一责任人。

步骤二：拟定推进方针及目标

1.推行5S活动，要依据公司的方针和目标，制定具体可行的5S方针，作为5S活动的准则。方针一旦制定，要广为宣传。如：全员参与5S活动，持续不断改善，消除浪费，实现"零"库存。

2.5S活动推进时，应每年或每月设定一个目标，作为活动努力的方向和便于活动过程中成果的检讨。如：现场管理100%实现三定，定品目、定位置、定数量。

> 目标：
> 对内，营造一个有序高效的工作环境
> 对外，成为一个让客户感动的公司

步骤三：拟定推行计划及实施办法

1.5S活动推行计划表。工业工程科年初制订公司5S网络计划交公司领导审批；各部门也必须年初制订本部门5S网络计划，交工业工程科审核

项次	项 目	计 划												备注
		2月	3月	4月	5月	6月	7月	8月	9月	10月	11月	12月	1月	
1	5S外派培训													
2	筹建5S推行委员会													
3	5S的全员教育													培训等
4	推进5S改善样板													
5	5S日													
6	红牌作战													
7	看板作战													
8	全公司大扫除													
9	建立巡视制度													
10	建立评比制度													
11	5S之星													
12	表彰/报告会													

2.5S的实施办法：

① 制定5S活动实施办法；
② 制定"要"与"不要"的物品区分标准；
③ 制定5S活动评比办法；
④ 制定5S活动奖惩办法；
⑤ 其他相关规定等。

5S活动实施办法制定方法有两种：一种是由5S推进小组深入车间（部门）调查，拟定草案，然后再召集车间（部门）人员讨论认可，经5S推进小组修订、审核后发布实施；其二是先对车间（部门）现场管理人员进行5S知识培训，由他们

结合部门现实状况，拟定本部门5S执行规范，再收集起来，经5S推进小组采取文件会审的办法达成共识，经修订、审核后发布执行。

步骤四：教育

1.公司对管理人员、每个部门对全员进行教育：

① 5S的内容及目的；

② 5S的实施办法；

③ 5S的评比办法；

④ 到兄弟厂参观或参加交流会，吸取他人经验。

2.新员工的5S培训。

步骤五：宣传造势

1.召开动员大会，由公司领导和各部门领导表达推行5S活动的决心；

2.领导以身作则，定期或不定期地巡视现场，让员工感受被重视；

3.利用公司内部刊物宣传介绍5S；

4.外购或制作5S海报及标语在现场张贴；

5.每年规定一个5S月或每月规定一个5S日，定期进行5S的加强及再教育；

6.举办各种活动及比赛（如征文、漫画活动等）。

步骤六：局部推进5S

1.选定样板区。对公司整个现场进行诊断，选定一个样板区。

2.实施改善。集中精锐力量对样板区现场改善，对改善前后的状况摄影。

3.效果确认，经验交流，让其他部门进行参观并推广。

步骤七：全面推进5S

1.红牌作战；

2.目视管理及目视板作战；

3.识别管理；

4.开展大扫除，将工厂的每个角落都彻底清扫；

5.改善；

6.标准化。

步骤八：5S巡回诊断与评估

1.5S推进小组定期或不定期地巡视现场，了解各部门是否有计划、有组织地开展活动；

2.5S问题点的质疑、解答；

3.了解各部门现场5S的实施状况，并针对问题点开具《现场"5S"整改措施表》，责令限期整改；

4.对活动优秀部门和员工加以表扬、奖励，对最差部门给予曝光并惩罚。

案例2-2　某化工企业的现场5S初步审计与实施

1.现场5S初步审计

直观印象	✓企业的整改过多的是依据客户的需要与要求 ✓有较好的现场管理基础 ✓人员的工作态度认真，有"客户永远是对的理念"			
不足	✓企业的现场管理缺乏系统性 ✓人员的遵守意识好，缺乏问题意识和自主改善意识 ✓现场的区域定置欠合理，目视化标识应进一步加强 ✓硫化车间与切割车间的产品交接过程有一定的问题（包括容器） ✓切割车间的现场是整个企业现场的瓶颈			
实施设想	实施方式	由点及面，由样板区向全厂推广	实践区	切割车间
	益处	✓先期集中精力树立样板，以此为原点拉动相关部门工作 ✓使企业中其他的人员有一个学习与参观的场所，树立一个目视化的目标		
	项目建议	✓按照精益生产的思想进行现场的管理 ✓由生产部门牵头进行现场的推进 ✓改善作业方法，减少员工的劳动强度，使员工乐于参与改善（例如：切割车间员工使用的工具、胶管清洗后的分类，砂轮机的脏污源等都可以进行改善）		

2.具体实施步骤

序	实施阶段	咨询公司的任务	企业的配合	备注
1	评估阶段	✓依据现场点检表的相关内容对企业现场进行评估 ✓提交评估报告	熟悉企业整个生产、物流的人员和相关的数据	在此过程中需要数码相机对现场的原始状态进行确认
2	培训阶段	✓成立推进小组，按照实施目的，对人员培训 ✓对实践区的全体成员进行意识、方法培训 ✓在项目进行过程中，针对出现的问题进行培训，强化员工问题意识	✓企业高层必须足够重视，积极参与其中 ✓生产部门的领导参与协调 ✓提供培训场地与相关设施	高层的决心与积极程度是至关重要的（5S活动是企业体质的训练，更多的是枯燥与痛苦）
3	实践区的实施	✓制定要与不要的标准，清理现场 ✓对可能出现的废弃物资，明确去处 ✓依据生产情况进行物品的三定与目视 ✓改善员工的作业方法 ✓制定5S检查考核方法 ✓试运行，对效果进行检查与整改	在此过程中需要企业的大力配合，需要涉及生产、物资等部门。用数码相机对实施后的效果进行确认与对比	可能涉及物品的领用方式的改善
4	全厂推广	✓全员培训（意识、方法的培训，实践区实施前后的变化，现场的培训，增强感性的认识） ✓各部门实施，明确效果 ✓定期进行全厂5S点检与评比，针对问题整改	✓建立全厂的5S考核评价体系 ✓企业高层定期参加点检	5S工作是生产过程的一部分，不应该是工作以外的额外部分

第二节
现场6S管理的推行规划与推行方式

一、现场6S管理推行的规划

（1）规划原则

对6S活动的推行进行规划的基本目的在于，明确企业推进6S活动的整体思路和行动方案。6S活动规划的基本原则：

一是现场环境的整洁原则。现场要横平竖直，美观大方，有一个很规矩的布局方式，并且有干净清爽，追求洁净度的效果，让人一进入环境就能够看得舒服，工作做得舒心。虽然讲究横平竖直，但是有时也是可以有点变化，围绕实际带来的一个效果，让员工在作业过程当中感觉到非常舒服，非常适合。最为重要的是，要创造一个能够影响员工的现场环境，让员工在环境当中下意识地去遵守作业规范，而且把现场的整理整顿工作做得更好，这是规划实施的一个基本原则。

二是工作效率提升的原则。企业流程管理、现场操作管理等需要以现场工作效率提升为基本要求，根据工作效率要求来进行区域规划或者划分、责任区域规划等。对于现场来说，规划是从大局，从整体向局部再向细部来推进的。所谓大局整体，就是从企业整个厂区，整个区域的物流环节的角度去考虑，怎么样去做到物流顺畅，搬运的距离最短，而且有弹性能够去应变，有弹性是指一旦有需要的时候，能够去调整现场布局，能够去创造空间，去应对市场需求的一个变化，所以这是它的一个规划原则。企业提高整个生产的物流效率，使现场有序化，一定要对流程线路进行分析，把一个产品从前到后的生产过程，每一个步骤相应的加工环节、加工工序、设备的区域以及中间材料半成品、成品放在什么地方，把它的流动路线划出来。根据这样一个线条划出来的流动路线，很容易暴露现场的浪费，物料摆放不太合适，设备摆放也不太合适，取用东西的路线非常长，这样就可以遵循程序流程经济原则，找出浪费，消除浪费。

三是活动推进有效的原则。规划需要确保推进6S活动的资源配置，以便活动的有效推进。

四是习惯全面养成的原则。推行6S活动的目的不在于仅仅大扫除，重要的是企业文化，是习惯、规范的养成以及标准的形成，这是规划必须考虑的内容。

（2）规划内容

6S活动规划的主要内容如下。

一是行动策划。制定整个6S活动推进的方针、目标体系，从宏观上策划整个企业推进6S活动的内容、过程与目的达成，建立组织认同与标准、规范、习惯养成体系。结果是行动策划方案书。

二是工作计划。规划整个6S活动的活动进行阶段、推进步骤、推进内容、时间安排以及责任体系建设等。其结果是企业6S活动推进工作计划书。

三是区域规划。根据企业性质以及特征要求，对整个企业进行大区的区域规划。区域规划的要求是服务于企业整体水平的提升，对企业管路、线路、空间、场所等建立一个基本的规划意识和操作标准，从大局，从整体向局部再向细部来推进的。所谓大局整体，就是从企业整个厂区，整个区域的物流环节的角度去考虑，怎么样去做到物流顺畅，搬运的距离最短，而且有弹性能够去应变，有弹性是指一旦有需要的时候，能够去调整现场布局，能够去创造空间，去应对市场需求的一个变化。大区域规划的要求是在企业，缩短物料搬运和行走路线，禁止孤岛加工，尽可能减少物料在中间的停滞，消除重叠停滞，消除交叉路线，禁止逆行。区域规划的主要内容有物流路线、现场作业体系、作业配置、目视管理、企业文化、功能区域。例如煤炭企业有井上井下两个大的区域，两个区域的功能完全不同，必须对两个区域分别规划。

四是功能规划。区域规划的明确也就使区域的功能明确，两者基本一致。

（3）工作计划

对6S活动的推进进行比较深入、细致的工作安排，明确6S活动推行过程中的程序、步骤、每个阶段的工作内容、责任体系、工作标准、时间要求等，企业根据工作计划有序推进6S活动，参见表2-1、表2-2。

表2-1　6S精益管理活动的推行计划

阶段	项次	项目	三月	四月	五月	六月	七月	八月	九月
准备阶段	1	推行组织建立							
	2	活动计划书检查、讨论、制订							
	3	前期工作准备							
	4	活动宣导、教育训练							
样板阶段	5	现场诊断、样板区选定							
	6	破冰行动——誓师大会							
	7	样板区整理、整顿作战							
全面展开阶段	8	全厂整理、整顿展开							
	9	寻宝活动							
	10	红牌作战							
	11	洗澡活动							
	12	目视管理							
	13	设备清扫的实施							
	14	看板管理							

续表

阶段	项次	项目	三月	四月	五月	六月	七月	八月	九月
全面展开阶段	15	可视化方案策划与确定							
	16	区域责任制度							
	17	三级晨会制度							
	18	安全巡查制度的实施							
	19	考核标准的制定							
	20	考核评分							
改善提升阶段	21	整改跟进确认							
	22	领导巡视，现场巡查的实施							
	23	创意改善制度导入							
	24	改善发表制度的建立							
	25	问候、礼仪和岗位规范制度							
	26	总结和进一步提升							

表2-2 6S工作计划

阶段	项目	进度	备注
阶段一（前期准备）	制定6S实施方案初稿		
	讨论确定责任区域和负责人		
	讨论确定6S实施方案		
	讨论确定培训计划		
	6S导入前的宣传教育		
	6S之"整理"活动的开始		
阶段二（方案实施）	在总体6S实施方案的基础上，各区域责任人牵头制定各区域实施6S的具体规范（实施标准及考核、奖惩办法），并经推行小组批准		
	顺序开展整理、整顿、清扫活动		
	建立早会、夕会等例会制度，固化6S行为方式		
	导入6S推进技巧		
	推行效果阶段性考核评价		
	改善的实施		
	奖惩及问题探讨		
阶段三	形成规范化、标准化的6S流程和制度，并及时修订		
	观摩学习其他部门、单位的好经验		
	请顾问指导，并持续改善		

案例2-3　德沃企业6S推行计划

序号	阶段	步骤内容
1	初步诊断并进行组织宣传动员	1.对现行5S运作进行诊断并得出诊断报告 2.指导建立5S推行小组并明确职责 3.指导划分各区域并落实责任人 4.开展动员大会，在公司醒目的地方张贴宣传画
2	拟定计划表、评分标准及竞赛方法	1.企业拟定5S活动实施计划表 2.企业拟定5S评分标准 3.企业拟定竞赛实施方法
3	全面展开5S活动	1.改善诊断报告中之问题 2.依教材所谈，依照各责任区展开5S活动
4	评述、改进及修订	1.确认有首次诊断报告中问题的改善情况并决定是否需提出新问题 2.改善不足，并依评分标准及竞赛办法进行日常检查及周期检查 3.将5S活动好的与差的摄影制作成照片，张贴于公告栏，让全员周知 4.确定是否需修订相关标准（如评分标准、竞赛标准）
5	奖惩、总结及成果维持	1.在集体场合颁奖，并鼓励落后单位加油 2.总结前期5S工作的情况，维持首期成果做出下期计划并实施

备注：咨询师每次入厂可能会对5S的相关工作不提前通知而进行临时抽查，如发现未按计划进行或进行不彻底，则直接追究管理者代表的责任。

二、现场6S管理推行方式

从企业实战活动来看，企业推行6S的做法可以分为两种：点式和面式（表2-3、表2-4）。两种方式的内容基本一样，差异就在于推行的角度。根据企业管理现状以及行业性质等，企业可以选择不同形式。

表2-3　推行6S活动的点式方法

序号	推动步骤	执行事项	责任者
1	计划	1.有关资料收集、观摩他厂案例； 2.整理、整顿方式及行动目标规划； 3.教育训练及文宣活动计划； 4.部门区域或个人责任区的规划； 5.整理、整顿推动办法的设计； 6.整理、整顿推动计划表排定； 7.权责划分； 8.整理、整顿看板及缺点公告表的制作； 9."整理"活动的规划； 10."整理"划线、定位、标示的规划	办公室

序号	推动步骤	执行事项	责任者
2	宣导	1.全员及干部训练（N次）； 2.整理、整顿标语、征文，有奖惩活动； 3.成绩优秀工厂观摩及心得照片发表； 4.整理、整顿推动办法讨论及宣达； 5.标语及海报制作，营造气氛	办公室
3	整理作战	选一适当日期，实施"红牌作战"，全厂大清理，区分要与不要的东西	各部门主管
4	整顿作战	选一适当日期，全厂执行定位、画线、标示，建立地、物的标准	
5	推动实施方法	正式公告、下达决心	总经理办公室
6	缺点摄影	1.违反整理、整顿条纹事实，摄影； 2.记住摄影位置（可做标记）	办公室
7	照片公布改善	1.及时公告； 2.表示事实、日期、地点、要求改正； 3.在公告栏公告，限时改正； 4.改正后，在同一地点再拍，作前后比较	办公室
8	奖惩对策	1.定期检讨； 2.屡劝不改善者的惩罚，表现绩优者表扬； 3.推动软件与硬件障碍对策、克服	总经理

表2-4 推行6S活动的面式方法

序号	推动步骤	执行事项	责任者
1	计划	1.资料收集与他厂的观摩； 2.引进外部顾问协助； 3.行动目标规划； 4.训练与宣导活动计划； 5.方案与推动日程设计； 6.责任区域划分； 7.整理整顿施行规划； 8.5S周边设施的设计	办公室或准6S活动干事
2	组织	1.推动委员会的成立； 2.权责划分； 3.部门主管全身心投入； 4.执行评述作业； 5.行动庶务支援； 6.协助改善工作	经营者核决
3	宣导	1.教育训练； 2.标语.征文……比赛； 3.参观工厂； 4.海报、推行手册制作； 5.照片展； 6.经营者下达决心	6S活动干事
4	整理作战	1.找出不要的东西； 2.红牌作战……大扫除； 3.废弃物登记、分类、整理； 4.成果统计	各部门主管

序号	推动步骤	执行事项	责任者
5	整顿作战	1.定位； 2.标示； 3.画线； 4.建立全面目视管理	各部门主管
6	推动方法实施	1.全面说明会、经营者公布； 2.公告实行，要求严守	6S活动主任委员
7	办法讨论修正	1.问题点收集与记录； 2.每周开会检讨，修正条文	6S活动干事
8	推动方法正式施行	1.全员集合宣布； 2.部门集合宣布	6S活动干事
9	考核评分	1.日评核； 2.月评核； 3.纠正、申诉、统计、评价	各评审委员
10	上级巡回诊断	1.最高主管或顾问师亲自巡查（每月、每季）； 2.巡查诊断结果记录与说明（优、缺点提出）	经营者或顾问师
11	检讨与奖惩	1.定期检讨、记录对策（周、月、年度检讨）； 2.全员集合宣布成绩； 3.锦旗与黑旗的运用； 4.精神与实物的奖励	6S活动干事
12	推动后续新方案	1.人员6S活动　纪律作战； 2.设备6S活动　TPM作战	6S活动主任委员、干事

第三节
6S管理推进的宣传与教育培训

一、6S管理活动推行的宣传造势

6S不只是一项管理活动。首先意识层面要有6S的意识，要有整理、整顿的意识，要有清扫、清洁的意识，要有素养、安全的意识，这些意识会决定对待6S和其他相关工作的基本态度，而且6S也确确实实在意识层面也是一样存在，例如头脑里面是不是有一些意识观念、行为准则应该整理整顿、清扫清洁了？做事情的时候，是不是应该有所讲究，有自己的思路，有自己的方法，要不断地进行观念的改善、观念的革新，这也是一个非常重要的基础，所以6S首先是意识层面的意识到位，后面的6S才能抓到位。

6S推进活动的组织体系建立起来以后，相关准备工作已经基本就绪，如何让员工

了解6S，从心里、意识上理解、认识、认同6S活动。这个时候就必须采取宣传造势的方式，通过企业所能把握的方式进行广泛的宣传造势，创造良好的活动氛围。

（1）6S活动宣传的阶段和内容

匹配6S活动推进过程，宣传造势有三个阶段，不同阶段的内容有所差异，重点不同。

① 造势宣传（发起宣传）。这是6S活动准备推进阶段的宣传，目的在于渲染环境，烘托气氛。这个阶段的主要内容是营造声势，结合企业管理问题、运营问题进行造势，广泛宣传推进6S活动的目的、方针等，把企业决策者推进6S活动的意图、决心以及企业远景、文化等结合起来宣传，广造声势。

② 认知宣传（过程宣传）。这个阶段主要宣传的目的在于让员工熟悉、了解6S活动的内容，知识宣传为主题，漫画、心得体会、学习体会、先进案例为形式，把宣传与认知教育培训结合起来。企业不仅要外购6S管理书籍，组织赴先进企业学习，重要的是结合企业实际编写6S活动知识体系与管理规范，使企业开展的6S活动是属于本企业内容与管理提升的6S活动，而不是模仿其他企业的形式。目前市面广泛流行的6S书籍都是通用性的，企业必须结合自己实际编写属于自己的6S书籍和教材；而且每个行业、每个企业的差异性很大，借鉴其他企业先进经验只能有利于自己企业推行6S活动，而不能代替企业自己的内容。例如煤炭行业和电力行业、机械制造业等完全不一样，山西煤炭企业和河南煤炭企业又不一样，山西大同煤炭企业和晋城、长治煤炭企业的资源环境、地质特征、管理实际又不一样，需要结合煤炭企业的行业特征与企业实际编辑教材，认知宣传必须有自己企业的特征，不能千篇一律。

③ 认同宣传（文化宣传）。认同是6S活动的核心要求，这个阶段的宣传重点在于标杆宣传、案例宣传、规范以及标准的宣传。

（2）6S活动宣传造势的形式

6S活动宣传造势的形式多种多样，不同形式的力度与强度在不同企业差异很大，企业应该根据本单位管理实际、产业状态、生产运营实际、人员状态、市场要求等综合把握，复合选择，以期达到最佳宣贯效果。

① 活动口号征集与标语制作。自制或外购相关宣传画、标语等，最好由企业宣传相关部门组织员工集思广益，推出适合本企业的宣传口号，张贴在各工作现场，增强企业推进6S活动的环境活力，同时让员工身处6S活动推进环境，达到对6S活动潜移默化的功能作用。

② 内部刊物、电台、局域网等。通过企业内部刊物、电台广播、网络媒体等新老媒体手段，广泛宣传推进6S活动的目的、功能、作用，并结合领导讲话、成功企业推行的案例、优秀成果与效果等，让员工对6S活动内容深入了解，同时经过媒体不断的强势与重复宣传，让员工对6S活动的内容深度认识与认同。

③ 宣传板报。企业以及各部门可以通过制作6S板报宣传6S知识、目的等，展示6S活动成果，发表6S活动心得体会与征文，提示企业运行中的问题等，增强员工对

6S活动的理解、认识与认同。主要目的还是在于营造浓厚的6S活动氛围，使活动更容易获得企业全体员工的理解、支持和认同。宣传板报宜置于员工或客户必经场所，美观大方醒目。

④ 标语牌。标牌语可渲染活动气氛，既有宣传功能，也有鼓动与推进作用。

⑤ 读书与心得体会。外购或自行编辑6S管理知识书籍，向员工发放，让员工写读书体会与心得，通过内部媒体刊载，激发员工了解6S活动积极性，活跃6S活动推进的环境气氛。

⑥ 会议。通过企业各层级的各类会议广泛宣传6S活动。

 案例2-4 无锡佳特机械制造有限公司5S管理宣导阶段方案

5S管理是一项系统工程，不可一步到位，需分步有序实施。本5S管理宣导阶段方案，不是一个孤立的方案，而是系统方案中的第一部分。本方案以整体方案为框架，以宣导阶段为重点，着重阐述宣导阶段实施细则。

1. 5S管理项目整体实施目的

（1）改善企业精神面貌，提升员工个人素养。

（2）减少安全隐患，保证产品质量。

（3）提高生产效率和库存周转率。

（4）缩短作业周期，降低生产成本。

现状：目前厂部员工已基本养成清扫和整理的习惯，但执行的持续性和彻底性不足。特别是春节开工以来，执行情况有所退步。

2. 实施范围

无锡佳特机械制造有限公司全体工作人员及工作场所。

3. 5S管理实施总流程

（1）宣导阶段

① 树立实施5S管理的决心。

② 做好实施前的准备工作。

a. 5S管理宣传造势。

b. 5S管理知识培训。

c. 5S管理专项讨论。

d. 5S管理知识考查。

e. 各部位负责人根据所学知识试拟5S管理整改计划。

f. 边整改边总结，自觉自主，标准不限。

（2）试行阶段

① 全员参与，避免少数人唱独角戏。

② 划分责任区。

③ 按厂部计划推行整改项目。

④ 看板管理，实时公布整改成绩。

⑤人力资源部巡查，与负责人沟通，促其改善。

（3）检讨阶段

①成果对比，找出不足。

②召开专项会议，总结阶段性成果。

③各部位负责人拟出改善计划，持续整改。

（4）实施阶段

①厂部明确管理标准和细则。

②制定5S管理制度。

③全面实施5S管理并适当纳入年度考核。

（5）巩固阶段

①持续管理，适时考核。

②随机抽查，促进完善。

③设立"5S管理深入月"，深化管理成果。

4.宣导阶段实施细则

（1）明确宣导阶段目的

①普及5S管理知识，让员工了解5S管理的大致内容。

②使员工了解5S管理对企业和个人的意义，并从思想上做好实施5S管理的准备。

③促使员工了解公司目前5S管理的现状和差距，明确实施方向。

（2）宣传造势

①出版5S管理专栏：

a.5S管理含义（整理、整顿、清洁、清扫、素养）；

b.5S管理意义和积极作用；

c.5S管理的必要性；

d.工厂5S管理现状；

e.5S管理要求和目标；

②采集图像，找出不足。

③利用生产协调会向各车间主任、各部部长通报实施5S管理的决议和要求。

④人力资源部利用早会向全体职工宣传5S管理活动的各项内容。

⑤总经理全厂讲话，强调实施5S管理活动的决心和意义。

（3）5S管理知识培训

①编制办公室5S管理教材（已完成）和车间5S管理教材。

②办公室人员通过邮件形式自学办公室5S管理知识。

③人力资源部组织各车间主任、班长进行车间5S管理专项培训。

④车间主任利用早会向员工宣讲5S管理知识。

（4）5S管理专项讨论

①员工"5S管理征文活动"，畅谈5S管理心得、成果、建议。

②优秀文章展示。

（5）5S管理知识考查

人力资源部利用巡查时间考查员工对5S管理知识的掌握程度。

（6）5S管理整改计划

各部位负责人根据所学知识和现场情况试拟5S管理整改计划。

（7）整改及总结

边整改边总结，自觉自主，标准不限。

5.宣导阶段实施时间表

实施内容	内容说明	实施要求	时间	执行人
步骤一： 出版5S管理知识专栏（上）	（1）5S管理含义（整理、整顿、清洁、清扫、素养） （2）5S管理意义和积极作用	图文并茂清楚描述5S管理的含义及意义	宣导阶段：第一周	陈×
步骤二： 出版5S管理知识专栏（下）	（1）5S管理的必要性 （2）工厂5S实施现状 （3）5S管理要求和目标	切实表达公司5S管理实施现状和目标	宣导阶段：第二周	陈×
步骤三： 采集图像，找出不足	图像内容包括各车间卫生、工具摆放、工件堆码、行为规范等内容	突出典型，明确不足	宣导阶段：第三周	陈×
步骤四： 生产协调会通报实施5S管理的决议和要求。	公司实施5S管理的背景、现状、目标、实施计划、所需支持	获得各部门负责人的理解和支持	宣导阶段：第一周生产协调会	颜×
步骤五： 利用全厂早会宣传5S管理活动的各项内容	人力资源部大致阐述5S管理含义、意义、现状、目标、要求；总经理讲话，发起活动	人力资源部阐述要简练、清晰。总经理讲话起动员作用	宣导阶段：第二周全厂早会	颜× 华×
步骤六： 编制5S管理教材	（1）办公室5S管理教材。 （2）生产现场5S管理教材	通俗易懂、标准明确、简练可行、图文并茂、结合PPT	提前完稿，并根据需要随时作调整。	陈× 颜×
步骤七： 组织学习5S管理知识	（1）办公室人员通过邮件自学办公室5S管理知识 （2）各车间、班组负责人接受5S管理培训	办公室人员已有一定基础，本次学习旨在深化理解；车间人员配发课堂笔记	宣导阶段：第三周	颜×
步骤八： 车间主任利用早会向员工宣讲5S管理知识。	宣讲内容将统一印发在课堂笔记上	宣讲总时间不低于30min即每天5min，持续6天。人力资源部旁听	宣导阶段：第四周	各车间主任
步骤九： 5S管理征文活动	畅谈5S管理心得、成果、建议	车间主任、班长带头参与；鼓励职工积极参加	宣导阶段：第五、第六周	颜×
步骤十： 5S管理知识考查	人力资源部利用巡查时间考查员工对5S管理知识的掌握程度。	考查人数每日不少于3个	宣导阶段：第六、第七周	颜×
步骤十一： 各部位负责人试拟5S管理整改计划	计划包括：5S管理现状、不足、目标、措施、时间等	计划切实可行，报人力资源部审批	宣导阶段：第七周	车间主任
步骤十二： 边整改边总结，自觉自主，标准不限	按各部位负责人自拟的整改计划自觉执行，定期抽查	实施过程中不当之处可自行调整。	宣导阶段：第八周	公司全体人员

二、推行现场6S管理所需要开展的教育培训

对员工进行专门的培训，是6S活动推行过程中不可缺少的重要环节。由于员工在认识等方面存在差异，企业在内部推行6S的时候必须给所有的员工换脑，消除落后的意识障碍，保证6S的顺利推动。6S活动的培训包括骨干人员培训和普通员工培训两个方面。

1. 培训阶段

（1）骨干员工的基础培训

在6S活动启动阶段的培训就是基础培训，主要培训对象是企业的主管、车间主任以上的员工亦即企业的各类骨干员工。这个阶段主要以外部教材和延请有现场操作经验的外部讲师为主，企业主要领导参加并讲话，培训的主要内容是6S活动的内容、过程与知识体系，通过案例分析让企业骨干员工和中层对本企业推行6S活动达成有效认识，同时掌握6S活动的操作程序、内容与知识。

（2）覆盖企业全员的培训

企业在有效开展6S活动推行的动员与誓师大会之后，就需要对企业各类员工进行广泛的6S基础培训，组织培训第一个阶段要覆盖到队长、区队长、班长以上员工，尤其是企业中层员工；第二个阶段要覆盖到全员，尤其是班组长级别的员工，至少要通过内部培训的方式。如果企业可能对6S的了解不够，可以外派专人参加专题培训，再回到企业，作为内部讲师对大家进行主讲，也可直接请外部的专家到企业内去进行主讲，培训了解什么是6S，6S到底有哪些重要作用，怎么去操作，之后在必要的时候，转化成企业的内部培训。一般企业导入6S管理活动以后，都要形成自己3～5人的6S专家小组，他们能够为企业主讲内部课程，这样就把这个管理活动内化成企业的内部的技术能力。要由外部培训与内部培训结合起来，尤其重视内部培训。

在企业全员培训层级上，企业应该编辑内部教材，由班组长，一线主管对所有员工利用早会的形式，利用班组会的形式进行专题学习，让大家了解什么是6S，而后对全员进行改善意识的学习培养，同时掌握相关的改善方法，然后推而广之。过程中可以组织内部样板工程参观，还可以评比出1～2个优秀样板工程。参观样板工程时，样板工程的责任人需要介绍样板工程怎么做、中间过程，员工心态与认识上的变化、方法与亮点、经验与建议等，强化参观者的改善意识。

（3）过程说教与反复培训

6S说教是一个方法。6S的培训与教育需要善于说教，要天天讲，月月讲，年年讲，每天都讲6S，讲6S的目的是希望每天都结合到具体的情况，让员工有所推动，有所变化。在企业内部一定要进行说教，不然员工很容易松弛。6S说教时一般是对事不对人，但如果某一个人老是出现相同的问题，那就要既对事也对人。当某一个简单的问题重复发生的时候，就不是一个事的问题，而是人的问题，要针对这个人来做工作。

企业内部的6S说教可以由基层管理者进行，也可以请企业的6S推行委员会成员以及做得好的单位的管理者、骨干等来本单位说教。企业各基层单位要善于利用资源，结合到具体的工作内容、表现情形有针对性地说教。充分利用好企业内的各种平台，必要时要组织专题的会议，召开早会是一个非常好的平台，企业能够充分利用早会这个平台，把6S的相关工作容纳进去，有效推动6S活动。

2.培训计划

企业需要制订先行于6S活动推进的培训计划，明确在什么时候、什么地点对什么对象进行什么内容的培训，并进行培训效果测评。

 案例2-5　常州某珠宝有限公司6S管理培训计划

1.培训目的

（1）了解6S内容、含义；

（2）了解推行6S活动的意义与目的；

（3）熟悉、领会现场6S管理方法。

2.培训内容

（1）6S管理的定位及概论

①6S的基本含义；

②推行6S的作用、意义及目的；

③6S管理实例（看图片）。

（2）6S实战内容

①整理的含义与流程；

②整顿的含义、三要素、三定原则；

③办公室整顿的8大要点；

④清扫的含义与注意点；

⑤安全的含义；

⑥构筑安全企业的6个方面；

⑦清洁的含义及注意点；

⑧素养的含义与注意点。

（3）6S管理工具

a.红牌作战

①红牌作战的概念；

②红牌作战的目的；

③红牌作战的实施；

④红牌作战的实施要点；

⑤整改前后的定点摄影对照。

b.目视管理

① 目视管理的定义与特点；

② 目视管理的应战实例；

③ 打造傻瓜现场；

④ 目视管理的分类及实例。

3.培训方式

幻灯片与研读培训资料相结合。

4.培训对象

各部门经理。

5.培训周期及时间安排

2周，利用早会、例会时间。

第四节
6S活动的局部试点与全面展开

一、局部试点与样板区建设

（1）局部试点与样板区建设的程序和作用

不管什么样的企业，试行一种管理方法必须循序推进，先试点总结，找出推行的重点、难点与关键点，进行总结，然后有针对性地全面推广。尤其是在一些规模相对较大的企业，或者内部员工对6S认识比较薄弱的企业，应该通过6S样板区（或示范区）的方法来逐步推行6S活动。6S活动一开始应先选择企业中两到三个比较复杂、局面不太好的特定样板区（或示范区），树立示范单位，利用示范单位经验加快活动的进行。样板区的建立可以统一员工对6S活动的认识，更好地发挥领导的作用；可以鼓励先进，鞭策后进；另外，6S样板区还可以改变员工迟疑和观望的态度，增强他们的信心，从而激发员工参与6S活动的热情。建立6S样板区的主要程序，6S样板区申报表及评比标准见表2-5～表2-7。

表2-5　建立6S样板区的主要程序

	步骤活动	内　容
1	指定样板区	● 根据具体情况（现状和负责人对活动的认识）指定样板区
2	制订活动总体计划	● 制订一个1～3个月的短期活动计划
3	样板区人员培训和动员	● 对主要推进人员进行培训 ● 对样板区全员进行活动动员和相关知识培训

续表

	步骤活动	内 容
4	样板区问题点记录、分类整理	● 记录所有6S问题点（以照片等形式） ● 分类整理：①整理对象清单；②整顿对象清单；③清扫、修理、修复及油漆对象清单
5	决定6S活动具体计划	● 决定整理、整顿、清扫、修理、修复、油漆的具体计划（时间、地点、人员、材料、工具等）
6	集中对策	● 根据日程计划进行集中对策
7	6S成果总结和展示	● 以照片等形式记录改善后的状况（定点拍照），将改善前后的照片等进行整理对照； ● 对活动进行总结和报告，把有典型意义的事例展示出来

建立样板或示范区的主要作用在于：

一是创造改善经验的作用。为了有效地推行6S活动，一个重要的方法就是创造6S的管理经验，也就是通过制作6S样板工程来亲身感受6S的实施方法，亲身创造现场的变化，通过以身说法来推而广之，由点带面创造效果，样板工程的制作是一个非常重要的步骤。

二是选择困难的地方做样板。如果企业选择容易的来做样板工程，好处就是它能够带来变化，马上就做出来，马上就有效果体现在大家面前。可是容易的地方选出来推而广之的时候，有些部门有些责任区认为你们这个地方当然很容易做，而有些困难车间有溶液和铁屑，现场空间又非常小，很难做。所以在推行的过程当中，从简单做起固然是一种方法，不过后面也会碰到一些员工的质疑，特别是有一些意识不到位的员工，因此在6S推行当中建议企业反其道而行之。

表2-6 6S样板区申报表

申报区域名称				填报人：				
申报区域作业性质简述								

申报类型（请打"√"）

生产车间	检修车间	加工修理车间	备品备件存放区域	站所	库房	办公区	6S难点区域	其他

现场6S特点描述（可附图片）：
（从现场的规范性、目视管理的应用、注重细节、6S与专业管理的结合等方面进行描述）

单位意见： 单位领导签字： 年 月 日	厂评价：					
	规范性	目视管理应用	现场改善	6S责任体系运行	得分	是否评为示范区

表2-7　6S样板区评比标准

项目	标准	评比赋分办法	备注
规范性 30分	现场能够按照6S规范的要求，对各类物品实施定置管理，常移动物品、工具进行定点管理，按照6S整顿的要求进行标识且标识较为规范，物品的放置方法能够遵循取易的原则	按照现行现场评价办法进行赋分，每有一处不符合6S整理整顿要求或规范要求的，扣1分，扣完为止	
目视管理的应用 30分	能够充分地应用6S目视管理的方法，应用色彩、标识等方法，使现场各种生产要素名称、顺序、状态、危险因素等一目了然，能够较强地提示现场职工开展工作。能够应用6S目视管理的方法，将6S与专业管理如设备、品质、安全、生产等结合，现场设备点检、品质管理、危险源点、操作要点等做到一目了然。能够利用看板展示的方法，营造6S管理文化	按照目视管理要求进行赋分，每有一处不完善扣2分，扣完为止。根据看板的设计、表现形式、展示内容、日常管理分为三个档次分别赋分5、3、1分（加分项）	评比原则：评分高于90分的区域评为厂级的6S示范区
现场改善 20分	从细节入手，现场的各种缺陷（不方便、不安全、跑冒滴漏、影响生产、设备、安全、品质等管理的因素）得到了治理	每发现一处缺陷扣2分，扣完为止	
6S责任体系的运行 20分	该区域责任分配主体单一、界限清晰、内容明确，各级人员能够严格履行相关职责，责任落实到位	每有一项6S要素责任分配不到位扣1分，每有一项6S要素责任落实不到位扣1分，扣完为止	

（2）建立6S样板区的做法

在确定试行单位后，6S推行组织者或干事应协助试点单位主管制定施行方案，并督导做好试行前的准备作业。6S示范区的活动必须是快速而有效的，因此，应该在短期内突击进行整理，痛下决心对无用物品进行处理，进行快速的整顿和彻底的清扫。

一是整理活动。按要与不要物品的标准将不要物品清除并进行大扫除。这个步骤未完成，活动不能前进。

二是整顿活动。经过大面积的清理后，建立清洁的工作场所，此时首先要做好污染源发生防止对策。在实施作业场所或设备的清净化时，同时进行物品的摆置方法的改善，对工、模用具，检测及量测仪器确定摆放方法及定位化，并通过目视管理进行维持与改善。

三是检查评价。在试点单位整理、整顿开展一段时间后，由6S推行委员会检查试行方案的落实、执行情况，评价活动的实施效果等。

6S样板区建设的路径或方式：

——明确样板区建设的时间范围与工作计划。局部试点的样板区建设过程中，企业6S推行委员会成员必须要现场辅导，教大家做计划，例如准备用三月的时间创建这个样板工程，就要把三个月分成几个阶段，有什么样的口号。接下来就一项项地列出计划，用三个月的时间，按照时间来进行。

——标示与挂牌展示试点区建设内容。在试点区现场要挂牌展示，挂牌展示以后，试点区现场快速培训员工怎么做。不论是做培训，做内部的对照检查，做外部的参观交流学习，都要优先给试点工程责任人以机会，在具体现场实施的时候，到现场一项一项找问题，做好现场规划，按照前面规划的原则，看看试点工程哪些功能区域可能有缺失，可能设计不合理，可能定置定位不够。

——对试点单位进行检查评比，确定真正样板。试点过程的中间要对推进的过程进行检查评比，组织几个试点单位的责任人交互检查，相互交流经验。接下来评比一个优秀样板工程，给予物资与精神奖励。

——样板区经验交流和推广，明确6S推进中的关键点与难点。通过有效地推进活动，到了一定的阶段，组织座谈，分享经验。6S样板区的主管人员或核心员工在总结大会上介绍推行6S的主要做法，介绍相关经验；6S推行委员会总结样板试点经验以及6S推行过程中的要点与关键点，明确推行的注意事项等。组织企业各单位参观样板区，吸收样板区的做法，让样板区的员工介绍经验，通过创造这样一个内部有效交流环境来建立积极心态，自主行动，做到用环境来教育人、影响人、熏陶人、培养人。

企业高层领导必须对样板区建设给予高度关注，对建设成果标示肯定，积极参与样板区的参观、指导活动，确保样板区的号召力与影响力。

二、全面推进6S活动

企业6S样板区推行成功以后，应该依照样板区的工作标准、工作经验等建立起整个企业推行6S活动的规范要求。有效保证全面推行6S活动需要注意的几点内容如下。

一是企业高层领导全面参与和强力支持。企业高层参与是象征，也是活动推行有效的力量支撑。高层参与的程度决定企业员工参与程度，也决定6S活动推行的程度。

二是提供全面推行6S活动的资源支撑。企业各类活动需要一定资源支撑，尤其是全员全面的6S活动推行以及对现场的整改、规范，需要企业在具体执行6S推行、规范整理、整改过程中提供必需的资源支持。

三是企业中高层管理人员必须经常性进行现场检查。企业中高层必须定期检查6S活动推行情况，发现问题并解决，有效地在现场和员工沟通，培养员工的6S意识，把握6S活动推行的大方向。

四是企业员工的全面参与。6S活动最有效的开展办法就是促进全员参与，通过各类有效活动例如板报、评比、演讲、报告等激发员工广泛全面参与6S活动的激情与热情。全员参与才能达成6S活动的目的。

现场 **6S**
精益管理实务

第三章
整理的推行与
推进

第一节
整理的内容

一、整理的概念及对象

整理是指区分需要与不需要的事、物，再对不需要的事、物加以处理。在现场工作环境中，区分需要的和不需要的工具及文件等物品对于提高工作效率很有必要。不管是工厂还是办公室，整理都是必需的工作。

整理是改善生产现场的第一步。首先应对生产现场摆放和停置的各种物品进行分类，然后对于现场不需要的物品，诸如用剩的材料、多余的半成品、切下的料头、切屑、垃圾、废品、用完的工具、报废的设备、个人生活用品等，坚决清理出现场。

整理的对象主要是现场被占有而无效用的"空间"。

二、整理的目的与作用

（1）整理的目的

基于工作效率提升以及安全生产的主要目的，整理是必需的，实际上是消除废物产生的工作流程上的变动性，确保流程稳定运行。具体来说，整理有以下几个基本目的。

➢ 腾出空间，空间活用。生产现场经常会有一些残余的物料、待修品、待返品、报废品等滞留现场，这些东西既占据现场空间又阻碍现场生产，必须将这些东西从生产现场清理出来，以便留给作业人员更多作业空间以方便操作。

➢ 有利于减少库存，节约资金。生产现场摆放的不要物品是浪费，如果不要物品不经常清理，即使敞亮的工作现场也将越来越小，公司将要建各种名目的仓库，甚至要不断扩建厂房；货品杂乱无章地摆放，会增加盘点的难度，甚至使盘点的精度大打折扣，成本核算失准。通过整理，就会避免因摆放混乱找不到重新采购所带来的资金浪费，同时有利于库存控制。

➢ 减少磕碰机会，提高产品质量。现场往往有一些无法使用的工装夹具、量具、机器设备，如果不及时清理，时间长了会使现场变得凌乱不堪。这些地方通常是管理的死角，也是灰尘的堆场。在一些对无尘要求相当高的工厂，将会直接影响产品质量，通过整理就可以把这一质量影响因素消除。

➢ 消除管理上的混放、混料等差错。未经整理的工作现场，大量的零部件杂乱无章地堆放在一起，会给管理工作带来难度，也容易形成安全隐患，很容易带来工作上的差错。

（2）整理的作用

整理的作用主要表现在两个方面：规避浪费与提升效率，减少安全隐患。

整理的第一个作用——规避浪费：

➢ 空间造成浪费；

➢ 资金浪费，例如因零件或产品过期而不能使用造成的浪费；

➢ 工时浪费，例如因场所狭窄，物品时常不断地移动造成的浪费；

➢ 管理非必需品的场地和人力浪费，花时间去管那些没有必要的东西，就会造成场地和人力资源的浪费；

➢ 库存管理以及盘点，造成时间浪费。

整理的第二个作用——提升工作效率与减少安全隐患等：

➢ 能使现场无杂物，过道通畅，增大作业空间，提高工作效率；

➢ 减少碰撞，保障生产安全，提高产品质量；

➢ 消除混杂材料的差错；

➢ 有利于减少库存，节约资金；

➢ 使员工心情舒畅，工作热情高涨。

三、整理的重点与实施流程

整理有侧重点。从工作现场的要求出发，重点在于：

➢ 明确定出实施整理的范围；

➢ 规划出"不要物"的暂放区，明确要与不要的标准；

➢ 通过教育训练让全员了解"不要物"的标准及整理的概念；

➢ 决定实施整理的时间，并将整理用具提前备妥；

➢ 明确每个成员负责的区域，依照标准及范围实施整理；

➢ 定期不断实施且定期巡回检查；

➢ 整理后，马上进行整顿的工作，二者连续不可分。

整理的实施流程见表3-1。

表3-1 整理实施流程

流程	权责单位	重点事项	使用表单
定点摄影	6S推行委员会	选定现场6S改善点，将现场的实际状况拍摄下来，作为企业未来改善的依据	
制定要与不要的标准	6S推行委员会	制定现场物品要与不要的标准，作为6S整理的依据	要与不要的标准表
红牌子制作	6S推行委员会	制作红牌子，让现场不要物品能够一目了然	
制定不要物品处理流程	6S推行委员会	制定不要物品处理流程和权限，使得现场整理出来的物品能够得到尽快处理	
实施整理	6S稽核员	红牌子作战，严格根据标准实施各部门交叉整理，将不要物品清理出现场	
不要物品处理	权责部门	清理出来的不要物品按照处理流程和权限进行处理	不要物品一览表

第二节
整理的要点

整理实施要点就是对现场摆放的物品清理出来，进行分类，然后按照判断基准区分物品的使用等级，进而决定是否需要该物品。整理的关键在于制定合理的判定基准。在整理中有三个非常重要的基准：要与不要的基准、明确场所的基准、废弃处理的基准。

一、必要品与非必要品的判别及处理

必要物品是指经常必须使用的物品，如果没有它，就必须购入替代品，否则就会影响工作。非必要品则可分为两种：

① 使用周期较长的物品，即1个月，3个月，甚至半年才使用一次的物品，如样品、图纸、零配件等；

② 对目前的生产或工作无任何作用的，需要报废的物品，如过期的图纸、样品等。

必要品和非必要品的区分与处理方法见表3-2，办公桌上允许及不允许放置的物品参见表3-3。

表3-2 必要品和非必要品的区分与处理方法

类别	使用频度		处理方法	备 注
必要品	每小时		放工作台上或随身携带	
	每天		现场存放（工作台附近）	
	每周		现场存放	
非必要品	每月		仓库存储	
	三个月		仓库存储	定期检查
	半年		仓库存储	定期检查
	一年		仓库存储（封存）	定期检查
	二年		仓库存储（封存）	定期检查
	未定	有用	仓库存储	定期检查
		不需要用	变卖／废弃	定期清理
	不能用		废弃／变卖	立刻废弃

表3-3 办公桌上允许及不允许放置的物品

要（允许放置）	不要（不允许放置）
➤ 电话号码本1个 ➤ 台历1个 ➤ 三层文件架1个 ➤ 电话机 ➤ 笔筒1个	➤ 照片（如玻璃板下） ➤ 图片（如玻璃板下） ➤ 文件夹（工作时间除外） ➤ 工作服 ➤ 工作帽

在生产运营现场或者办公场所，需要对"必要"与"非必要"物品进行分类，为此就必须有一个分类标准。

属于"必要品"类别：

> 正常的设备、机器或电气装置；

> 附属设备（滑台、工作台、料架）；

> 台车、推车、堆高机；

> 正常使用中的工具；

> 正常的工作椅、板凳；

> 尚有使用价值的消耗用品；

> 原材料、半成品、成品；

> 尚有利用价值的边料；

> 垫板、塑胶框、防尘用品；

> 使用中的垃圾桶、垃圾袋；

> 使用中的样品；

➢ 办公用品、文具；

➢ 使用中的清洁用品；

➢ 美化用的海报、看板；

➢ 推行中的活动海报、看板；

➢ 有用的书稿、杂志、报表；

➢ 其他（私人用品）。

属于"非必要品"类别的如下。

（1）地板上的

➢ 废纸、灰尘、杂物、烟蒂；

➢ 油污；

➢ 不再使用的设备治、工夹具、模具；

➢ 不再使用的办公用品、垃圾筒；

➢ 破垫板、纸箱、抹布、破篮筐；

➢ 呆料或过期样品。

（2）桌子或橱柜

➢ 破旧的书籍、报纸；

➢ 破椅垫；

➢ 老旧无用的报表、账本；

➢ 损耗的工具、余料、样品。

（3）墙壁上的物件

➢ 蜘蛛网；

➢ 过期海报、看报；

➢ 无用的提案箱、卡片箱、挂架；

➢ 过时的月历、标语；

➢ 损坏的时钟。

（4）吊着的物件

➢ 工作台上过期的作业指示书；

➢ 不再使用的配线配管；

➢ 不再使用的老吊扇；

➢ 不堪使用的手工夹具；

➢ 更改前的部门牌。

案例3-1　某加工企业"必要"与"非必要"物品分类标准

无使用价值的物品

（1）不能使用的旧手套、破布、砂纸；

（2）损坏了的钻头、丝锥、磨石；

（3）已损坏而无法使用了的锤、套筒、刃具等工具；

（4）精度不准的千分尺、卡尺等测量器具；

（5）不能使用的工装夹具；

（6）破烂的垃圾桶、包装箱；

（7）过时的报表、资料；

（8）枯死的花卉；

（9）停止使用的标准书；

（10）无法修理好的器具设备等；

（11）过期、变质的物品。

不使用的物品

（1）目前已不生产的产品的零件或半成品；

（2）已无保留价值的试验品或样品；

（3）多余的办公桌椅；

（4）已切换机种的生产设备；

（5）已停产产品的原材料；

（6）安装中央空调后的落地扇、吊扇。

销售不出去的产品

（1）目前没登记在产品目录上的产品；

（2）已经过时、不合潮流的产品；

（3）预测失误而造成生产过剩的产品；

（4）因生锈等原因不能销售的产品；

（5）有使用缺陷的产品；

（6）积压的不能流通的特制产品。

多余的装配零件

（1）没必要装配的零件；

（2）能共通化的尽量共通化；

（3）设计时应从安全、品质、操作等方面考虑，能减少的尽量减少。

造成生产不便的物品

（1）取放物品不方便的盒子；

（2）为了搬运、传递而经常要打开或关上的门；

（3）让人绕道而行的隔墙。

占据工场重要位置的闲置设置

（1）已不使用的旧设备；

（2）偶尔使用的设备；

（3）领导盲目购买的，没有任何使用价值的设备。

不良品与良品分开摆放

（1）设置不良品放置场；

（2）规定不良品的标识方法；

（3）确保谁都知道那是不良品；

（4）工作岗位上只能摆放当天工作所需的必需品；

（5）规定不良品的处置方法和处置时间、流程。

减少滞留，谋求通道畅通

（1）工场是否被零件或半成品塞满；

（2）工场通道或靠墙的地方，是否摆满了卡板或推车。

二、场所的基准

场所的基准指的是到底在什么地方放置要与不要的物品，可以根据物品的使用次数、使用频率来判定物品应该放在什么地方才合适。制定时应对保管对象进行分析，根据物品的使用频率来明确应放置的适当场所，作出保管场所分析表。见表3-4。

表3-4　保管场所分析

序号	物品名称	使用频率	归类	是必需品还是非必需品	建议场所
1		一年没用过一次			
2		也许要用的物品			
3		三个月用一次			
4		一星期用一次			
5		三天用一次			
6		每天都用			

明确保管场所的标准，尽量不要按照个人的经验来判断，否则无法体会出6S管理的科学性。表3-5是某一企业关于物品的使用频率与保管场所的范例。

表3-5　明确场所的基准

	使用次数	处理方法	放置场所
不用	一年不用一次的物品	废弃或特别处理	待处理区
少用	平均2个月到1年使用1次的物品	分类管理	集中场所（如工具室、仓库）
普通	平均1～2个月使用1次的物品	置于工作场所	各摆放区
常用	1周使用1次的物品	置于使用地点附近	如机台旁、流水线旁、个人工具箱
经常用	1周内多次使用的物品	置于工作区随手可得的地方	

三、废弃处理的原则

工作失误、市场变化等因素，是企业或个人无法控制的，因此，"不要物"是永远存在的。对于"不要物"的处理方法，通常要按照两个原则来执行：第一、区分申请部门与判定部门；第二，由一个统一的部门来处理"不要物"。例如，质检科负责不用物料的档案管理和判定；设备科负责不用设备、工具、仪表、计量器具的档案管理和判定；工厂办公室负责不用物品的审核、判定、申报；采运部、销售部负责不要物的处置；财务部负责不要物处置资金的管理。不要物处理审核清单见表3-6。

表3-6　不要物处理审核清单

单位：　　　　　　　　　　　　　　　　　　　　　　　　　　　年　月　日

物品名称	型号规格	数量	不用原因	责任部门处理意见	工厂处理意见	主管经理处理意见

主管经理审核：　　　　　　申报单位主管审核：　　　　　　申报人：

在6S管理活动的整理过程中，需要强调的重要意识之一就是：看重的是物品的使用价值，而不是原来的购买价值。物品的原购买价格再高，如果企业在相当长的时间没有使用该物品的需要，那么这件物品的使用价值就不高，应该处理的就要及时处理掉。很多企业认为有些物品几年以后可能还会用到，舍不得处理掉，结果导致无用品过多的堆积，既不利于现场的规范、整洁和高效率，又需要付出不菲的存储费用，最为重要的是妨碍管理人员树立科学的管理意识。因此，现场管理者一定要认识到，不要物品处理带来的效益远远大于物品的残值。

第三节
整理的实施步骤与推行要领

一、整理的实施步骤

在实施整理的过程中，要增加场地的空间，把东西整理好，把"必需品"和"非必需品"区分开，将工作的场所整理干净。如果还把不必要的物品也整齐地与必需品

摆在一起，那就会很容易弄不清所需要的物品应是哪一个，而且还会因放置不必要的物品而放不下必需的物品。所以，整理工作要严格按照步骤完成。

（1）建立共同认识

坚决扔掉"不要品"的目的是腾出更多的空间来整顿必要品，节约寻找物品的时间，提高工作效率。但有些员工打着整理的旗号，趁机大肆更新一番，或者有些平时对企业不满的员工会毫不犹豫地把要与不要的物品全部扔掉，造成意想不到的浪费。在整理之前必须建立共识。

另外，整理还有一种阻力，那就是"全部都有用，全部不能用"，这样的观点经常来自工程技术人员。因为他们总认为这些物品不管存放多久，总有一天会用得到，所以他们为了避免这些东西被扔掉，就会将这些东西藏起来、盖起来，完全违背6S的精神及原则。只有取得了观念上的共识，才能下发整理的措施，才能保证员工完成规定的整理要求，不然也只是流于形式。6S之所以在很多企业推行不下去，就是因为很多企业不能真正地改变员工的思想意识。

（2）全面检查工作现场

对工作场所进行全面性检查，包括眼睛看到的和看不到的地方，例如设备内部、文件柜顶部、桌子底部位置，特别是设备。归纳起来就是两点：看得到的要整理，看不到的更要进行整理。

可以采用定点摄影的方法对同一场所的6S实施前后进行拍摄，以便了解实施6S整理的效果，点检出哪些东西是不需要和多余的。具体检查要求：

➢ 办公场地（包括现场办公桌区域）检查内容：办公室抽屉、文件柜的文件、书籍、档案、图表、办公桌上的物品、测试品、样品、公共栏、看板、墙上的标语、月历等。

➢ 地面（特别注意内部、死角）检查内容：机器设备大型工、模具，不良的半成品、材料，置于各个角落的良品、不良品、半成品，油桶、油漆、溶剂、粘接剂，垃圾筒，纸屑、竹签、小部件。

➢ 室外检查内容：堆在场外的生锈材料，料架、垫板上之未处理品，废品、杂草、扫把、拖把、纸箱。

➢ 工装架上检查内容：不用的工装、损坏的工装、其他非工装物品，破布、手套、酒精等消耗品，工装（箱）是否合用。

➢ 仓库检查内容：原材料、导料、废料、储存架、柜、箱子、标识牌、标签、垫板。

➢ 天花板检查内容：导线及配件、蜘蛛网\尘网、单位部门指示牌、照明器具。

（3）制定要与不要的标准

企业在制定"要"与"不要"标准之前，首先要明白企业为什么会产生"不要"

物品。"不要"物品的产生不仅仅是管理的问题，也是现代企业运营必须有的内容与过程。主要形成"不要"物品的原因如下。

① 企业没有建立采购物品的标准

> 没有标准化，随意采购物品；

> 没有建立采购的控制流程和合理的审批制度；

> 没有建立物料需求计划（MRP）；

> 没有建立物料清单；

> 没有建立物料损耗标准。

② 企业生产管理系统无序

> 生产的计划能力不强；

> 领发料随意；

> 补发料没有严格控制；

> 生产完成后没有及时执行物品清单制度；

> 多余的物品没有及时退库。

③ 企业品质管理混乱

> 品质标准不明确且死板僵化，不能针对不同的客户、不同的产品制定相宜的品质检验标准；

> 产生的不合格品没有及时评审、区隔、处理；

> 没有物品报废的处理程序；

> 对不同的库存产品没有执行不同的期限管制；

> 品管人员欠缺处理品质不良的能力。

④ 事务性管理欠缺标准化

> 没有文件管理规定；

> 没有执行表单的管理规定；

> 事务性工作流程随意化；

> 会议管理无效，议而不决、决而不行、行而无果；

> 没有建立办公用品的使用标准等。

既然企业在生产运营过程中形成"不要品"，那么谁是"不要品"的判定者。由于企业里需要进行判定的对象物有很多，并且有可以判断的和难以判断的物品，为了高效完成判定工作，可以根据对象物的不同分层次确定相应的判定责任人。

> 一般物品——由班组长初步判定，主管最终判定；

> 零部件——由主管初步判定，经理最终判定；

> 机器设备——由经理初步判定，总经理最终判定；

➢ 非必需品可以统一由推行委员会来判定，也可以设计一个有效的判定流程，由各个不同部门对各类物品进行判定。

在以上工作的基础上，建立"不要物品"的判定标准。实际上，企业管理水平的高低在某种程度上取决于企业的标准化程度，因而可以说没有标准的企业就是没有良好管理的企业。企业要想做大、做强，唯一的办法就是让管理简单化，而能让管理简单化的唯一办法就是将日常管理标准化。因此，企业推行6S第一步是建立标准。没有标准，就不知道什么是"要"，什么是"不要'，不知道"要"与"不要"，就没有办法真正推动整理。在6S推行的过程中如果没有建立整理标准，往往会产生以下问题：

➢ 不清楚哪些物品该处理，哪些物品要保留；

➢ 不清楚哪些物品要从现场拿走，哪些物品可以放在工作现场；

➢ 不清楚哪些物品可以留在工作者的身边，哪些物品要单独划分区域存放；

➢ 不清楚哪些工作要删除，哪些工作要细化；

➢ 不清楚哪些人员有用，哪些人员要剔除；

➢ 不清楚哪些流程、工作、表单要合并；

➢ 不清楚哪些流程、工作、表单要删除；

➢ 不清楚哪些流程、工作、表单要重组；

➢ 以上问题没有解决，整理就没有办法推行。

整理过程中需建立的标准如下：

➢ 物品"要"与"不要"的标准；

➢ 物品库存期限的标准；

➢ 物品安全存量标准；

➢ 不要物品的处理权责、流程、标准；

➢ 办公用品的配置标准；

➢ 人员的编制标准等。

事实上，很多企业在推行6S初期都雄心勃勃，计划周详，标准和制度也都较完善，但是最终没能将推行计划和标准贯彻始终，虎头蛇尾，最后草草收场，这与标准不明确、不实际有关，主要原因如下：

➢ 没有考虑到企业的实际情况，盲目地制订理想的计划，或者标准太严苛，导致在推行的过程中存在太多的障碍；

➢ 在推行的过程中，过于考虑现实情况，很多企业管理者总是以自己企业特色跟别的企业不一样为由，拒绝做改善和调整；

➢ 舍不得放弃，总抱有"物品当初是花很多钱买来的，尽管现在没有用，但是将来可能有用"的想法；

➢ 在推行的过程中如果碰到企业的一些关键人物不支持或反对，就会导致计划变成空头支票；

➢ 在稽核、检查、评比的时候，没有按照标准进行检查，导致检查结果不公正，引起大家不满，最后导致6S推行不下去；

➢ 缺乏专业的指导，6S推行到一定的阶段不能体现效果或不能持续进步，最后6S就变成大扫除，再继续下去甚至连大扫除都不能坚持。

 案例3-2 某公司物品"要"与"不要"的操作表单

（1）物品处理标准表

单位	区域	类别	存放方法	存放量	存放时间	不要物品处理方法
办公室	办公桌面	资料文件表单	文件夹	不超过7个文件夹	文件夹内的资料不超过7天	超过期限和数量的资料装订成册放入抽屉
		办公用品	整齐放在固定的位子	一个电话、一个笔筒、一个茶杯、一台计算机		超过标准的物品放入抽屉
	办公桌抽屉	资料文件夹	装订成册	不同的资料装订成一册，不得超过7册	存放时间为7～30天内要用的资料	超过期限和数量的可打包放入资料柜
		生活用品	放在一个抽屉、不得与资料混杂	以一个抽屉为单位，不得超过一个抽屉的容量		超过期限和数量的清理出抽屉、打包放入资料柜
	资料柜	文件资料	资料夹	每层不得超过20个资料夹	30～180天要用的资料	超过期限的装入资料袋打包存放
			资料袋	每层不得超过20个资料夹	半年至一年内要用的资料	超过期限的装入资料袋打包装箱存入仓库保管
仓库	原料仓库	订单用料	装箱、装筐之后存放于物料架	以每标准物料的每层空间进行存放	存放时间不超过7天	超过期限的物品通知生产单位领料、空间不够的情况下通知采购暂时不要进料
		退料	装箱、装筐之后存放于退料区	不超过退料区规定的面积	存放时间不超过半年	超过存量和期限的物品要通知相关责任单位进行处理
		不良物料	装箱、装筐之后存入不良区	不超过不良区规定的面积	存放时间不超过30天	超过存量和期限的物品要通知采购单位进行处理
		呆滞物料	装箱、装筐之后存入呆滞物料区	不超过呆滞物料区规定的面积	存放时间不超过一年	超过存量和期限的物品要通知相关责任单位进行处理
	成品仓库	有订单的成品	装箱存放于托盘上	每层高度不超过5箱	存放时间不超过10天	超过期限的物品要通知销售部联系客户发货。空间不够用的情况下要通知生产和销售调整生产进度
		退货	装箱存放于托盘上	不超过退货区规定的面积	不超过半年	超过存量和期限的成品要通知销售部进行处理
		不良成品	装箱存放于托盘上	不超过不良区规定的面积	不超过半年	超过存量和期限的物品要通知生产单位进行处理
		计划库存成品	装箱存放于托盘上	每层高度不超过5箱	不超过半年	超过存量和期限的物品要通知销售单位进行处理

（2）物品库存期限标准表

序号	物品名称	物品规格	颜色	单位	保质期	备注

制定：　　　　　　　　审查：　　　　　　　　批准：

（3）物品存量管制标准表

序号	物品名称	物品规格	颜色	安全库存量	库存上限	库存下限	备注

制定：　　　　　　　　审查：　　　　　　　　批准：

（4）不要物品的处理流程

不要物品的处理流程	处理办法	审批权限	责任部门	使用单位

制定：　　　　　　　　审查：　　　　　　　　批准：

- -

（4）清理及处理"非必需品"

清理"非必需品"时必须把握物品现在有没有使用价值，很重要的一句话是，应注意使用价值，而不是原来的购买价值，也就是使用价值大于购买价值。"不要品"清理完之后要不要让车间主管把它们拿回去，就要看企业的决心和魄力。

① 处理对象及方法。重点清理以下物品：货架、工具箱、抽屉、橱柜中的杂物、过期的报刊、杂志、空的罐子、已损坏的工具或器皿，仓库墙角、窗台、货架上，甚至货柜顶上摆放的样品，长时间不用或已不能使用的设备、工具、原材料、半成品、成品，在办公场所、桌椅下面、还有写字板上报废的文具、过期的文件、表格、速记记录等。依分类的种类，该报废丢弃的一定丢掉，该集中保存的由专人保管。具体的处理方法见图3-1。

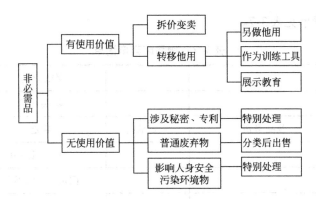

图3-1 整理中的处理对象与方法

➤ 转移他用。将材料、零部件、设备、工具等改用于其他的项目或其他需要的部门。

➤ 折价变卖。由于销售、生产计划或规格变更，购入的设备或材料等物品用不上。对于这些物品可以考虑与供应商协调退货，或是以较低的价格卖掉，回收货款。

➤ 废弃处理。对于那些实在无法发掘其使用价值的物品，必须及时实施废弃处理。处理要在考虑环境影响的基础上，从资源再利用的角度出发，具体方法如由专业公司回收处理。

② 处理的注意事项。

➤ 实施处理要有决心。在对非必需品进行处理时，重要的是有决心，把该废弃的处理掉，不要犹豫不决，拖延时间，影响工作的进展。

➤ 正确认识物品的使用价值。对非必需品加以处置是基于对物品使用价值的正确判断，而非当初购买时的费用。一件物品不管当初购买的费用如何，只要现在是非必需品，没有使用价值，并且在可预见的将来也不会有明确的用途，就应该下决心将其处理。

③ 建立一套非必需品废弃的程序。为维持整理活动的结果，最好建立一套非必需品废弃申请、判断、实施及后续管理的程序和机制。建立物品废弃处理程序是为了给整理工作的实施提供制度上的保证。建立物品废弃的申请和实施程序，就是制定标准，明确物品废弃的提出、审查、批准和处理方法。一般来说，非必需品废弃的申请和实施程序一定要包括以下内容：

➤ 物品所在部门提出废弃申请；
➤ 技术或主管部门确定物品的利用价值；
➤ 相关部门确认再利用的可能性；
➤ 财务等部门确认；
➤ 高层负责人作最终的废气处理认可；
➤ 由制定部门实施废弃处理，填写废弃单，保留废弃单备查；
➤ 由财务部门做账面销账处理。

物品废弃申请单见表3-7。

表3-7　物品废弃申请单

申请部门			物品名称	
废弃理由			购买日期	
	物品类别	判定部门	判定	负责人签字
可否再利用			□可　　□不可	
			□可　　□不可	
			□可　　□不可	
			□可　　□不可	
其他判断			□可　　□不可	
			□可　　□不可	
认可	□废弃　□其他处理		总经理	
废弃	仓库部门：		凭证	提交财务

（5）养成整理的习惯

整理是一个永无止境的过程，现场每天都在变化，昨天的必需品，今天就有可能是多余的。整理贵在坚持，如果仅是偶尔突击一下，做做样子，就完全失去整理的意义。整理是一个循环的工作，根据需要随时进行，需要的留下，不需要的马上放在另外一边。

 案例3-3　某企业6S管理中整理阶段标准与决策权限表

方向\对象	要与不要的区分	必要品的决定及数量	非必要品的处理	最终决定者				
				班长	主管	经理	厂长	总经理
机器设备	① 设备的增减； ② 现有的设备是否使用； ③ 现有的设备是否适用	① 现有的设备数量是否合理； ② 现有的设备是否有效利用； ③ 现有设备是否需要改进	① 报废设备注销； ② 不再使用的设备应清理出生产现场 ③ 利用率低的设备应隔离生产现场				●	●
桌椅台面	① 现有的桌椅是否多余； ② 现有的台面是否多余； ③ 现有的桌椅、台面是否适用	① 留下适用、合理数量的桌椅台面； ② 对于适用、不合理的桌椅、台面进行改造，去掉不合适的	① 注销报废。 ② 隔离生产现场	●	●	●		

方向\对象	要与不要的区分	必要品的决定及数量	非必要品的处理	最终决定者				
				班长	主管	经理	厂长	总经理
模具、测试夹具	① 是否为生产用的模具、测试夹具； ② 是否为经常使用的； ③ 是否为良好的状态； ④ 是否标识清楚	① 模具、夹具是否在数量上合理，满足生产的需要； ② 是否为良好的状态，有没有报废的或长期过期不用的存放在生产现场； ③ 是否适用	① 报废、隔离； ② 维修再使用； ③ 标识清楚		●	●	●	
物料、在制品、制成品、不良和报废品	① 是否生产使用的物料； ② 是否常用； ③ 是否为不良的物料； ④ 是否为报废的物料； ⑤ 在制品是否为生产中计划产品，如为滞留品，如何处理； ⑥ 是否为不良的或待处理的在制品； ⑦ 成品状态； ⑧ 报废品处理方法是否为标明状态； ⑨ 所有产品是否做标识	① 生产使用的物料； ② 在计划之列且常用的物料； ③ 生产过程中流动的在制品； ④ 如为待处理的在制品须标识清楚并写明处理的方法； ⑤ 成品标明状态	① 退仓； ② 报废； ③ 丢弃； ④ 标识清楚并且隔离生产区域	●	●	●	●	
作业文件、文具、办公台	① 使用的是否为最新文件？ ② 是否受控？ ③ 位置正确吗？ ④ 发放恰当吗？ ⑤ 文具是否为使用的用品； ⑥ 文具适用吗； ⑦ 办公台是否摆放合理； ⑧ 是否适用； ⑨ 有无损坏或报废； ⑩ 有无正常的使用或使用频率如何	① 正常使用的文件； ② 受控的最新版本； ③ 发放正确且放置在正确的位置； ④ 需要正常使用的文具； ⑤ 办公台属于正常使用的办公用品	① 退回报废； ② 退回重发放； ③ 不受控文件清除现场； ④ 对报废文件，隔离正常的文件并依据规定程序保存； ⑤ 不用的文具或不能够使用的文具清理出桌面或报废； ⑥ 不良的桌子维修或申请报废			●	●	●

二、整理的推行要领与注意事项

（1）整理的推行要领

一是：马上要用的，暂时不用的，先把它区别开；一时用不着的，甚至长期不用的要区分对待，即便是必需品也要适量；

二是：将必需品的适量降到最低的程度；

三是：对可有可无的物品，不管是谁买的，无论有多昂贵，都应坚决地处理掉，绝不能手软。

（2）开展整理活动注意事项

整理是推行6S的第一步，若没有做好整理，后续的6S推行就很难继续。很多企业会认为，花钱买来的东西不能随便丢掉，否则就是浪费。其实浪费这个动作在呆滞物品产生时就已经产生，整理只是对已经产生的浪费进行处理，以将浪费的程度降到最低。整理本身并不产生浪费。

没有做好整理对企业的影响远不止产生呆滞物品。呆滞物品的堆放占用生产现场的空间，造成马上要用的物品没有空间存放；或者造成"要"与"不要"物品混在一起，不能有效识别，生产一忙就会拿错、用错物料，进而导致产品返修、返工或报废的情况；呆滞物品还增加现场管理人员、员工寻找物料的时间，直接影响生产效率。因此有效的整理活动应注意不要出现以下问题。

① 整理不是扔东西。

通过整理从生产现场清理出来的不要物品，有的只是在本部门没用，但可用于其他的地方；有的是多年的库存积压品，但可与供应商进行调剂和做退货处理；有的废弃工装，经过改进之后，可派上新用场。整理并不是扔东西，即使是确定需报废的物品，也应按财务的有关规定办理报废手续，并收回残值。

整理过程中要遵循先分开后处理的原则。分开是先将"要"和"不要"的物品分开，过期和未过期的分开，好的和坏的分开，经常用的和不经常用的分开，原件和复印件分开等。在分开这一过程中，先不要去考虑如何处置。分开完成后，再考虑如何处置，处理视物品和内容的不同可以有多种方式，如废弃、烧毁、切碎、转送、装让、廉价出售、再循环等。

② 不要产生新的"不要物"。

不少企业在实施6S整理之后，虽然生产现场面貌暂时有了很大的改善，但过了一段时间以后，又发现现场有不少新的不要物品。产生不要物品的原因主要有以下几点。

➤ 没有严格执行限额领料制度，多余的零部件、材料没有办理退料缴库手续，因而滞留在生产现场。

➤ 没有按生产部门下达的生产计划进行生产，有时因为套料而多生产的部件没有入库而摆在工作现场。

➤ 生产过程中产生的废弃物没有及时清理，如各种包装袋、塑料袋等，占据生产空间。

在日常的整理中，注意不要超计划多领料，不生产计划外的产品，制造过程中要进行过程控制，不生产不合格品。对作业后残存的物料立即清理，生产现场不放置私人物品。放置物品时要遵循平行、直角、直线的原则，使之一目了然。

③ 整理时要做到追源溯流。

整理的同时要做到追源溯流，日本人称之为源头行动，也就是不断地追溯，直到找到问题的根源所在，然后彻底加以解决。通常企业由于以下原因产生各种废料废物：

> 原辅材料采购量的控制和库存管理不善导致废物产生；
> 过程控制中计量不准确导致浪费和废料增加；
> 投料过程中的跑冒滴漏造成原材料的浪费和废料的增加；
> 设备泄露导致污染物产生等。

在现场管理中对上述现象进行根除非常重要和迫切，否则就会影响企业的环境、增加企业的成本。在做整理时，一定要找出废料废物的源头，彻底根治。

三、整理检查表

推行任何活动，除了要有详尽的计划表作为行动计划外，在推行过程中，每一个要项均要定期检查，加以控制。通过检查表的定期查核，能得到进展情况，若有偏差，则可随即采取修正措施。推行 6S 活动，同样要导入 PDCA 管理循环。

检查表的使用有两种：一种是点检用，只记入好、不好的符号；另一种是记录用，记录评鉴的数据。表 3-8、表 3-9 是整理过程中检查的项目及重点，表 3-8 适用于部门内自我评价，表 3-9 为对办公室诊断用的检查项目表。

表 3-8　生产现场 6S 整理查核表（诊断表）

项次	查检项目	得分	查检状况
1	通道状况	0	有很多东西，或脏乱
		1	虽能通行，但要避开，台车不能通行
		2	摆放的物品超出通道
		3	超出通道，但有警示牌
		4	很畅通，又整洁
2	工作场所的设备、材料	0	一个月以上未用的物品杂放着
		1	角落放置不必要的东西
		2	放半个月以后要用的东西，且紊乱
		3	一周内要用，且整理好
		4	3 日内使用，且整理很好
3	办公桌（作业台）上、下及抽屉	0	不使用的物品杂乱
		1	半个月才用一次的也有
		2	一周内要用，但过量
		3	当日使用，但杂乱
		4	桌面及抽屉内均最低限度，且整齐

项次	查检项目	得分	查检状况
4	料架状况	0	杂乱存放不使用的物品
		1	料架破旧，缺乏整理
		2	摆放不使用但整齐
		3	料架上的物品整齐摆放
		4	摆放为近日用，很整齐
5	仓库	0	塞满东西，人不易行走
		1	东西杂乱摆放
		2	有定位规定，没被严格遵守
		3	有定位也在管理状态，但进出不方便
		4	任何人均易了解，退还也简单
	小计	得分	

表3-9　6S整理办公室检查项目表

检查对象	检查项目（"要"与"不要"的区分）	检查区域	责任人	得分
1.地面	①有无灰尘。 ②有无水渍和油污。 ③有无碎纸屑和废纸张扔在地上。 ④有无垃圾和其他的废弃物扔在地上			
2.办公桌椅	①办公室的桌、椅有无破损而无维修。 ②办公室的桌、椅有无废弃无用而仍放置在位			
3.电脑、打印机	①显示器和主机有无灰尘附着，并有无经常用抹布擦拭。 ②电脑内是否装有和工作不相干的软件或其他不健康的东西。 ③是否在电脑上下载或在公司的内部网络内传递和工作没有关系的文字和内容。 ④电脑上是否贴有娱乐图片或其他的纸片。 ⑤电脑的机箱上是否放有工具、文件等物品			
4.文件柜、办公家具	①文件柜有无统一的清楚标识。 ②是否清除无用的破损文件柜。 ③是否清除不适用的影响办公室美观和公司形象的文件和办公家具			
5.文件	①不用和作废文件有无及时的清除并另外放置。 ②是否清除掉每天过期的报表和各种作废的单据			
6.墙面	①墙面是否干净。 ②墙面是否有过期或不必要的宣传和文件悬挂			

6S整理中的审核清单样本见表3-10。

表3-10　6S整理中的审核清单样本

单位名称：_____

工作场所：_____

日期：_____时间：_____审核员姓名/签署：_____

审核项目	审核内容	妥善	须改善	须实时改善	不适用	跟进工作
1.1工作场所	① 是否定出每日工作上所需的物料数量？ ② 工场、通道及出入口地方是否避免充斥着不需使用的物料和制成品？ ③ 是否有指定的收集地方放置损坏品及低使用率的东西？	□ □ □	□ □ □	□ □ □	□ □ □	
1.2机械设备	① 是否将故障和损坏的机械设备清楚地分辨出来？ ② 是否有指定的收集地方放置不能用的机械设备以方便丢弃？ ③ 工场是否避免充斥着不需使用的机械设备？	□ □ □	□ □ □	□ □ □	□ □ □	
1.3电力装置及设备	① 控制室是否避免存放杂物及遗留无用物料？ ② 是否将故障和损坏的电气设备、插头及电线清楚地分辨出来？ ③ 是否有指定的收集地方放置不能用的电器设备、插头及电线以方便丢弃？	□ □ □	□ □ □	□ □ □	□ □ □	
1.4手工具	① 是否定出每日工作上所需的手工具数量？ ② 是否将损坏的手工具分辨出来安排修理？ ③ 是否有指定的收集地方放置损坏及低使用率的手工具？	□ □ □	□ □ □	□ □ □	□ □ □	
1.5化学品	① 是否将工作间化学品的存放量尽量减少只供当日使用？ ② 是否采取适当措施处理标签损坏或破损的容器？ ③ 超过法定容量或并不需要即时使用的危险品是否储存于合格的危险仓内？	□ □ □	□ □ □	□ □ □	□ □ □	
1.6高空工作	① 是否将损坏的棚架或梯具清楚地分辨出来以安排维修或弃置？ ② 工作台是否避免充斥着不需使用的工具或物料？ ③ 是否把碎铁杂物及夹杂易燃液体的废布分别放在指定的收集地方，以方便丢弃？	□ □ □	□ □ □	□ □ □	□ □ □	
1.7吊重装置	① 工场、通道及出入口地方是否避免充斥着不需使用的吊索、链索及勾环？ ② 是否将故障或损坏的吊重装置及吊具清楚地分辨出来？ ③ 是否有指定收集地方放置损坏的吊重装置及吊具以便日后维修或丢弃？	□ □ □	□ □ □	□ □ □	□ □ □	
1.8体力处理操作	① 是否避免员工在地面湿滑、凹凸不平或有其他障碍物的工作地方搬运货物？ ② 是否将有尖锐或锋利边缘、过热、过冷或过于粗糙表面的货品分辨出来？ ③ 搬运场地是否避免充斥着不需使用的杂物及遗留无用的物料？	□ □ □	□ □ □	□ □ □	□ □ □	
1.9个人防护设备及工作服	① 工作间是否避免充斥着不需使用的个人防护设备及工作服？ ② 是否将损坏、变形或已过期的个人防护设备清楚地分辨出来？ ③ 是否有指定的收集地方放置损坏及低使用率的个人防护设备？	□ □ □	□ □ □	□ □ □	□ □ □	

第四节
推进整理的方法与工具

一、定点摄影

定点摄影主要是通过对现场情况的前后对照和不同部门的横向比较，增加各部门改进的动力，促使各部门做出整改措施。仅仅将定点摄影简单地理解为拍照是错误的，这表明推行者并没有掌握定点摄影的精髓。定点摄影的作用如下：①保存资料，便于宣传；②让员工看到改善的对比效果，鼓励员工积极改善；③直观、效果明显。目前我国企业在推行6S管理时使用定点摄影法存在的问题如下：

> 在6S推行前，没有将企业现状拍摄下来作为基础资料，企业改进没有依据，企业的改善成果将得不到根本的体现；

> 企业虽然进行了6S拍照，但是没有进行定点摄影，而是胡乱地拍照，看不到前后对比状况；

> 拍摄的照片没有标注不良缺失，也没有注明责任单位和拍摄时间；照片没有冲洗或打印及公告；

> 照片没有制作成海报或看板，也没有针对照片所反应的6S不良进行追踪改善；

> 改善后的照片没有与改善前的进行对比，看不出6S改善的好处。

企业在推行6S管理过程中，定点摄影对象必须有效选定，同时要对照片进行管理。

> 6S改善初期，要把工厂现状用相机拍摄下来。拍照要全面、系统，按照6S的整理、整顿、清扫、清洁、安全、素养的六大要素进行，不能遗漏。

> 6S拍照全面完成之后就要将整个企业的照片进行整理、分类，做成6S第一期宣传栏。宣传栏上的照片必须清楚说明6S不良缺失、责任单位及拍摄时间等。第一次6S拍照主要目的是把问题点暴露，引起重视。

> 第二次6S摄影是在整理开始前，和红牌作战同时进行，主要可针对现场多余的物料造成空间堵塞、通道不畅等状况进行拍摄，凡是贴红牌子的物品、机台等都必须拍照。由于这期的照片要配合6S整理，6S推委会成员要根据"要与不要的标准"跟踪责任部门对不要物品的处理状况。

> 每期改善处理之后都要将现场状况进行拍照记录，并将改善前和改善后的状况进行比较，直到照片上出现的不良全部改善为止。

> 改善完成之后就可进行整理，整理之前也需要对现场的不良状况进行拍照记录。

根据这些步骤，6S每推行一个阶段都要进行拍摄记录，并将每期的结果前后比较，对于改善不力的部门或单位，用手中的相机进行追踪，直到完全改善为止。

6S推委会的人员要将每期的6S照片进行编辑整理，并对推行过程中效果比较明显的单位进行追踪报道，利用宣传工具对相关负责人进行采访并将采访结果整理成影视、语音、图片或文字资料分发给相关人员。照片或资料要分单位，分时间分类保管，便于查找和使用。定期举办6S摄影展，让所有员工看到企业的进步和变化，提高全员参与的积极性。

如图3-2所示，在定点摄影的运用过程中，每个车间、每个部门只需要贴出一些有代表性的照片，并在照片上详细标明以下信息：车间主任是谁、现场的责任人是谁、违反6S管理的什么规定。改善前的现场照片促使各个部门为了本部门形象与利益而采取解决措施，改善后的现场照片能让各部门的员工获得成就感与满足感，形成进一步改善的动力。

图3-2 定点摄影公布栏举例

定点摄影充分利用各部门与员工的竞争心理和面子心理，能够有效地改善生产现场的脏、乱、差等不良状况，从而减少产品的不合格率与错误发生概率，保证现场的工作效率与现场安全。

图3-3中列举一些定点摄影的图片集，从照片中可以看出：通过定点摄影并经过改善后，现场物品摆放得井然有序，现场的空间增加近1/3。定点摄影是6S管理推行中必不可少的重要工具。

(a)　　　　　　　　　　(b)

图3-3

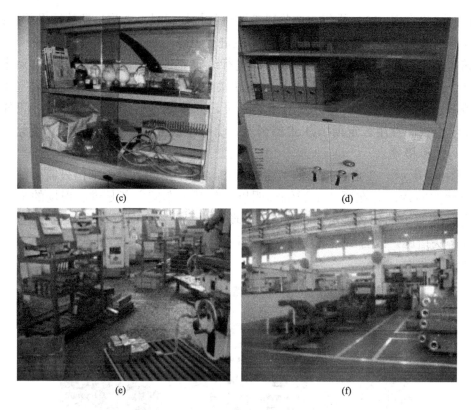

图3-3　整改前后的现场定点摄影对比

二、红牌作战与整理活动的展开

红牌作战贯穿应用于6S管理的整个实施过程中，对于预先发现和彻底解决工作现场的问题具有十分重要的意义。企业的管理者应该掌握红牌作战的实施方法，在6S管理的实施过程中灵活运用。

（1）什么是红牌

红牌是指用红色的纸做成的6S管理问题揭示单。其中红色代表警告、危险、不合格和不良。红牌的内容包括责任部门、对存在问题的描述和相应的对策、要求整改的时间、完成的时间以及审核人。

（2）贴红牌的标准

➢ 管理水平较差的标准：凡是生产计划中没有用且上个月也没有用到的物品均属于不要物品，都要贴上红牌子。

➢ 管理水平一般的标准：凡是生产计划中未来一个月内要用到的物品属于要用的物品，其余均属于不要物品，要贴上红牌子。

➢ 管理水平较高的标准：生产计划中未来一周内要用到的是必要物品，其余的均属于不要物品，要贴上红牌子。

➢ 管理水平一流的标准：当天生产需要的才是必要物品，其余的均是不要物品，要贴上红牌子。

（3）红牌的制作方法

➢ 由于红牌子是表示重点提示的标志，因而必须醒目。

➢ 必须用引人注目的颜色：红纸、红色的胶带、红色的胶合板、红色的圆形贴纸等都可以。

（4）红牌的项目说明

➢ 区分：库存品或机械等。

➢ 原材料：在制品、制品、设备、工具、治具、模具、备品等。

➢ 品名：物品的名称。

➢ 编号：物品的料号或资产编号。

➢ 数量：粘贴品的数量。

➢ 理由：粘贴红牌子的原因，例如库存品就有不良品、不急品之分。

➢ 部门：被粘贴红牌子的管理责任部门。

➢ 时间：粘贴的日期和处理的日期。

红牌举例见表3-11。

表3-11　红牌

类别区分	1.原材料；2.在制品；3.半成品；4.成品；5.机器；6.设备；7.模具；8.治具；9.工具；10配品；11其他		
品名		规格	
物品编号			
数量	个	金额	元
理由	1.不要；2.不良；3.不急；4.加工余料；5.不明；6.其他		
处理部门			
处理结果	1.丢弃；2.退回；3.移至红牌子物品放置场；4.用别的方式来保管；5.其他		
时间	张贴　　　　　　　　年　月　日	处置　　　　　　　年　月　日	
整理编号			

（5）红牌的粘贴步骤

➢ 红牌方案的出台。

成员：每个部门的领导。

时间：一至两个月。

重点：教育现场人员不可以将无用的东西藏起来，以制造假象。

➤ 贴红牌的人选。贴红牌的人必须是与责任单位没有关系且能严格执行标准的人，也可用部门交叉检查的方式来执行。只有这样才能用铁腕的手段把原有的领发料、物品存放恶习坚决纠正并改善。与责任单位有关的人或执行力度不够的人都会因责任单位的意见而"手软"，无法将不该留在生产现场的物料和物品清理出去。

➤ 挂红牌的对象。

库房：原材料、零部件、半成品、成品设备、机械。

设备工具：夹具、模具、桌椅。

防护用品：储存、货架、流水线、电梯、车辆、卡板等。

注意：人不是挂红牌的对象，否则容易打击士气，或引起矛盾冲突。挂红牌对事而不是对人。

➤ 判定的标准。明确什么是必需品，什么是非必需品，要把标准明确下来。例如，工作台上当天要用的必需品，其他都是非必需品，非必需品放在工作台上就要挂红牌。目的就是要引导或要让所有的员工都养成习惯，把非必需品全部改放在应该放的位置。

➤ 红牌的发行。红牌应使用醒目的红色纸，记明发现区的问题、内容、理由。

➤ 挂红牌。现场管理本来就该做到清楚、简单、明了，让人一目了然，这也是6S推行的真谛。企业必须有一批铁面无私的6S稽核员经常到车间进行巡查：凡是不合标准的物品、物料、机台、搬运工具等都要贴上红牌并清理出现场；阻塞通道、超过物品摆放位置的物品、物料、机台、搬运工具也要清理出现场。这样经过几次清理，现场的物品会少掉一半以上。为此，企业一定要有决心和勇气，因为这决定了未来的整顿工作能不能顺利开展。

➤ 挂牌的对策与评价。也就是对红牌要跟进，一旦这个区域或这个组，或这个机器挂出红牌，所有的人都应该有一种意识，马上都要跟进，赶上进度，对实施的效果要实施评价，甚至要对改善前后的实际状况拍照下来，作为经验或成果以向大家展示。

（6）红牌粘贴后的注意事项

➤ 让问题凸显出来。解决问题的唯一办法不是掩盖问题而是要把它凸显出来。要想真正解决不要物品，不是把不要物品贴上红牌和清理就可以了，而是引起大家对不要物品的重视。整理出来的物品一定要展示出来。

➤ 清除"企业死角"。6S推行最大的难点是企业死角，老板、总经理等企业高层比较少看得到，且不影响企业外观大局。因为企业高层看不到，现场人员有时就会把整理出来的不要物品堆在工厂后面的一个死角，那么不要物品将永远得不到处理。建议将清理出来的不要物品在显眼的位置展示出来。

➤ 在企业显眼的位置设置不要物品展示台。在显眼处设置不要物品展示台，让所有员工上下班都来看，这样才能起到警醒作用，现场也才能得到彻底的整治。

案例3-4 华新丽华电线电缆公司整理月——红色标签活动

活动目的

华新丽华电线电缆公司曾与日本住友电工株式会社进行管理技术合作，前后由住友电工派遣两位高级干部至该公司辅导，导入多项的管理制度，借此提高管理水准，6S为其中项目之一。所谓6S是指整理、整顿、清扫、清洁、安全、素养六项。公司为了使6S本地化，特将其名改为六项好，并登在华新月刊上广为宣导。为了配合企业董事长政策，健全基本起见，如能贯彻并落实六项好，将不失为良好的手段之一。最高级经营阶层（TOP）都强力地支持，连荣誉董事长也频频关怀；同时各部门经理、课长等管理阶层亦热烈响应，于是再通过组织力量，得以顺利展开各项活动。

活动内容

1.成立推行体制。20××年8月重组[六项好]推行委员会，制定有关组织规定，以各课长为当然委员，生产本部长（厂长）为主任委员，每月开会一次，以拟定年度活动计划、各项活动办法、教育计划与实施，并在委员会规定中明确六项好定义，以使活动有所遵循。

2.展开文宣及教育训练。六项好活动以素养为中心，以人为出发点，以整理为首要之务，尤其整理不同意见、制造共同语言是六项好的第一步；有计划而分段地将进行项目加以"定位（整顿）"，是推动的要领。因此，自20××年9月起，企业展开一连串的宣导活动。首先编制30条标语，分别悬挂于各工作场所，以唤起全体员工的共识。同时由推行委员派员赴各部门，向班长级以上人员讲解六项好的定义、重要性及其效益。并由讲师编制六项好活动、红色标签活动等教材，以课长级为对象，分成两阶段讲解有关的观念、步骤、手法等。推行委员会的构想大致如下：

（1）今后将寓[活动]于教育训练之中，以便知行合一。

（2）通过教育训练，以便意识革新、沟通工具、缩短部门差距。

整理不同意见→塑造共同语言→统计→进行步调

（3）将活动由 形式化 → 行事化 → 习惯化

3.六项好从整理开始。正如前述，六项好（6S）是一切改善活动的基础，整理不但是六项好的项目之一，也是该活动的首要之务，可说是六项好的基础。兹将整理的定义重述如下。

（1）将东西分为：需要的东西；不需要的东西。

丢弃或处理不需要的东西；保管需要的东西。

（2）整理的主要目的如下：腾出宝贵的空间；防止误用、误送；防止变质与积压资金；塑造清爽的工作场所。

看起来整理的工作非常简单，其实要使其落实却相当困难，尤其下决心丢弃，更要魄力。如果未定期整理，将使工作场所堆满了不需要的东西，于是反复地整顿、清扫不需要的东西，将使参与六项好活动的员工，感到无聊而厌烦，以致效果不彰。因此，如果未彻底做好整理工作，将使六项好活动事倍功半。由此推论，如果六项好活动是一切改善活动的基础，那么整理就是基础中的基础，也是提高效率的第一步。

4.拟定整理月活动办法。企业六项好推行委员会为了彻底进行整理的工作，特制订出整理月活动办法，同意每年的4月、10月为整理月，并正式列入企业的行事历之中，利用目视管理，以发现久藏的需品、不需品、不良品。一旦发现上列物品，不但对其贴上红色标签，同时如同警察开罚单一般，将红色标签通知单发给有关单位（课），限期处理或改善。根据生产部门及辅助部门的特征，分别订出红色标签的对象，当然包括下列各项：

（1）库存品：原物料库存、成品库存、配件库存。

（2）机械设备：机械、装置、台车、插板、治（工）具、桌子、椅子、车辆、备品等。

（3）空间：地面、架子、柜子、通路等。

此次10月份整理月活动通过红色标签的教育训练，以及策划部门的动态海报，以达到意识统一、沟通、宣导的目的。此次活动的评审基准分成三部分，内容如下。

（1）稽查实绩：各单位自行整理期间（10月1日～10月31日止）的实绩（当然也包括整顿、清扫等项目，只是计分比重较低而已）。

（2）执行为：有关红色标签所贴物品的处理情形。

（3）改善为：对于红色标签所贴物品的改善构想、创意。

总之，此次活动共分三阶段评审，符合管理循环，亦即为计划（Plan）、实施（Do）、查核（Check）、行动（Action）的原则，并让各单位先自主整理，以激发其自动发现问题的精神（就是自觉地整理、整顿、清洁的意识）。在活动之际，有关策划人员亦会数次利用录影机至各工作场所拍摄实况，不仅揭发不好的地方，同时也凸显出可取的地方，以供课长们作改善、借鉴的参考。此次整理的红色标签活动，对企业而言，可说已跨出了六项好的第一步，除了使工作场所比以前整洁之外，也使工作场所比以前清爽得多。但待努力之处尚多。于是，企业在活动尾声时贴出海报，即"清爽的工作场所大家来共享、大家来维持"。当然此次活动免不了要设计一些查检表。设计查检表时要有构想，须要考虑下列各点：

（1）探讨目前工厂的水准，并与企业方针相结合；

（2）依生产部门与辅助部门的特征，分别列出查核项目；必要时明定共通的基本项目及各部门的个别项目；

（3）明定查核范围及物品的对象，以免精力分散；

（4）依项目的重要性，必要时列入计分的比重；

（5）设计评价基准，明定要求条件及努力目标，使受审单位与评审人有所遵循。

但中国人的习性通常为十分钟热情，对于活动多是心血来潮，往往过一阵子就会冷落下来。于是，如何持续，则成为一大课题。连日本人推行6S也难免遇到此难题，因此，后来企业不得不在6S的基础上又加上"习惯化"（Shukan ka）或另外加上"坚持"（Shikkari）等活动，因其日文罗马拼音的首字母亦为S，当然就变成6S或7S了。

华新丽华为了持续六项好活动，已拟定20××年六项好年度活动计划，各项活动积分之中，都列有重点活动项目外的维持配分，同时各项活动（共六大项）将逐次提升层次，以使六项好活动落实，其实这套6S的原则、手法不仅适用于企业界，亦可用于日常的家庭生活以及环境、交通方面的整洁、整顿，借此使人们的生活更舒畅，环境更明朗，交通更有秩序。如彻底实施6S，将使明天更美好。

现场 **6S**
精益管理实务

現场 6S
精益管理实务

第四章
整顿的推行与推进

第一节
整顿的内容

一、整顿的概念、要求及作用

（1）整顿的概念与要求

整顿是把需要的事、物加以定量和定位。通过上一步整理后，对生产现场需要留下的物品进行科学合理的布置和摆放，以便最快速地取得所要之物，在最简捷、有效的规章、制度、流程下完成工作。生产现场物品的合理摆放使得工作场所一目了然，整齐的工作环境有利于提高工作效率，提高产品质量，保障生产安全。实际上，整顿是消除混乱秩序产生的工作流程上的变动性，确保流程稳定运行。

整顿的对象：工作场所容易浪费时间的区域。

整顿的目的：

➢ 工作场所一目了然；

➢ 整整齐齐的工作环境；

➢ 消除找寻物品的时间；

➢ 消除过多的积压物品。

整顿所达到的基本要求如下：

➢ 整顿的结果要成为任何人都能立即取出所需要的东西的状态；

➢ 要站在新人、其他职场的人的立场来看，使得什么东西该放在什么地方更为明确；

➢ 要想办法使物品能立即取出使用；

➢ 使用后要能容易恢复到原位，没有恢复或误放时能马上知道。

（2）整顿的作用

整顿的作用表现在以下两个方面。

① 减少因没有整顿而产生的浪费。整顿是一种科学，它已定出了标准化，谁到这个工作岗位，什么东西放在哪里已变成一种习惯。整理工作没有落实必定会造成很大的浪费。通常有以下几种：

➢ 寻找时间的浪费；

> 停止和等待的浪费；
> 认为本单位没有而盲目购买所造成的浪费；
> 计划变更而产生的浪费；
> 交货期延迟而产生的浪费。

在杂乱无序的工作环境中，如果没有做好整理和整顿工作，会使员工找不到使用物品，造成时间和空间的浪费，同时还可能造成资源的浪费与短缺，使一些品质优良的物品沦为"废品"，使废品堂而皇之地躺在重要位置。图4-1所示为物品摆得杂乱无章，造成工作人员寻找物品时显露的种种状态。

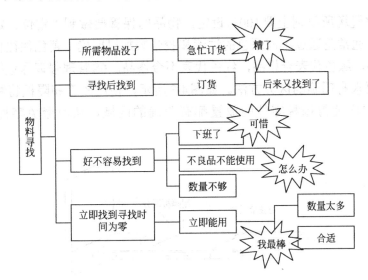

图4-1　寻找物料百态图

② 提升工作效率与减少安全隐患。把需要的人、事、物加以定量、定位。通过前一步整理后，对生产现场需要留下的物品进行科学合理的布置和摆放，以便用最快的速度取得所需之物，在最有效的规章、制度和最简捷的流程下完成作业。因此它具有以下作用：

> 提高工作效率，将寻找时间减少为零；
> 异常情况（如丢失、损坏）能马上发现；
> 不是该岗位的其他人员也能明白要求和做法；
> 不同的人去做，结果是一样的（已经标准化）。

二、整顿三要素

整顿三要素指的是场所、方法和标识。判断整顿三要素是否合理的依据在于是否能够形成物品容易放回原地的状态，如图4-2所示。当寻找某一件物品时，能够通过定位、标识迅速找到，并且很方便将物品归位。

图4-2　整顿良好的表现

（1）场所

物品的放置场所原则上要100%设定，物品的保管要做到"定位、定品、定量"。场所的区分，通常是通过不同颜色的油漆和胶带来加以明确：黄色往往代表通道，白色代表半成品，绿色代表合格品，红色代表不合格品。6S管理强调尽量细化，对物品的放置场所要求有明确的区分方法。如图4-3所示，使用胶带和隔板将物料架划分为若干区域，这样使得每种零件的放置都有明确的区域，从而避免零件之间的混乱堆放。

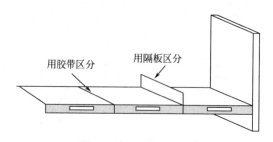

图4-3　物料架的划分

不方便取用的情况举例说明：多种物品混放，未分类，难以寻找。

➤ 物品存放未定位，不知道何处去找；
➤ 不知道物品的名称，盲目寻找；
➤ 不知道物品的标识规则，须查对；
➤ 物品无标识，视而不见；
➤ 存放地太远，存取费时；
➤ 不知物品去向，反复寻找；
➤ 存放不当，难以取用；
➤ 无适当的搬运工具，搬运困难；
➤ 无状态标识，取用了不适用的物品等。

（2）方法

整顿的第二个要素是方法。最佳方法必须符合容易拿取的原则。例如，图4-4给出了两种将锤子挂在墙上的方法，显然第一种方法要好得多；第二种方法要使钉子对准小孔后才能挂上，取的时候并不方便。现场管理人员应在物品的放置方法上多下工夫，用最好的放置方法保证物品的拿取既快又方便。

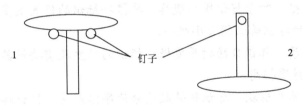

图4-4　锤子挂法比较

（3）标识

整顿的第三个要素是标识。很多管理人员认为标识非常简单，但实施起来效果却不佳，其根本原因就在于没有掌握标识的要点。

① 企业为什么要标识。企业管理强调的是清楚、简单、明了。国内很多企业尤其是生产型企业，材料或操作方法没有标识。企业进行系统标识，让管理流程清晰、明了，让大部分员工易懂、易操作，显得极为重要。

② 部分企业标识存在的问题。在很多城市，许多建筑物、围墙、天桥、地下通道的两旁，都张贴着各种形形色色的小广告，内容繁多，形式各异，人们俗称其为城市的"牛皮癣"。企业标识同样要求清楚、简单、明了，不能乱标识，否则不但不能起到任何作用，而且会破坏企业原有的形象，如果标识没有系统，形成企业的"牛皮癣"。

③ 企业标识系统的建立。

➤ 需要标识的地方。企业并非每个角落、每件物品都需要标识，只有因为看不懂会导致出现错误或安全隐患的地方、物品和需要规范的行为才需要标识。企业通常需要标识的地方及物品如下：

公司名称的标识；

公司部门的标识；

公司每个单位的标识；

每个单位不同区域的标识；

每个区域的不同区位的标识；

每个区位的不同物品的标识；

每个岗位的标识；

其他一些特殊的标识可与颜色管理、看板管理一同进行规划，如管道、转向、制程参数、企业理念等。

企业到底需要哪些标识，应该成立一个小组探讨、确定，不能单纯模仿。

➤ 标识的字体。标识的字体体现企业的文化，应该用企业的标准字体、规范的书写进行标识，可参考企业的VI（视觉识别）系统里对企业字体的规范，如果企业还没有制定VI系统，可由公司高层或有美术基础的人员探讨、设计、确定。字体一旦确定，就不得随意变动，所有部门必须统一执行。

➤ 标识牌的规格。对于标识牌的规格，要根据标识的位置及重要性进行具体的设计，但是同种类别的标识牌必须大小统一。

➤ 标识牌的材质。标识牌的材质要根据标识的位置及重要性具体设计，但是同种类别的标识牌必须材质相同。

➤ 标识牌的颜色及形状。标识牌的颜色分为字体颜色、标识牌底色和标识牌边框颜色三种。

➤ 标识牌的类别。标识牌按其功能可分为：警告标志、禁令标志、指示标志、指路标志四类。

警告标志：黑框黄底黑字，形状为等边三角形，顶角朝上，表示危险区域。

禁令标志：红底白字或红框白底黑字，形状为圆形或倒等边三角形，表示严令禁止的行为。

指示标志：蓝底白字或白色图案，形状为长方形或正方形，表示部门、单位、区域、物品等的名称。

指路标志：绿底白字或绿底白色图案，形状为长方形或正方形，标示人行道、车辆、物流的通道。

标识牌的各类识别图例如图4-5所示。

(a) 文件识别

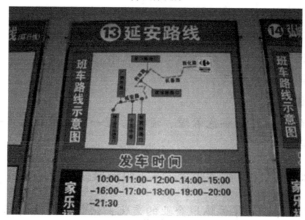

(b) 道路标志

(c) 管道标识

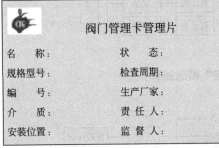

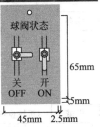

(d) 阀门标识

图4-5　标识牌的各类识别图例

三、整顿的"三定"原则

（1）何谓"三定"

衡量一个企业管理水平的高低最简单有效的方法就是看企业人、事、物的管理能否做到定位、定品、定量。在企业里建立一套制度不难，但是好的制度是企业管理高度理论化的结晶，而"三定"则是企业管理实践和管理结果的结晶，没有良好的执行力和良好的职业培训，企业不可能做到真正的"三定"。

"三定"概念图解、内容示意图及管理看板示意图分别如图4-6～图4-8所示。

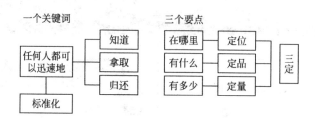

图4-6 "三定"概念图解

图4-7 "三定"内容示意图

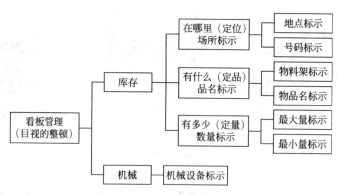

图4-8 "三定"管理看板示意图

（2）如何做好"三定"管理

① 如何做到"定位"。要做到"定位"就必须清楚物品应该放在什么位置。

➤ 将要存放的位置分成地域号码来表示。

➤ 号码表示又可分为区域号和区位号表示。区域号可用英文字母（A，B，C）或数字（1，2，3）等来表示；区位号最好用数字来表示；没有区域或区位规划的地方绝对不能存放物品。

定位原则如图4-9所示。

图4-9　定位原则示例

一般定位方式使用：

- 标志漆（宽7～10cm）；
- 定位胶带（宽7～10cm）。

一般定位工具：

- 长条形木板；
- 封箱胶带；
- 粉笔；
- 美工刀等。

定位颜色区分：不同物品的放置，可用不同颜色定位，以示区分，但全公司范围必须统一。如：

- 黄色——工作区域，置放待加工料件；
- 绿色——工作区域，置放加工完成品件；
- 红色——不合格品区域；
- 蓝色——待判定、回收、暂放区。

定位形状，一般有下列三种：

- 全格法——依物体形状，用线条框起来；
- 直角法——只定出物体关键角落；
- 影绘法——依物体外形实际测定。

色带宽度的参考标准：

- 主通道10cm；
- 次通道或区域线5～7cm。

通道宽度的参考标准：

➤ 人行横道80cm以上。

② 如何做到"定品"。要做到"定品"就必须清楚放在那儿的物品是什么。

➤ 物品名称，表示放置物本身是什么；
➤ 物料架名称，表示这里放置的是什么；
➤ 如果物品要经常搬动，可以用看板来表示；
➤ 物料架的好处是容易更换位置。

③ 如何做到"定量"。"定量"目标是做到能够一看就知道库存品有多少数量。

➤ 限制放置场所或物料架的大小或数量；
➤ 明确表示最大量与最小量的库存标准，最大量用红色表示，最小量用黄色表示；
➤ 标签、颜色比数字更容易看得懂；
➤ 若标示数字，也要做到使数字一看就清楚。

（3）形迹管理是定位定量的重要工具

为了对工具等物品进行管理，很多企业采用工具清单管理表来确认时间、序号、名称、规格、数量等信息。但是，使用工具清单管理表较为繁琐，而且无法做到一目了然，有必要引入一种更为科学、直观的管理方法——形迹管理。形迹管理是将物品的形状勾勒出来，将物品放置在对应的图案上。如图4-10所示，画出每件工具的轮廓图形以显示工具搁放的位置。这样有助于保持存放有序，某件工具丢失便立即能够显示出来。

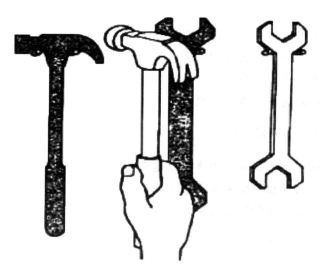

图4-10　形迹管理的应用

第二节
物品摆放的区域规划与区位规划

区域规划是一个企业的平面布局，包括工序流程设计、机台布置、物流动向规划、人流动向规划、物品存放区域规划。区域规划直接指向6S的核心——三定：定位、定品、定量。

企业管理必须以严谨规范为根本，以随意、凑合为大忌，放纵、散漫是导致企业根基松散的根源。

一、企业区域规划的范围

在一个制造型企业里，通常有一些必不可少的区域，详见表4-1。

表4-1　企业一般需要进行规划的区域

单位	应有的区域	区域的功能	区域的基本要求
生产车间	主通道	主要用于物品搬运和客人来访参观	宽敞、干净、明亮，无任何遮挡物，且以两部物品搬运车能同时、相对、顺畅地通过为宜
	人行道	主要用于员工走动和车间干部巡线之用	干净、整洁、明亮，不得摆放任何半成品或其他杂物，必须通畅且以两个人能同时、相对、顺畅通过为宜
	作业区	员工加工产品的主要作业场所	明亮、干净且不能太拥挤，作业台的高度要与员工的作业方式和身高相适宜，同时机台、作业台的摆放设计要考虑员工的安全
	检验区	检验员检验产品的主要场所	宽敞、明亮干净，应设定样品、检验仪器、工具、标准、记录本的摆放位置，对光线有特殊要求的应考虑配置特种光源
	半成品暂存区	在制品暂时存放的场所	应配置物料架、篮筐、物品搬运箱等，同时应考虑物品的周转率和员工拿取、存放、搬运的方便
	原材料暂存区	是原材料暂时存放的场所	应配置物料架、篮筐、物品搬运箱等，同时应考虑物品的周转率和员工拿取、存放、搬运的方便
	成品暂存区	成品暂时存放场所	应配置物料架、篮筐、物品搬运箱、栈板等，同时应考虑物品的周转率和员工拿取、存放、搬运的方便
	不良品暂存区	不良品暂时存放的场所	应配置物料架、篮筐、物品搬运箱等，同时应考虑拿取、存放、搬运的方便，区域尽量小，超过即为异常

续表

单位	应有的区域	区域的功能	区域的基本要求
生产车间	进货区	原材料、成品、半成品入库未检验前的暂时存放区	应有栈板、搬运箱等，最好在室内，且宽敞明亮，物品不要拥挤，堆放不要太高，以免造成损坏
	检验区	对将要入库的原材料、半成品、成品实施检验的场所	宽敞、明亮干净，应设置样品、检验仪器、工具、标准、记录本的摆放位置，对光线有特殊要求的应考虑配置特种光源
仓库	不合格品区	不合格原材料、成品、半成品的暂时存放区	应配置物料架、篮筐、物品搬运箱等，同时应考虑拿取、存放、搬运的方便，区域尽量小，超过即为异常
	退货区	不合格品经过评审后需要退货的暂时存放区	应配置物料架、篮筐、物品搬运箱等，同时应考虑拿取、存放、搬运的方便，区域尽量小，超过即为异常
	物品存放区	已经检验合格的原材料、成品、半成品的存放区	应对不同的物品再细分不同的区位，按照类别分开摆放。配置基本物料架、栈板、篮筐或其他物品存放容器
	呆滞物品存	不在计划订单内或超过库存期限的物品存放区	应配置物料架、篮筐、物品搬运箱等，同时应考虑拿取、存放、搬运的方便，区域尽量小，超过即为异常
	发货区	按发货单、领料单等提前备料、备货的暂时存放区	应配置物料架、篮筐、物品搬运箱等，同时应考虑拿取、存放、搬运的方便
	装卸区	物品搬运装卸区域	装卸台高度与货车车厢的高度最好平齐，使得装卸时可以直接用搬运车将物品装进车厢，以减少员工搬运时的负重
办公室	办公区	公司职员办公作业场所	宽敞、明亮、干净、整洁、文明、安静，应配有计算机、电话、打印机、复印机、传真机、资料柜、办公桌椅等基本的办公设施
	休息室	公司职员休息场所	配置沙发、茶几、报纸、杂志、饮水机等，必要时可以配置咖啡、茶叶、水果等食品
	接待室	客户、供应商、外来访客的接待场所	配置沙发、茶几或洽谈桌、椅，咖啡、茶叶、报纸、杂志、公司简介等，必要时可配置电视、VCD（影音光盘）等可随时播放公司宣传片的设备
	会议室	公司召开会议或重大事情的召集场所	会议桌、椅，白板、白板笔、投影仪、计算机、麦克风、音响等，必要时可摆设一些绿色植物、公司荣誉等
公共场所	自行车停放区	员工上下班自行车专属停放区	应有雨棚、自行车区隔栏等基本配置
	小轿车停放区	员工上下班小轿车专属停放区	应有雨棚、车位停放线、箭头等基本配置，专属车位应有车牌号标示
	货车停放区	本公司货车专属停放区	应有雨棚、车位停放线、箭头等基本配置，特殊车位应有车牌号标示
	外来车辆停放区	外来公司办事的车辆停放区	应有雨棚、车位停放线、箭头等基本配置，并明显标示外来车辆，保安人员负责指挥客人按规定停放
	不要物品回收区	车间、办公室的不要物品堆积场	最好有一个专门的小空间，有围墙、遮盖、雨棚、门窗等

二、怎样进行合理的区域规划

很多企业推行6S时会对每个区域画线，但在推行的过程中，因为区域规划过于草率或过于强调现场美观，没有合理检讨、设计就匆忙画线，往往导致员工在实际工作中没有办法按照规划的区域进行物品摆放和归位，从而使画线的区域规划形同虚设。

区域规划的基本流程见表4-2。

表4-2 区域规划的基本流程

流程	权责单位	重点事项	使用表单
流程设计合理化	各部门主管	组织流程检讨修改小组一起探讨，具体参考流程规划的相关内容	
产能评估	生产部门	要分析评估车间产能、班组产能、工序产能、个人产能，根据不同的产能差别进行生产调整，使得生产工厂的各车间、班组、工序、个人的产能尽量平衡	
物流、人员流动设计	推行委员会成员	设计物流方向、通路；设计人员流动的方向、通路	
根据产能和生产实际情况规划区域	各部门主管	根据生产流程、产能状况、物流等的状况进行现场区域规划	
区域平面图设计	各部门主管	每个单位根据自己的实际状况设计制作区域平面规划图，再请相关主管、区域负责人到现场进行实地评估	
区域平面图检讨修改	推行委员会成员各部门主管	如果评估有异议，则要汇总大家的意见进行修改、完善	
按照平面图进行区域定位	各部门主管	没有异议后，就在现场进行区域的初步定位，最好使用有颜色的胶带进行画线定位，以便于将来更改	
根据实际状况修改区域定位	各部门主管	按照定位的区域进行物品的规划和现场管理，最好能够试行一个生产淡旺季的周期，这样才能真正检查设计的区域是否真正合理	
确定每个区域的定位、画线	各部门主管	一个淡旺季过后，若没有问题，就可以实施区域定位，此时可以用油漆或其他更加牢固的材料进行界定	
区域定位的修补、完善	各部门主管	每年或每半年必须对每个区域进行一次探讨、修改，以使区域规划更加完善，对于有破损或油漆剥落的区域要重新画线	

三、现场细节的整顿——区位规划

当同一功能的区域里面有不同性质的区位模块时，必须对不同性质区域模块再一次进行细部的区位规划，每个区位针对的是不同性质的物品，这样将更加有利于物品的"三定"管理。

① 进行区位规划，首先必须对现场的物品进行分类考虑：各类物品放在哪里，需要多大的空间？

② 物品分类做好了，才能进行下一步的区位规划，比如：

➢ 大区域用大写的英文字母来表示，如A、B、C、D等；

➢ 区位用阿拉伯数字来表示，如1、2、3、4、5等；

➢ A1、A2、A3、A4等表示相同类别不同性质或规格的物品，应在同一个大区域里面的不同区位进行存放；

➢ A1和B1表示不同类别的两种物品，应在两个不同区域进行存放。

③ 设计制作区域、区位规划平面图，包括：

➢ 生产现场的区域、区位规划平面图；

➢ 仓库的区域、区位规划平面图。

④ 做好现场的区位管理，注意以下几点：

➢ 现场的区位都必须以数字或阿拉伯数字进行规划和标示，以利将来的物料系统电脑化；

➢ 所有的区位都必须进行标示；

➢ 根据不同的物品种类设计不同的物品盛装容器，每个容器上必须有物料卡；

➢ 区位编号必须和物料编号同步进行；

➢ 区位管理和物料管理必须进入电脑系统进行系统管理。

第三节
整顿的实施步骤与要点

一、整顿实施步骤

整顿的主要对象是"场所"，而工作场所最大的时间浪费在选择和寻找中花费时间。消除选择和寻找带来的时间浪费必须做到以下几点。

（1）分析现状

人们取放物品时为什么时常会花很多的时间，或者说是人们取放物品时间为什么会那么长，追根究底有几个原因：

➢ 不知道物品存放在哪里？

> 不知道要取的物品叫什么？
> 存放地点太远；
> 存放的地点太分散，物品太多，难以找到；
> 不知道是否已用完，或者别人正在使用，他找不着。

把这些原因归纳起来进行分析后所得到的结论就是对于现状没有分析。在日常工作中必须对必需物品的名称、物品的分类、物品的放置等情况进行规范化的调查分析，找出问题的所在，对症下药。在进行分析的时候，从物品的名称，物品的分类，还有物品的放置这几个方面进行规范化。

（2）物品分类

整顿时要根据物品各自的特征进行分类，把具有相同特征或具有相似性质的物品划分为同一个类别，并制定标准与规范，确定物品的名称并做好物品名称的标示。

（3）落实整顿工作，根据整理重点决定放置场所

推行整顿的过程中应对物品放置的场所进行事前确定。整顿初期将整理所腾出的棚架、橱柜、场所等空间进行重新规划使用，将常用的东西放在最近身边的地方，不常用的东西可另换位置存放。对于场所的区分，可使用不同颜色的油漆和胶带加以明确，如白色的代表半成品，绿色代表合格品，红色代表不合格品。

在明确场所时应注意以下事项：

> 经整理所留下的需要东西、物品要定位存放；
> 依使用频率，来决定放置场所和位置；
> 用标志漆颜色（建议黄色）划分通道与作业区域；
> 不许堵塞通道；
> 限定高度堆高；
> 不合格品隔离工作现场；
> 不明物撤离工作现场；
> 看板要置于醒目的地方，且不妨碍现场的视线；
> 危险物、有机物、溶剂应放在特定的地方；
> 无法避免将物品放于定置区域时，可悬挂暂放牌，注明理由、时间。

（4）决定放置方法

明确物品的放置方法，也是整顿工作中的重要内容，这种方法必须符合容易拿取的原则。物品的放置一般放在架子上、箱子里、塑胶篮里、袋子里及进行悬挂放置等。决定放置方法时要考虑物品的用途、功能、形态、大小、重量、使用频率等因素，尤其要注意取用和放置的方便。在明确方法时要注意以下问题：

> 置放的方法有框架、箱柜、塑料篮、袋子等方式；

➤ 在放置时，尽可能安排物品的先进先出；

➤ 尽量利用框架，经立体发展，提高收容率；

➤ 同类物品集中放置；

➤ 框架、箱柜内部要明显易见；

➤ 必要时设定标识注明物品"管理者"及"每日点检表"；

➤ 清扫器具以悬挂方式放置。

以下是常见的物品分类方法及放置方法。

① 以使用时间区分：

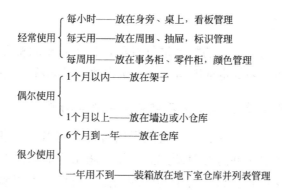

经常使用 ⎰ 每小时——放在身旁、桌上，看板管理
　　　　 ⎱ 每天用——放在周围、抽屉，标识管理
　　　　　 每周用——放在事务柜、零件柜，颜色管理

偶尔使用 ⎰ 1个月以内——放在架子
　　　　 ⎱ 1个月以上——放在墙边或小仓库

很少使用 ⎰ 6个月到一年——放在仓库
　　　　 ⎱ 一年用不到——装箱放在地下室仓库并列表管理

② 以物品性质、形状、大小区分：

以性质区分 ⎰ 易生锈：放上层
　　　　　 ⎪ 易摔破：放下层（玻璃……）
　　　　　 ⎪ 易潮湿：放上层（纸箱……）
　　　　　 ⎨ 防震动：放下层（天平、微测计、精密仪器）
　　　　　 ⎪ 轻的：放上层
　　　　　 ⎱ 重的：放下层

以形状区分 ⎰ 圆形：固定
　　　　　 ⎪ 方形：排列区隔
　　　　　 ⎨ 长形：储位
　　　　　 ⎪ 短形：箱子
　　　　　 ⎱ 不规则：箱子、篮子。零散短小：容器、盒子

③ 以装物品的容器区分：

⎰ 零散
⎪ 短的、小的
⎪ 不规则
⎨ 工具
⎪ 螺丝
⎱ 拆封（解）小零件

（5）决定物品的定位放置

按照确定的储存场所和存放方法，将物品放在该放的地方，不要造成物品的放位不当或东零西落。物品的定位十分重要，做好定置工作的主要项目：

> 工作场所的定置要求；
> 生产现场各工序、工位、机台的定置要求；
> 工具箱的定置要求；
> 仓库的定置要求等。

同时注意要对现场的各定置要求进行检查，看是否都有明确的规定并且按规定进一步具体地实施对物品的放置。

（6）画线标识

① 画线标识的目的。

企业的现场管理其实和交通管理的理念一致，在公路上设置不同的线，不仅为了美观，更主要是为了安全、高速，使现代化城市交通保持顺畅、有序，减少交通事故发生。企业管理也是一样，现场画线的目的也不是单纯为了现场美观，更重要的是为了营造一个井然有序、安全高效的工作环境。

企业管理的最高境界就是清楚、简单、明了，6S在推行的时候要求对现场的区域和区位进行画线，也是为了使管理简单化，让任何人都清楚物品的摆放位置，这样才能进一步做到"三定"。

② 画线的方法。

画线的基本方法如下（图4-11）：

图4-11　画线图例

> 首先使用胶带对各区域进行定位，用胶带的目的是便于对区域规划随时进行修改、完善；

➢ 区域运行一定阶段，如胶带粘贴3个月之后就可把胶带撕掉并清洗干净，用油漆进行固定，最好用公路画线的油漆，以加强油漆的附着力，使其不易脱落，如果地板是不易着色的瓷砖等，那么可以直接用10cm左右的不同颜色的瓷砖来进行画线；

➢ 特别的地方如危险区域、有安全隐患的区域应该用铁删栏进行区隔并刷上红黄相间的警戒色，以示警示。

二、整顿的推行要点与注意事项

（1）整顿的推行要点

整顿的目的是针对作业效率、品质、安全等来思考物品归位方法，确定物品定位的应有状态。整顿的推动要点为：

① 彻底进行整理

➢ 彻底地进行整理，只留下必需物品；
➢ 在工作岗位只能摆放最低限度的必需物品；
➢ 正确地判断出是个人所需还是小组共需品。

② 确定放置场所

➢ 放在岗位上的哪一个位置比较方便？进行布局研讨；
➢ 制作一个模型（1/50），便于布局规划；
➢ 将经常使用的物品放在工作地点的最近处；
➢ 特殊物品、危险品必须设置专门场所并由专人来进行保管；
➢ 物品放置要100%地定位。

③ 规定摆放方法

➢ 产品按机能或按种类来区分放置；
➢ 摆放方法各种各样，例如，架式、箱内式、工具柜式、悬吊式，各个岗位提出最适合各自工作需要的想法；
➢ 尽量立体放置，充分利用空间；
➢ 便于拿取和先进先出；
➢ 平行、直角、在规定区域放置；
➢ 堆放高度应有限制，一般不超过1.2m；
➢ 容易损坏的物品要分隔或加防护垫来保管，防止碰撞；
➢ 做好防潮、防尘、防锈的三防措施。

④ 进行标识

➢ 采用不同色的油漆、胶带；
➢ 用地板砖或栅栏来划分区域；

➤ 通道最窄的宽度、人行道、人走的地方最少要1m以上；单向车道的宽度为最大的车宽再加上1.8m；双向车道的宽度为最大车宽乘以2再加上1m，这些都是通过6S整顿的这种数据规范，才能够感觉到一目了然；

➤ 区分的各种标识，有绿、黄、白、还有红线，绿色的叫通行道，或者它是摆放良品和固定永久性设置标志。

色线的含义有以下几种：①黄线，它是属于那种可移动的设置，也是一种临时的摆设；②白线就是作业区；③红线就是不良区跟不良品。开车的同仁可能都有这样的一种感觉，当您的车子送到有规范的保修厂去维修时，您就会看到有绿、有黄、有白、有红等几种颜色线。那么，这些都代表什么？白线，它是标识着这里是作业区，红线标识着这里摆设不良品，红线是不良区，或者叫做不良品。一些管理规范的公司，对于产品作业的要求，或者搬运时的注意事项，或者一些特别的事情，都会在产品上注明。

（2）整顿推行的注意事项

➤ 持之以恒的坚持。刚开始整顿时，大家都能按规定摆放好每一件物品，但是过了一段时间，又慢慢地乱了起来，回到原来的状态。6S活动必须持之以恒地坚持，杜绝"走过场"现象。

➤ 注意标识的统一。标识是整顿的最终动作，其标志是物品的身份证。相关类别的标识，在企业内要尽可能地做到统一规格大小，统一加工制作。

➤ 摆放位置相对固定。物品摆放要严格按照设定的层、区、架要求规范摆设，不能经常更换场所，摆放的位置要相对不变。

生产现场6S整顿查核表（诊断表）、办公室的整顿检查表及整顿的审核清单见表4-3～表4-5。

表4-3　生产现场6S整顿查核表（诊断表）

项次	查检项目	得分	查 检 状 况
1	设备、机器、仪器	0	破损不堪，不能使用，杂乱放置
		1	不能使用的集中在一起
		2	能使用但脏乱
		3	能使用，有保养，但不整齐
		4	摆放整齐、干净、最佳状态
2	工具	0	不能用的工具杂放
		1	勉强可用的工具多
		2	均为可用的工具多
		3	工具有保养，有定位位置
		4	工具采用目视管理

项次	查检项目	得分	查检状况
3	零件	0	不良品与良品杂放在一起
		1	不良品虽没即时处理，但有区分及标示
		2	只有良品，但保管方法不好
		3	保管有定位标示
		4	保管有定位，有图示，任何人均很清楚
4	图纸、作业标示书	0	过期与使用中的杂在一起
		1	不是最新的，但随意摆放
		2	是最新的，但随意摆放
		3	有卷宗夹保管，但无次序
		4	有目录，有次序，且整齐，任何人很快能使用
5	文件档案	0	零乱放置，使用时间没法找
		1	虽显零乱，但可以找得着
		2	共同文件被定位，集中保管
		3	以事务机器处理而容易检索
		4	明确定位，使用目视管理任何人能随时使用
	小　计	得分	

表4-4　办公室的整顿检查表

检查对象	检查项目	检查/区域	责任者	得分
1.办公桌、椅、文件柜	①办公台的摆放是否整齐有序 ②办公桌面是否干净整洁 ③办公桌台面摆放的办公用品和文件是否整齐有序 ④办公椅是否摆放整齐 ⑤办公椅在人员离开时是否统一摆放整齐有序 ⑥抽屉内的办公文具和资料是否摆放得整整齐齐 ⑦抽屉内是否有和工作不相干的物品或储存有食物 ⑧文件柜内是否放置和文件不相干的其他物品 ⑨文件柜有无统一的放置并易于拿取文件			
2.电脑、打印机	①电脑的主机和显示器是否统一摆放在办公桌或放置的某个位置 ②电脑和显示器的连接的电缆线是否有序地摆放和整齐地捆扎			
3.文件	①文件有无分类整理 ②文件有无分类摆放 ③文件夹的外面的标签有无统一制作且采用相同的字体 ④文件是否放置在文件夹内和统一的文件柜内 ⑤文件夹和文件柜有无标识清楚并整齐地摆放 ⑥文件的使用和传递有无统一的格式 ⑦文件的发放是否统一用电脑打印的字体			
4.地面	①有无油漆的破损、脱落 ②对于放置有无界定区域			

表4-5　整顿的审核清单

审核项目	审核内容	妥善	须改善	须即时改善	不适用	跟进工作
2.1工作场所	①是否把通道划线以区分通道及工作区的范围？ ②货品是否整齐叠起及远离通道和出口？ ③是否避免把材料或工具靠放在墙边或柱旁？	☐ ☐ ☐	☐ ☐ ☐	☐ ☐ ☐	☐ ☐ ☐	
2.2机械设备	①是否在通道划线以区分通道及机械设备摆放的位置？ ②机械设备是否整齐排列及避免阻塞通道和出口？ ③是否采用识别系统标示机械设备的名称及编号？	☐ ☐ ☐	☐ ☐ ☐	☐ ☐ ☐	☐ ☐ ☐	
2.3电力装置及设备	①控制板的所有导电体是否清楚地标明？ ②是否采取措施避免将电线横置于通道上？ ③是否采用识别系统标示电力设备的编号及摆放位置？	☐ ☐ ☐	☐ ☐ ☐	☐ ☐ ☐	☐ ☐ ☐	
2.4手工具	①手工具是否贴上名称或编号？ ②手工具是否有秩序地摆放在工具架或工具箱内以方便取用？ ③工作台上的工具是否有秩序地摆放？	☐ ☐ ☐	☐ ☐ ☐	☐ ☐ ☐	☐ ☐ ☐	
2.5化学品	①在订购任何化学品时，是否将化学品的名称、危险分类及其他有关资料作出登记以便员工翻查？ ②不同危害分类的化学品是否有明确的标签及颜色区分以便分开存放？ ③容器内储存的化学品是否清楚标明其输入口、输出口和连接的位置？	☐ ☐ ☐	☐ ☐ ☐	☐ ☐ ☐	☐ ☐ ☐	
2.6高空工作	①工作台上需用的物料是否平均分布于棚架上及没有负荷过重？ ②需要的物料或工具是否避免放置在坑槽或地洞的边缘，以免坠下危害周围工作的人？ ③梯具是否妥善贮存，避免接近化学品或被阳光直接照射而减少梯身受损？	☐ ☐ ☐	☐ ☐ ☐	☐ ☐ ☐	☐ ☐ ☐	
2.7吊重装置	①是否采用识别系统标示吊重装置包括电绞辘和吊索的编号及摆放位置？ ②吊重装置和吊具是否有秩序地摆放在仓库的储存架上以方便取用？ ③使用后的吊具包括吊索、链索及勾环是否立即放回仓库以便妥为保存？	☐ ☐ ☐	☐ ☐ ☐	☐ ☐ ☐	☐ ☐ ☐	
2.8体力处理操作	①是否将负荷物的资料，例如对象的重量和对象较重一边的位置清楚地标明出来，以方便搬运？ ②整理货架时，是否将较重或常处理的货品放置在较易拿取的位置，例如接近手肘的位置？ ③搬运时，是否采取措施确保货品整齐叠起及避免堆叠过高，以免阻碍视线增加碰撞及绊倒的危险？	☐ ☐ ☐	☐ ☐ ☐	☐ ☐ ☐	☐ ☐ ☐	
2.9个人防护设备及工作服	①在订购任何个人防护设备时，是否将该设备的类别、标准及其他有关数据作出登记以便员工翻查？ ②个人防护设备和工作服是否有秩序地的摆放在储存架上以方便取用？ ③是否采用识别系统标示个人防护设备和工作服的摆放位置？	☐ ☐ ☐	☐ ☐ ☐	☐ ☐ ☐	☐ ☐ ☐	

第四节
推进整顿中的方法与工具

一、目视管理

（1）目视管理的含义及特点

目视管理是利用形象直观而又色彩适宜的各种视觉感知信息来组织现场生产活动，达到提高劳动生产率的一种管理手段，也是一种利用视觉来进行管理的科学方法。把企业潜在的大多数异常显示化，变成谁都能一看就明白的事实，这就是目视管理的目的。

目视管理的特点：

➢ 以视觉信号显示为基本手段，大家都能够看得见。

➢ 以公开化、透明化的基本原则，尽可能地将管理者的要求和意图让大家看得见，借以推动自主管理或称自主控制。

➢ 现场的作业人员可以通过目视的方式将自己的建议、成果、感想展示出来，与领导、同事以及工友们进行相互交流。

目视管理是一种以公开化和视觉显示为特征的管理方式，也可称为看得见的管理，或一目了然的管理。这种管理的方式可以贯穿于各种管理的领域当中。

（2）目视管理对象

① 车间目视管理。
车间生产现场的对象包括质量、交货期、成本、安全、6S。具体内容是：
作业管理

➢ 目视作业标准，如利用照片、图片做成的标准书；

➢ 颜色管理，如工具、零件定置场所的色彩管理；

➢ 限度样本；

➢ 异常警示灯或蜂鸣器；

➢ 标示、看板；

➢ 区域线，如不良品、半成品定置而所画的标示；

➢ 人员配置图；

➢ 技能地图，如作业熟练程度的表示；

➢ 安全标志，危险区域的标志。

交期管理

➢ 生产进度管理板；
➢ 生产计划表；
➢ 派工板。

品质管理

➢ 检查工具、夹具的层别管理；
➢ 不良品层别管理；
➢ 量具仪器色别管理，如检测器具精度在规定值内和外的颜色区别；
➢ 直方图；
➢ 检查指导书。

设备管理

➢ 加油色别管理，如加油口的颜色标示；
➢ 操作动作的顺序指引；
➢ 保养部位色别管理，如定期保养部位的颜色标示；
➢ 危险动作部位色别管理，如紧急停止开关的颜色标示；
➢ 换模部位与固定部件的颜色区分；
➢ 仪表安全法色别管理：如控制范围内、外的颜色区分；
➢ 螺丝、螺栓的配合记号；
➢ 管路色别管理，如对相似的油或溶剂的颜色区分。

② 办公室目视管理。

办公室目视管理主要是信息共有化、业务标准化和简单化，以迅速、正确地为生产现场提供信息，并有效解决问题。具体的内容是：

文件管理

➢ 文件的分类标示；
➢ 文件保管场所的标示；
➢ 文件的定位标示。

行动管理

➢ 人员动态管理图板；
➢ 个人工作计划；
➢ 出勤管理。

业务管理

➢ 业务标准手册；
➢ 教育培训管理图板。

办公设备管理

➢ 办公设备保管场所的色别管理；
➢ 办公设备管理图板。

二、看板管理

（1）看板管理的概念

管理看板是把希望管理的项目，通过各类管理板显示出来，使管理状况众人皆知的管理方法。管理看板是一流现场管理的重要组成部分，是给客户信心及在企业内部营造竞争氛围，提高管理透明度非常重要的手段。

（2）看板管理的种类

根据责任主管的不同，一般可以分为公司管理看板、部门车间管理看板、班组管理看板三类，如表4-6所示。

表4-6　看板管理的种类

区分	公司管理看板	部门车间管理看板	班组管理看板
责任主管	高层领导	中层管理干部	基层班组长
常用形式	各种企业资源集成（ERI）系统 大型标语/镜框/匾/现况板/移动看板	标语/现况板/移动看板/图表/电子屏 部门车间口号	现况板/移动看板/活动日志/活动板/图表
项目内容	企业愿景或口号 企业经营方针/战略 质量和环境方针 核心目标指标 目标分解体系图 部门竞赛评比 企业名人榜 企业成长历史 大型活动展示 员工才艺展示 总经理日程表 生产销售计划	部门方针战略 公司分解目标指标 费用分解体系图PQCDSM（生产量、质量、成本、交货期、安全、士气）月别指标设备MTBF/MTTR（平均故障间隔时间/平均修理时间） 改善提案活性化 班组评比 目标考核管理 QC（质量控）工序标准 部门优秀员工 部门日程表 进度管理板 员工去向板 部门生产计划 安全卫生现况板	区域分担图/清扫责任小组活动现况板 活动日志 设备日常检查表 定期更换板 变更点管理 工艺条件确认表 作业指导书或标准 个人目标考核管理PQCD每日趋势管理主题活动/QC工具 个人生产计划 班组管理现况 报表 物品状况板 TPM（全面生产管理）诊断现况板

（3）看板管理的作用

①传递情报，统一认识。

➢ 现场工作人员众多，将情报逐个传递或集中在一起讲解是不现实的，通过看板传递既准确又迅速，还能避免以讹传讹或传达遗漏；

➢ 每个人都有自己的见解和看法，公司可通过看板来引导大家统一认识，朝共同目标前进。

②帮助管理，防微杜渐。

➢ 看板上的数据、计划揭示便于管理者判定、决策或跟进进度；

➢ 便于新人更快地熟悉业务；

➢ 已经揭示公布出来的计划书，大家就不会遗忘，进度跟不上时也会形成压力，从而强化管理人员的责任心。

③强势宣导，形成改善意识。展示改善的过程，让大家都能学到好的方法及技巧。展示改善成绩，让参与者有成就感、自豪感。

④褒优贬劣，营造竞争的氛围。

➢ 明确管理状况，营造有形及无形的压力，有利于工作的推进；

➢ 工作成绩通过看板来揭示，差的、一般的、优异的，一目了然，起到激励先进促进后进的作用；

➢ 以业绩为尺度，使绩效考核更公正、公开、透明化，促进公平竞争，防止绩效考核中人为的偏差；

➢ 让员工了解公司绩效考核的公正性，积极参与正当的公平竞争，使现场活力化。

⑤加强客户印象，树立良好的企业形象（让客户或其他人员由衷地赞叹公司的管理水平）。看板能让客户迅速全面了解公司，并留下这样的印象："这是一个出色的、井井有条的公司"从而对公司更信赖。

看板管理图例如图4-12所示。

图4-12　看板管理图例

三、定置管理

（1）定置管理的概念

定置管理是企业在工作现场活动中研究人、物、场所三者关系，科学地将物品放在场所（空间）的特定位置的一门管理科学。它研究物品的特定位置，从人、物、场所相互关系的内在联系上寻找解决生产现场各工序存在问题的方法；它为生产、工作的现场物品的定置进行设计、组织、实施、调整，使其达到科学化、规范化、标准化，从而优化企业物流系统，改善现场管理，建立起现场的文明生产秩序，为企业实现人尽其力，物尽其用、时尽其效而开辟新的有效途径。

（2）定置管理的类型

企业定置管理的基本内容大致包括以下几方面。

➢ 全系统定置管理，包括生产制造子系统、经营子系统和行政后勤子系统等的定置管理。

➢ 区域定置管理，是按工艺流程把生产现场划分为若干定置区域，对每一区域中的人、机、物（料）、法、环、测实行定置管理。区域定置是系统定置的最小单元。

➢ 职能部门定置管理。

➢ 仓库定置管理。

➢ 特别定置管理，是指在生产制造过程中，把影响质量、安全问题的薄弱环节，切实实行人定置、物定置、时间定置。其内容有质量控制点定置管理、安全定置管理等。

（3）定置管理的内容

① 生产厂区的定置内容：

➢ 根据工厂占地，合理设计厂区定置图，对场所和物件实行全面定置；

➢ 对易燃、易爆、有毒、易变质、容易发生机构伤人和污染环境的物品及重要场所、消防设施等实行特殊定置；

➢ 对绿化区域和卫生区实行责任定置；

➢ 确定物品的停放（成品、半成品、材料、工具）区域；

➢ 对垃圾、废品回收点定置；

➢ 对车辆停放定置；

➢ 按定置图要求，清除无关的物品。

② 车间定置内容：

➢ 根据车间生产需要，合理设计车间定置图；

➢ 对物品临时停滞区域定置；

➢ 对工段、班组及工序、工位、机台定置；

➢ 对工具箱定置；

➢ 设备定置；

➢ 检查现场定置。

③库房定置内容：

➢ 设计库房定置图，悬挂在库房的醒目处；

➢ 对易燃、易爆、有毒及污染环境、限制储存物品实行特别定置；

➢ 限期储存物品要用特定的信息表示接近储存期；

➢ 账簿前页应有序号、物品目录及存放点；

➢ 特别定置区域，要用标准符号和无标准符号规定符号表示；

➢ 物品存放的区域、架号、序号必须和账、卡、物目录相符。

④办公室定置内容：

➢ 设计各类文件资料流程；

➢ 办公桌定置；

➢ 文件资料柜定置；

➢ 卫生及生活用品定置；

➢ 急办文件、信息特殊定置；

➢ 座椅定置，表示主人去向。

现场 **6S**
精益管理实务

现场 **6S** 精益管理实务

第五章
清扫的推行与推进

通过整理、整顿，现场留下的都是必要的物品，并且这些物品已经按便于使用的原则，进行定点定位摆放，但如果工作现场环境卫生状况较差，垃圾、灰尘遍布，不仅会影响工作效率、产品质量，增加故障、事故发生的频率，而且员工的情绪和公司的形象也会受到影响。在整理、整顿的基础上，通过清扫，将工作现场清扫干净，使其始终处于整洁状态。

第一节
清扫的内容与目的

一、清扫的含义

清扫就是把脏的地方弄干净，把垃圾扫起来。但是，现代企业所需要的不仅仅是这种表面上的工作。清扫不仅仅是打扫，而是加工工程中的一部分。清扫除了清除脏污，保持工作场所内干干净净、明明亮亮，而且要排除一切干扰正常工作的隐患，防止和杜绝各种污染源的产生。清扫要用心来做，必须人人动手，认真对待，保持良好的习惯。

现场在生产过程中会产生灰尘、油污、铁屑、垃圾等，从而使现场变脏。脏的设备会使设备精度下降，故障多发，影响产品质量，使安全事故防不胜防；脏的现场更会影响人们的工作情绪。必须通过清扫活动来清除那些杂物，创建一个明快、舒畅的工作环境，以保证安全、优质、高效率地工作。在精益化管理的过程中，所谓的清扫就是将活动的范围彻底地扫除干净，注意检查找出问题发生的源头，对象是工作场所的脏、乱、差、污，要求将不需要的物品清除掉，保持工作场所没有垃圾，活动场所没有污垢和积尘，清扫就是使生产现场始终处于没有垃圾没有灰尘的整洁状况，清扫本身就是日常工作的一部分，并且是所有工作岗位上都会存在的工作内容，可以把清扫的对象扩大一些，将现场影响人们工作情绪和工作效率的东西都当作清扫的对象，于是就产生美化工作环境活跃工作气氛，缓和人际关系等新现象。

二、清扫的实施对象

清扫主要是指将工作场所彻底清扫，杜绝污染源，及时维修异常的设备，以最快的速度使其恢复到正常的工作状态。通过整理和整顿两个步骤，将物品区分开来，把没有使用价值的物品清除掉。

一般说来，清扫的对象主要集中在以下几个方面。

① 清扫办公区域的所有物品。人们能看到的地方、在机器背后通常看不到的地方

都需要进行认真彻底的清扫，从而使整个工作场所保持整洁。

② 彻底修理机器工具。各类机器和工具在使用过程中难免会受到不同程度的损伤。因此，在清扫的过程还包括彻底修理有缺陷的机器和工具，尽可能地降低故障率。

③ 发现脏污问题。机器设备上经常会出现油渍污渍，因此需要工作人员定时清洗、上油、拧紧螺丝，这样在一定程度上可以提高机器设备的品质，减少工业伤害。

④ 减少污染源。污染源是造成无法彻底清扫的主要原因之一。粉尘、刺激性气体、噪声、管道泄漏等都是污染源头。只有解决了污染源，才能够彻底解决污染问题。

三、清扫推行的目的

清扫是消除环境混乱产生的工作流程上的变动性，确保流程稳定运行。清扫的目的有以下三个方面：

① 消除不利于产品质量、成本、功效等的因素；

② 保证设备零故障地工作，确保设备正常运行；

③ 创造干净明亮的工作环境，创造无尘化办公区、无尘化车间，令人心情愉快，让员工身心健康。

清扫的目的就是去除问题的基本点，减少工业伤害，维护安全生产，培养发现问题的习惯，消除不利于提高产品质量的因素，减少对人们健康的伤害，消除故障发生现象（图5-1）。清扫可以保证工具、物料、设备等处于正常使用状态，尤其是对强调高品质、高附加值的产品制造现场，更不容许有垃圾和灰尘的污染造成产品的质量问题，所以清扫可以起到提高设备性能的作用，更好地贯彻保养的计划，提升作业的质量，减少操作过程中的事故发生率，创造无尘化的工厂，减少脏污对产品的影响，最终提高产品的质量。

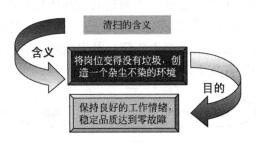

图5-1　清扫的目的

清扫不充分可能会造成很多方面的影响。出现问题并不可怕，可怕的是，对经常出现的问题习以为常，视而不见。实际上，应该把在生产运营过程中发现的问题当成是一种财富，从问题中找到改进的方法，很多时候企业认为自己做的一切都是很正常的，便不想改进，其实只要肯动脑筋，便可以找到更好的工作办法，有时候会发现看起来很难解决的问题，找到根源，就会迎刃而解。技术创新不仅仅是科技人员的专利，人人都可以创新，人人都可以改进。不仅要扫除看得见的垃圾，更应扫除看不见的"智慧垃圾"——满足现状不求进取。

四、清扫推行的作用

（1）清扫就是点检

拿着拖把或者抹布进行卫生清洁，这种"清扫"其实就是经常说的大扫除；清扫就是一种点检，对设备的清扫本身也是对设备的维护。根据"谁使用谁管理"的原则，让设备的使用者参与设备的维护，既可以激发使用者对设备使用的责任感，又可以使使用者对设备的性能更为了解，因为使用者与设备朝夕相处，通过清扫与机器设备的"亲密接触"，可以预先发现异常，更好地避免故障的发生，降低事故发生率。

对设备的清扫有以下几个作用：

➤ 使任何人都能够判断设备的性能状况，降低了使用、管理难度。
➤ 点检位置、步骤有明确要求，操作易于进行。
➤ 通过目视管理及异常警示，使维护保养容易进行。
➤ 良好的运行管理机制，能够预防故障的发生。

（2）无尘化

清扫的最大的作用是通过整理、整顿，使"必须物品"处于能立即取到的状态，取出的物品还必须完好可用。

目前国际上出现了很多无尘化、无人化的"无人化工厂"。所谓"无人化工厂"也并非真正没有人，而是自动化程度非常高，工作人员数量很少。日本人说，无人始于无尘，也就是说，高度自动化的企业若能真正保证无人运转顺利、稳定，首先就是要做到无尘。灰尘虽小，但不容忽视，因为它的破坏作用是极大的（图5-2）。机器上有灰尘，就会发生氧化反应，从而腐蚀设备，造成生锈。腐蚀、生锈易造成接口松动，造成脱落，零部件变形，甚至产生断裂，发生故障。清扫就是要让企业中的岗位以及机器设备完完全全没有灰尘。

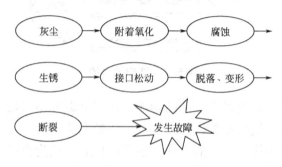

图5-2　灰尘的影响

在企业运营过程中，员工要时刻关注、注意设备的哪怕微小变化，细致地维护好设备，只有为设备创造一个无尘化的使用环境，设备才有可能做到"零故障"。相反，如果设备有灰尘，那故障自然也会相应地增加。

清扫过程中的关注点有以下几个方面：

➤ 最好能分配每个人应负责清扫的区域。分配区域时必须绝对清楚地划清界限，不能留下没有人负责的区域（即死角）；

➤ 建立奖惩机制，对自己的责任区域都不肯去认真完成的员工，不要让他担当更重要的工作；

➤ 到处都干净整洁，使公司客户感动，让员工心情舒畅地工作；

➤ 在整洁明亮的环境里，任何异常——哪怕是一颗小小的螺丝掉在地上都可马上发现；

➤ 如果设备异常，在保养中就能发现和得到解决，不会在使用中"罢工"。

第二节
清扫的"三原则"和注意事项

很多企业没有做好6S的一个根本原因就是把清扫理解为就是打扫卫生，6S不是简单的打扫卫生。在推行清扫这个"S"之前，对清扫的正确认识十分重要，清扫不仅仅是打扫卫生，打扫卫生只是清扫里面的一个原则，清扫的三原则分别是扫黑、扫漏、扫怪。

一、清扫的三原则

清扫是三点式的清扫，分别为扫黑、扫漏、扫怪，只有真正地做到这三个方面的清扫，才能实现真正意义上的清扫（图5-3）。

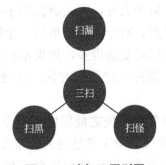

图5-3　清扫三原则图

① 扫黑。扫黑，就是扫除垃圾、灰尘、纸屑、蜘蛛网等。

a.清扫是进行卫生清洁；

b.看得见的，如台面、地面、墙面、天花板等；

c.看不见的，如油管、气管、空气压缩机等不易发现、看不到的内部结构，电脑鼠标、打印机内侧和其他死角。

② 扫漏。扫漏，就是扫除漏水、漏油、漏气、漏处理等。

③ 扫怪。扫怪，就是扫除异常的声音、温度、震动等。

a.清扫是清除异常；

b.清扫是维护、点检；

c.清扫是警示、预防。

如地面不平、离合器磨损、电风扇吊钩锈坏、仪器仪表失常、螺丝松动、电线老化、合页损坏等（车间的电风扇常年失修，容易掉下）。

二、清扫的关注点

清扫的关注点包括责任化、标准化和污染发生源改善处理。

（1）责任化

责任化是要明确责任和要求。在6S管理中，经常采用如表5-1所示的6S区域清扫责任表来确保责任化。在责任表中，对清扫区域、清扫部位、清扫周期、责任人、完成目标情况都应有明确的要求，提醒现场操作人员和责任人员需要做哪些事情，有些什么要求，明确用什么方法和工具去清扫。

表5-1　6S区域清扫责任表

项目	1日	2日	3日	4日	5日	6日
目标要求						
实际评估						
情况确认						

（2）标准化

当不小心把一杯鲜奶洒在桌子上时，有人会先用干毛巾擦后再用湿毛巾擦，而有人会先用湿毛巾擦后用干毛巾擦。对于如此简单的一个问题，竟然有两种完全不同的答案。现场管理遇到的问题比这要复杂得多，如果不能够实现标准化，同样的错误可能不同的人会重复犯。因此，清扫一定要标准化，共同采用不容易造成安全隐患的、效率高的方法。

标准化是用来确保改善的效果，使之能继续维持下去。"标准"的一种定义，是指"做事情的最佳方法"。如果现场员工都能遵照标准工作的话，就能确保顾客满意。如果标准是意味着"最佳的方法"，那么每一位员工每一次都必须遵照相同的标准、相同的方法去工作。

如果员工在其重复性的工作过程中不遵守标准，其后果将是导致质量的变动及差异波动。如果一个员工知道工作的最佳方法，却没有将此知识分享出来，他或她的知识也将随之流失。唯有予以标准化、制度化，这些在企业内的知识才得以保留在企业内，而用不着关心员工的流动率了。

（3）污染发生源改善处理

推行6S管理一定不能让员工们觉得只是不停地擦洗设备、搞卫生，每天都在付出。需要清扫的根本原因是存在污染源。如果不对污染、发生源进行改善处理，仅仅是不断的扫地，那员工一定会对6S管理产生抵触情绪。因此，必须引导员工对污染源发生方面做出一些有效的处理改善措施，很多污染源只需要采取一些简单的措施和较少的投入，就能予以有效杜绝（图5-4）。

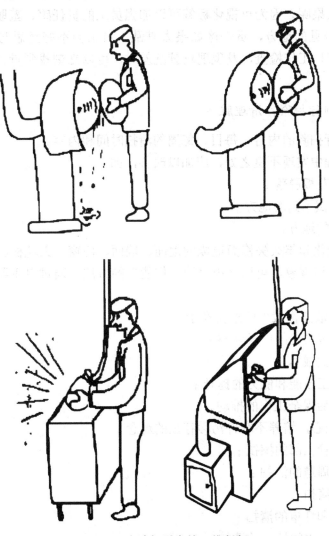

图5-4　由清扫引发的工作创新

三、实施清扫的关键活动

（1）建立清扫责任区（室内外）

对现场区域进行责任区划分，实行区域责任制，责任到人，要做到每个区域都有人负责，每个员工都有责任区，不漏区域、不漏人。不漏人指每一个人都要参与清扫活动，比如每天下班之前5min进行清扫，几点到几点清扫，从哪儿清扫到哪儿等。不漏区域指不留无责任人的卫生死角。如果一个工厂有很多无人负责的死角，那么现场清扫就很难有效推行。

① 各责任区应尽可能细化，达到"物物有人管，人人都管物"；

② 必要时公共区域可采用轮值方式。

企业应在每名员工的清扫责任区内张贴责任区可视化标签，标签上一标明清扫责任人；二写明清扫方法，帮助员工高速、高效地完成清扫工作。为什么可视化标签可以提高清扫的效果呢？因为可视化标签可以加强员工的责任感、羞耻心。员工的名字就挂在可以看得见的地方，责任区如果太脏乱，员工会不好意思与同事打招呼。另外，领导进行清扫工作检查，发现现场脏乱差时，可以立刻找到责任人，而不必去找车间主管询问。

（2）执行例行扫除，清理脏污

① 规定例行扫除的内容，每日、每周的清扫时间和内容。

② 清扫过程中发现不良之处，应加以改善，如：

a.墙壁、天花板脱落；

b.死角、擦拭不到的地方；

c.地板破损的地方。

对于由于老化和年久失修而造成的地面、墙面、门窗、天花板、机器设备表面以及其他物品的损坏现象，可以采用"油漆作战"的方法，通过自主刷油漆，彻底改变现场的面貌。

自主实施"油漆作战"的意义在于：

a.有利于促进员工的广泛参与；

b.有利于节约成本；

c.有利于员工技能和能力的提升；

d.有利于日后保全工作的推动。

③ 清扫应细心，培养不容许污秽存在的观念：

a.配线、配管上部的擦拭；

b.机器设备周遭的清扫；

c.转角处的清扫；

d.光灯内壁和灯罩的清扫；

e.洗手间、茶水间地板的清扫；

f.工作台、桌子底部的清扫；

g.物品柜上下部的清扫。

④ 清扫工具本身保持清洁，有归位。

（3）调查污染源，予以杜绝

① 脏污是一切异常与不良的根源。如：电路板上的脏污，是短、断路的主要原因。设备上的金属粉末、脏污和铁锈，将会降低设备的性能和使用寿命，影响到产品的质量；加工削油的流淌，会造成电机过热、烧坏。

② 调查脏污的源头，对污染的形态、对象予以明确化，并调查其发生部位、发生量、影响程度，最后进行研究，采取对策。

（4）建立清扫基准

建立清扫基准：清扫对象，清扫方法，重点，要求标准，周期，时机，使用的清扫工具，清扫时间，负责人。

建立清扫后的检查标准：检查对象、检查人员、检查时间、检查记录。

清扫规范示意表见表5-2。

表5-2　清扫规范示意表

对象	清扫要点、方法	工具	清扫标准要求	周期	清扫时间	负责人
职场	1.通道、地面扫擦 2.工作台、椅自行扫擦 3.通风口铲垢 4.配管、配线抹擦 5.开关、关灯后抹擦 6.覆盖、护盖抹扫 7.天花板抹扫	拖把、抹布、毛巾、纱布、刮刀、扫把、钢刷、洗涤剂，禁止使用化学危险品	1.平整、无尘、亮丽、无杂物遗落 2.洁净、无残缺、无划痕 3.无沾附油渍、污垢 4.干净、无尘埃、无污垢，颜色鲜明 5.开关洁净，拨动灵活，标识清晰 6.洁净无污垢、虫网，灯管、灯盆明亮	每周一次，其中1、2点还需要每天5min清扫	每周六下午4：30～5：00	各责任区所属单位的全体员工
办公设备	先用纱布沾洗涤剂轻轻摩擦，再用干纱布擦净设备重点部位之处表面和容易积尘的地方。如：计算机、传真机、复印机、空调等	湿纱布、干纱布	主机和重点部位的正面、背面、颈部、送风口等容易积尘地方无污垢	每周一次	每周六下午4：30～5：00	各使用人
机械设备	1.空压系统，抹布擦拭 2.工作台、椅自行抹擦油压润滑油系统，抹布擦拭，不能用风筒吹 3.机械传动、滑动部位，切屑污垢，抹布擦拭 4.电气系统，抹布擦拭附着灰尘，关电后轻拭开关等 5.工具、模具、量具，柔软纱布擦拭	抹布、纱布	1.各系统无尘埃、污垢 2.机械传动、滑动部位无阻塞、污垢、杂物 3.电气系统洁净、干燥、无锈蚀 4.工具、模具、量具精确锃亮	每天一小扫，每周一中扫，每月一大扫	每天上下班时，每周末，每月盘点时	作业员、技术人员

在清扫作业标准中，要强调容易遗忘的角落、清扫困难部位、污染发生源等重点。清扫作业标准越详细，员工对待清扫的态度就越端正，效果会更好。

清扫作业标准还可以作为新员工进行清扫的培训教材。

（5）改善污染发生源：从源头治理

在进行现场清扫和设备清扫时，有时候会觉得很沮丧，因为，设备在运行时，会产生一定量的边角料和切屑；同时，粉尘、刺激性气体、噪声、管道泄漏等污染都是污染源，而且总也处理不干净，刚刚打扫完，一会儿又出现了。这种现象对负责打扫的员工，非常具有挫败感。所以，随着清扫工作的深入，应该逐渐把清扫的重点放在改善污染发生源方面，以便于提高清扫效率和效果，避免员工产生抵触。只有员工不抵触，清扫与检查才能持久地开展下去。

污染源一般分为两大类：一类是跑、冒、滴、漏；另一类是粉尘、碎屑。跑冒滴漏的主要来源是由于设备或管道密封不严，漏油、漏气、漏水等都可能产生跑、冒、滴、漏的现象。粉尘、碎屑来源于生产制造本身，比如加工木材要产生木屑，加工金属要产生铁屑，切割电路板要产生粉尘等。很多时候，来自于生产工艺的粉尘、碎屑是不可避免的，这是加工过程的副产品。

在6S管理活动中，对污染源一般使用杜绝式和收集式两种方式进行改善：一是针对源流部分进行管理，杜绝脏污产生；二是在无法杜绝污染发生时，应在污染产生后进行有效的收集，清理。改善方式有以下两种。

① 杜绝式。针对源流部分进行管理，从技术层面入手，如改善生产设备，修理损坏部分，省略产生脏污的工序等。如设计免用油路设备；密封圈的更新。

② 收集式。在无法杜绝污染发生时应在污染产生后进行有效的收集。

污染源改善方式见表5-3。

表5-3 污染源改善方式

对策构想	采用方式
杜绝式	1.制造设计 使制造加工过程不产生粉尘、脏污等 2.滴漏防止 采用封套式、密闭式 3.设备维修 设备零部件松动或损坏的修理 4.跌落防止 改善搬运方法，加固方式
收集式	1.收集容器、流槽的形状、大小 2.收集污染的能力 3.收集污染的整体结构系统 4.收集后的清晰和处理

四、实施清扫的注意事项

（1）不能简单地把清扫看成是打扫

清扫并不仅仅是打扫，而是加工制造过程中的重要组成部分，清扫是要用心来做的。如对设备的清扫，应着眼于对设备的维护保养。清扫也是为了改善。当清扫的地面发现有纸屑和油水泄漏时，要查明原因，堵住脏污的源头，并采取措施加以改进。打扫是表面的，而清扫更是深层次的。

（2）清扫不只是清洁工的事

有人把清扫理解为简单地去去灰尘，做做表面文章的分外工作，认为公司只要多请几个保洁工就能保持干净，这是一种错误的观念。除了洗手间和一些公众的地方如走廊、楼梯以外，所有车间、工段、办公桌等地方都需要清扫，清扫工作必须由当事人来做，才能实现清扫的真正目的。尤其是负责设备维护保养的人员，更要注意在设备维护的同时要清扫检查，以便及时发现隐患，及时加以解决。这样做，可以大大地提高设备的运转效率，防止事故的发生，减少不必要的损失。

（3）清扫过后的废弃物要立即处理掉

在清扫的过程中，往往会产生大量的废弃物品，对这些废弃物品，要进行分类集中存放、集中处理，能回收残值的尽量回收，不能回收的要立即处理掉，不能扫干净这个地方，却又弄脏另外一个地方。

（4）要注意对过高、过远地方的清扫

在清扫过程中，往往忽略了对一些过高、过远的对象的清扫，如天花板上的灰尘、悬挂着的吊扇上的污垢、设备的顶端等，仅对一些容易清扫的物品进行清扫，不能真正杜绝脏污的发生。

第三节
清扫推行的要领和实施步骤

一、清扫推行的要领

（1）清扫推行的要领一——明确清扫目的

清扫是工作过程中重要的一部分，员工只有明白什么是清扫，清扫的目的和注意

事项都有哪些，员工才愿意去做，员工才会自觉地、主动地去完成清扫工作；其次要对员工进行各种宣传和教育，如安全教育、设备保养教育、设备的结构教育、技能提升教育等。

（2）清扫推行的要领二——界定清扫责任

界定清扫责任就是要分清谁来负责清扫、何时清扫、清扫哪里、怎么清扫、用什么工具来清扫、要清扫到什么样的程度等。清扫的对象是指要确定清扫的范围，清扫的场所，清扫的责任人、小组等；清扫的时间为从某一天的某一时间到另外一时间等；清扫的工具；清扫到什么样的程度，制定每台设备和车间的标准，按照什么样的方法清扫等。

（3）清扫的推行要领三——全员参与

全员参与的概念至关重要，它是为了明确各自的责任，必须实行岗位责任制和值班的制度，这是非常有效的方法，进行区域划分、实行区域的责任制利用工厂平面图明确标记各责任区及负责人，同时把各责任区应细化成各自的定置图、责任到人，不可存在没有人负责的死角，建立清扫的机制和制定一份清扫的制度，制定清扫的标准化，确保干净整洁，大家负责，一定是没有人负责。

从工作场所扫除一切垃圾灰尘，作业人员自己动手清扫，而不是由清洁工来代替，只有作业人员自己动手才知道珍惜，对变化才会有成就感，才能保持长久，自己完成的清扫会倍加珍惜，相应也会珍惜别人的劳动成果。

（4）清扫推行的要领四——定期进行

① 资料文件的清扫。文件档案的清扫范围为过时的表单、报告书、检验书，没有用的文件、名片，修正完毕的原稿、回答了结的文件等过时、没有用的物品，首先是定期整理个人和公共的档案文件，保留经常使用和绝对必要的资料，保留机密文件和单位标准书档案文件，保留必须移交的资料；建立文件的清扫标准，机密文件的销毁必须进行管制。

② 设备的清扫。对设备进行清洁保养：设备一旦被污染了就容易出现故障并缩短使用寿命，这是设备运行不灵和发生事故的原因，为了防止这类事件的发生，必须清除污染的源头，污染源大致同设备和日常工作有关，要定期进行设备、工具及使用方法等方面的检查，要经常细心地进行清洁保养，要经常对设备、机械、装置内部进行清洁，不要有死角，要确认每台设备的构造和性能，明确其检查的方法，用棉纱和碎布等擦拭设备，检查容易脏的地方，清除注油口仪表表面操作部分的灰尘和污垢，对设备的保养还要注意对周围环境的检查。需要注意以下五点：

> 是否所有的设备都放置在合适的位置；
> 设备的各个部分是否有充足的照明；
> 必要的工具、模具的放置场所是否明确了；

> ➢ 注意同周围设备的间隔是否有充足的空间；
> ➢ 注意通道间的间断对阻止危险是否有益。

设备的定期保养要不定期地检查，具体要注意以下四个方面：

> ➢ 检查注油口周围有无污垢和锈迹；
> ➢ 表面操作部分有无磨损灰尘污垢和异物；
> ➢ 操作部分、旋转部分和螺丝连接部分有无松动和破损；
> ➢ 运转部分有无过高发热的现象。

设备在运行时会产生少量的料头和碎屑，检修时灰尘和各种油污也会给现场带来一些麻烦，如果采取预防措施就可大大地减少今后清洁的时间。

（5）清扫推行的要领五——追踪污染源

一提起清扫常常想到的是除去表面污垢，其实最有效的清扫方法是清除污染源，清扫一般是用手来进行，而污染源要用手模、眼看、耳听、鼻闻等方法，有时必须要动脑筋，想办法才能找到。只有调动了人体五官的各项功能才能找到污染源。

工厂污染源产生的原因大致有以下几个方面。

> ➢ 管理意识低落：没有将污染源当作重要的问题来考虑。
> ➢ 放任自流：不管污染发生源产生在何处，任其呈现不正常的状况。
> ➢ 维持困难：由于清扫难度大，干脆放任不管。
> ➢ 技术不足：技术的解决方法不足或完全没有加以防范。

通过工作来寻找和清除造成现象的源头在哪里，即污染的源头在哪里；清扫困难的源头在哪里；故障的源头在哪里；浪费的源头在哪里；危险的源头在哪里；缺陷的源头在哪里。要是没有找到源头，再怎么清扫都会有问题，特别要追查到污染源并予以杜绝，污垢是一切异常和不良的根源，如配电柜内污垢是短路、断路的主要原因；设备上残留的切削料会影响精度；对污染的形态和对象予以明确化，调查发生部位、发生量、影响的程度，研究采取对策，如果能够使污染问题消除使之不要发生自燃最好，即使无法杜绝也要把发生量减少到最低，或减少影响的范围。

（6）清扫推行的要领六——预防与保护

设备必须由操作员工清扫，只有自己才能够做好，清扫有2个作用：一个是保护——防锈、抹油、涂漆、修理；另一个是预防——保养制度、扫怪、扫黑、扫漏、扫异。清扫对设备是保护和预防二作用，通过清扫做检查、做点检去发现一些问题。

二、清扫推行的实施步骤

6S精益管理的清扫不是指突击性的大扫除、大会战，而是制度化、经常化，每个人从身边做起，然后拓展到现场的每个角落。清扫的实施步骤如下。

（1）准备工作

准备工作就是对员工做好清扫的安全教育，对可能发生的事故，包括触电、剐伤、捅伤，油漆的腐蚀，尘埃附落的扎伤、灼伤等不安全因素，进行警示。很多人往往会觉得，清扫是一件很简单的事情，其实清扫的准备工作首先要实施安全教育，这非常重要。对那些不安全的因素要警示。

对于设备的耐用教育，比如用什么方法可以减少人为的裂化，从而避免过早地因老化而出现故障，如何减少损失、提高效率，等等。通过学习设备的基本构造来了解机器设备及其工作原理，绘制设备简图，对出现尘垢、漏油、漏气、振动、异因等状况的原因要进行解析，使员工对设备要有一定的了解。

指导并组织学习相关的指导书，明确清扫工具，清扫的位置，提出加油润滑、螺丝钉卸装的方法及具体的顺序、步骤等基本要求。

（2）从工作岗位扫除一切垃圾灰尘

作业人员要自己动手清扫而非用清洁工来代替，清除常年堆积的灰尘污垢，不留死角，将地板、墙壁、天花板、甚至灯罩的里边打扫得干干净净。在工作岗位内设置一个区域，在这个区域内，所有看得到的或看不到的一切物品与机器设备，都要进行清扫，扫除一切垃圾和灰尘。

（3）清扫、检查机器设备

设备应是一尘不染，干干净净，每天都要保持设备原来的状态。设备本身及其辅助设备也要清扫，比方说分析仪或气管、水槽容易发生跑气、冒烟、滴油滴水等问题，这些部位要重点检查和确认。油管、气管、压缩空气机等不易发现、看不到的内部结构也要处处留心。

① 设备清扫的注意事项。在进行设备清扫时注意以下内容：

➢ 不仅设备本身，其附属、辅助设备也要清扫；

➢ 容易发生跑、冒、滴、漏部位要重点检查确认；

➢ 油管、气管、空气压缩机等看不到的内部结构要特别留心；

➢ 检查注油口周围有无污垢和锈迹；

➢ 表面操作部分有无磨损、污垢和异物；

➢ 操作部分、旋转部分和螺丝连接部分有无松动和磨损。

② 设备的点检。某种意义上说，清扫就是点检。通过清扫把污秽、灰尘尤其是原材料加工时剩余的那些东西清除掉。这样磨耗、瑕疵、漏油、松动、裂纹、变形等问题就会彻底地暴露出来，也就可以采取相应的弥补措施，使设备处于完好整洁的状态。同时，还应把设备的清扫检查与保养润滑结合起来。

a.对操作者的教育。为了使操作者能胜任对设备的点检工作，对操作者应进行一定的专业技术知识和设备原理、构造、技能的培训和教育。这项工作可由技术人员负责，并且要尽量采取轻松活跃的方式进行。

b.点检项目的确定。点检项目应注意根据技术能力、维修设备、维修工具等实际情况确定，并且要与专业技术人员进行的点检加以区别。在操作者的能力范围内，要做到点检项目尽可能完善，保障设备日常运行安全可靠。

在确定点检项目的同时，要相应地制定每项点检项目的点检方法、判定基准和点检周期，以便点检工作能顺利实施。点检方法是指完成一个点检项目的手段，如目视、电流表测量、温度计测量等。点检基准是指一个点检项目测量值的允许范围，它是判定一个点检项目是否符合要求的依据，如电机的运行电力范围、液压油油压范围等。判定基准不是很清楚时，可以咨询设备制造商或根据技术人员（专家）的经验值进行，以后逐渐提高管理精度。点检周期是指一个点检项目两次点检作业之间的时间间隔。

c.日常点检的内容。

➢ 对开关和电器操作系统进行点检。显示设备运行状态的各类仪表以及控制设备运行状态的开关是确保设备能否正常运行的关键，日常点检时在这方面多加注意。如对各类仪表进行点检时，应注意液压是否清晰、表针是否归零、指示灯是否正常工作等。对开关按钮进行点检时，应检查转换开关、行程开关、限位开关等有无灰尘、接触不良、老化损坏等现象。对机械传动部分进行点检时，要注意是否有异常的声音和发热，是否有漏油、异味以及螺丝松动偏移、床身振动等现象。

➢ 对润滑、油压系统进行点检。对润滑系统，按照供油门、油箱、输油管、注油点的顺序检查：检查供油门是否有灰尘和污垢及破损现象、油量显示和水平线是否正常；检查油箱里面和底部是否有污垢或有异物、油箱是否有裂缝现象；检查油管是否有破损或堵塞现象；检查注油点是否有灰尘和污垢、注油器是否有脏污等。对油压系统，按照供油口、压力油箱、泵、控制阀、油压缸的顺序检查：检查注油口是否有破损和污垢现象、油量显示和水平线是否正常；检查油箱中的油是否洁净，油箱是否有缝隙、是否有渗漏现象；检查油泵声音是否正常、是否有异常发热现象；检查控制阀是否有漏油现象；检查油压缸是否有漏油现象等。

➢ 对电气控制系统和空气压缩系统进行点检。对电气控制系统，按照控制台、限位开关、配电线、驱动系统的顺序检查。具体检查控制台是否有污垢，显示灯、显示屏是否脏污；限位开关是否接触良好；配电线是否有破损短路现象；驱动马达及其控制器、传感器是否正常运行等。对空气压缩系统，按照空气三点装置、控制阀、气缸、排气装置的顺序检查：检查空气过滤器中是否有垃圾和污垢、注油器内是否洁净；检查控制阀是否漏气、放松螺母是否有松动现象；检查气缸是否有破损或有空气泄漏的现象；检查排气装置是否有堵塞、消声装置有无异常。

（4）整修

对清扫中发现的问题，要及时进行整修。如地板凹凸不平，搬运车辆走在上面会摇晃甚至碰撞，导致问题发生，这样的地板就要及时进行整修。对于松动的螺栓要马上紧固，补上丢失的螺丝螺帽等配件，对于那些需要防锈保护、润滑的部位要按照规

定及时地加油或保养。

更换老化的或可能破损的水、气、油等各种管道。只有通过清扫，才能随时发现工作场所的机器设备，或一些不容易看到的地方需要维修或保养，及时添置必要的安全防护装置。比方说，防电的鞋、绝缘手套等，要及时地更换绝缘层；已经老化或被老鼠咬坏的导线，要及时地更换。

（5）查明污垢的发生源

污垢的发生源，主要是由"跑、滴、冒、漏"等原因造成的。

➢ 跑：可能仪表变动得特别快。

➢ 滴：可能是油管或水管出现滴油或滴水。这种情况有两种：①外在的；②内在的。

➢ 冒：冒气、冒油、冒烟。
➢ 漏：漏油、漏水。

即使每天进行清扫，这些油脂灰尘或碎屑还是四处遍布，要彻底地解决这个问题就必须查明污垢的发生源。从根本上去解决问题，为什么会经常地滴油、漏气、冒烟。必须通过每天的清扫，查明冒烟、滴油、漏油、漏水的问题所在。随时地查明这些污垢的发生源，从源头去解决问题。要制订污垢发生源的明细清单，按照计划逐步地去改善，将污垢从根本上灭绝。

（6）标志区域或界限

标志区域或界限，或者叫责任制，有些企业也叫安全责任区。对于清扫应进行区域划分，实行区域责任制，责任到人，不可存在无人理的死角。如果一个工厂有很多无人理的死角，就难免出现问题。

以平面图的形式，把职场的清扫范围划分到各部门划分至个人。公共区域可利用轮值和门前承包的方式进行，门前承包的区域将列入总结评比条件，人越少，责任区越大，得分自然越高。所以不必相互退让，而且要力争多承担。清扫工作必须做到责任到人，但也需要做到互相帮助。

（7）制定相关的清扫标准

清扫标准包括：明确清扫的对象、方法、重点、周期、使用的工具、担当者等各种项目。这个厕所是谁清扫的、保管的、多久清扫一次，会议室、电视机、计算机、机器设备等也都要明确保管人是谁，或者清扫人是谁。

通过清扫的几个过程，可以发现，一个企业在推动6S时通常要经过以下几个步骤：

① 进行整理，整理就是把要的与不要的物品都区分开；

② 进行整顿，要的东西摆在什么位置，随时可以拿到；

③ 清扫，责任到人，领导要以身作则，每一个人都有责任区，如果整理很彻

底，整顿使职工作业更方便，这个企业肯定会提高效率。

公共区域的清扫基准和查核表见表5-4，办公区域每日清扫单见表5-5。

表5–4　公共区域的清扫基准和查核表

日期	会议桌	地板	窗户	门柜	灯罩	椅子	奖杯、奖牌	画框	黑板	笔	电话	烟缸	纸杯	窗帘	垃圾桶	查核表
备注	①"○"表示良好，"×"表示不良；②发现不良现象，责任人应尽快改进															

表5–5　办公区域每日清扫单（规定例行清扫的内容、具体责任人）

5S	责任人	值日检查内容
电脑区		机器是否干净、无灰尘
检查区		作业台、作业场所是否整齐
计测区		计测器摆放是否整齐，柜面是否保持干净
休息区		地面有无杂物，休息凳是否整齐
不良区		地面有无杂物，除不良区有无其他零件和杂物
零件规格书		柜内零件是否摆放整齐、标识明确
文件柜及其他		文件柜内是否干净，物品摆放是否整齐
备注	① 此表的6S是由担当者每天实施；②下班前15min开始；③它包括清洁器具，放置柜、门窗玻璃	

第四节
清扫推进的方法与工具

一、清扫推进的方法

决定由谁来执行经常性的清扫后，接下来就是考虑如何来做。清扫的方法要点：

① 养成每天早晨5min清扫的习惯；

② 从清扫程序中整理出必需的清扫用具；

③ 将其使用方法、使用程序予以明确。

二、清扫的工具

整理出来的清扫用具，要放置在容易取用、容易归位的地方。

（1）清扫用具

一般的清扫用具有以下几种。

① 扫帚：对于切屑和粉末散落满地的现场，首先应用扫帚清扫地板。

② 拖把：主要用于擦拭地板。

③ 抹布：作业台、办公桌、机械类等，原则上是使用抹布清扫；灰尘或尘埃多的场所使用湿的抹布，需要磨光或除去油污者使用干抹布。

④ 垃圾箱：设立分类垃圾箱，便于垃圾分类回收。垃圾分为可再生垃圾（塑料、金属等）和不可再生垃圾（生活垃圾等）。注意把生活垃圾和工业垃圾分开放置，在垃圾存放的标准中，要明确指出垃圾箱里的垃圾不能超过平面，应及时清空，避免垃圾外溢。

（2）清扫用具的摆放

清洁用具的摆放，如扫帚、拖把等应该使用单支悬挂的方式，手柄向上，不要杂乱堆放，拖把的拖头下方应该放有盛水的盆来盛装遗留的污水。污水应及时倒掉，以免引发异味和孳生蚊虫。抹布用完后，应清洗干净，集中于一个地方晾晒，晾干后可叠放在指定柜内。

此外，清洁工具摆放应遵循就近放置原则。当发现地面有杂物、碎屑，想要进行打扫时，如果发现清扫工具放置过远，那么难免就会产生过会儿再打扫的思想。即使立刻打扫了，也有可能因为远距离归还打扫用具而产生惰性。对管理人员而言，也许认为不就几步路吗，没什么大不了的，但实际上这种不为员工着想的做法产生的直接后果就是员工的消极应付。

把清扫工具放在近处，尽管可能略微影响美观，但是便于员工使用，可以有效地避免工作现场出现未及时进行清洁的脏乱现象。

垃圾箱也是如此，在有些场合，作业时不断产生碎屑，为了防止碎屑飞散，可以把垃圾箱设置在作业台下面，作业时让碎屑直接落在垃圾箱里，避免产生现场凌乱。

第五节
检查清扫的结果与解决清扫中的问题

一、检查项目

在清扫结束之后要进行检查，检查项目有以下几个方面：

① 是否清除了污染源；

② 是否对地面、窗户等地方进行了彻底的清扫和破损修补；

③ 是否对设备进行了从里到外的、全面的清洗和打扫。

二、检查的方法

（1）五官感觉法

清扫检查主要是由使用该设备的操作人员担任，通常利用人的五官感觉来进行。

① 眼看。用眼睛观察设备的运转，观察是否有异常现象，如漏油、漏水、漏气、变形、偏移、倾斜、变色，环境是否清洁等。

② 耳听。用耳朵分辨机器设备运转过程中声音有无异常现象，如运转噪声、振动噪声和平时比较起来，是否超标，有无不同等。

③ 鼻闻。工作现场是否有异常气味，如电源短路时的塑料烧焦气味、化学品泄漏时的刺激性气味以及垃圾未及时处理所发生的臭味等。

④ 手摸。用手去感觉机器运转和停止过程中有什么异同，如振动、发热、螺丝松动、摇摆等。

⑤ 口尝。对食品加工企业、饮食业有时会通过用舌尝来检查食品（物）是否有异味或者变质。

（2）白手套法

除了6S活动委员会的定期巡查之外，作为现场管理人员如何快速检查本部门的清扫效果呢？尤其是人多事杂的部门，如果一个个工序、一个个项目地检查，耗时又费力。这里推荐一个轻松方便的方法——"白手套检查法"。

清扫检查时，检查人员的双手都戴上白色干净的手套（尼龙、纯棉质的均可）。在检查相关的对象之前，先向该工序的责任人员出示你的手套是干净的，然后再检查对象的相关部位来回刮擦数次，接着再将手套重新向责任人员出示，由责任人员自己判定清扫结果是否良好。如果手套有明显脏污，则证明清扫工作没做好，反之，则说明清扫符合要求。

这种方法简单明了，反映的结果客观公正，具有极强的可操作性。在绝大多数情况下，当事者都乐于接受手套上所反映出来的结果，不会产生抵触情绪，因为结果自己也亲眼看到了，无话可说，管理人员也不用过多地强调什么。检查结束后，当事人也会积极地进行改进。

用白手套法进行检查，方便易行，但仍存在需要注意的地方：

① 手套的份数要备足。尤其是对长流水线的工序，只用一副手套检查是远不足够的。擦脏的手套要另行处理——及时清洗，这也是清扫的一部分。

② 每次只用一个手指头的正面或背面来检查。如果每次都用手掌来进行检查的话，那手套的需求数量将很大，但是，分开十个手指头的话就不同了：十个手指头的

正反面，加上手掌面和手背面，一副手套就能检查24道工序。如果手指头和工序是一一对应的话，只要看一下最终结果，就知道哪道工序有问题。

③ 也可以用白纸、白布切成小块儿后来刮擦。检查有油脂、油墨的工序时，油脂、油墨一旦沾上手套的话，手套也得报废，因此要改用白纸、碎白布之类的东西进行检查。

④ 多让当事者自己判断。就现场来说，绝大多数作业人员存在不愿意输给他人的心理，管理人员只要把十个手指头一亮，作业人员自然会把自己与前后工序进行比较，有比较就会有进步，不好的会改善，好的会更好。

⑤ 擦拭部位要不断变换。如果每次检查都固定在某一部位上，久而久之，大家都会以为检查只是流于形式，从而日渐松懈，而个别不自觉的人，甚至会趁机偷工减料，只清扫你每次检查擦拭的地方。

三、清扫阶段存在的问题及其解决方案

问题一：清扫动作随意，缺乏清扫动作的具体化和标准化

在酒店里就餐，一位客人不小心把一碗汤洒在餐桌。这时，服务员会来帮助进行清理，有的服务员会先用干毛巾擦后再用湿毛巾擦拭，而有的服务员会先用湿毛巾擦后再使用干毛巾。对于这样一个简单的作业，会有两种不同的手法，是因为酒店并未对这一细节进行标准化规定。那么在复杂的工作现场呢？

企业现场的清扫作业虽然看起来与酒店的擦桌子行为可以归为同类，但带来的后果和隐患却是不同的。如果每个人面对清扫都有自己不同的方式处理，没有进行动作标准化，非常容易造成安全隐患。所以，在工作现场中，需要将清扫标准制定成详细的清扫作业标准书，将清扫作业的具体步骤、工具、注意事项等详细描述，供员工进行系统学习。

问题二：清扫过程不用心，做表面文章

由于个别员工没有认识到清扫对于设备、对于自己的工作的重要性，所以无法做到用心清扫，造成清扫表面化。

面对这一问题，企业领导应积极展开培训，让员工切实地了解清扫所能带来的益处，并亲自带领员工体会。而且在开始之初，应该严格制定检查标准，定期对员工的清扫结果进行评比、检查，迫使员工养成习惯。

问题三：总留有卫生死角

在6S清扫的活动过程中，员工往往会忽略了对一些过高或过远对象的清扫，如天花板的灰尘、悬挂吊扇上的污垢、设备的顶端等。要将一些过高、过远的区域、部位在清扫标准、清扫责任中明确描述。在检查时更要重点检查这些部位。

针对一些清扫困难的部位，可以通过改善清扫用具、改进清扫方法等途径，让员工能够比较容易、高效率地完成清扫工作。

问题四：有些地方经常脏，需要不停擦洗，员工有抵触情绪

需要频繁清扫的最常见原因就是存在污染发生源。如果不对污染源进行处理，仅仅是不断地扫地擦洗设备，员工会认为清扫活动大大增加了他们的工作量，一定会对6S管理产生抵触情绪。所以，企业领导应与员工一起对污染源及时作出处理，查明污染的发生源，从根本上解决问题。很多污染源只需要采取一些简单的措施和较少的投入，就能予以有效杜绝。如果说，认真清扫是员工的职责，那么认真改善污染发生源就是有关领导的重要职责。有关领导如果积极配合员工处理污染源，尽快解决多次重复的清扫问题，帮助提升员工的清扫效率、缩短清扫时间，那么清扫工作就一定会长久地维持下去。

案例5-1 某企业办公设备清扫作业标准

1. 目的

制定清扫的作业标准，以利于对本公司办公设备如电脑、传真机、复印机等有计划地进行清扫，保持设备清洁，使设备正常运行。

2. 适用范围

本公司所有办公自动化设备及空调均适用。

3. 清扫的要点及方法

（1）清扫要点

① 电脑的清扫。电脑清扫的重点部位是主机、显示器、键盘等容易积尘的部位，清扫周期为3天1次，由使用者自行清扫。

② 复印机及传真机的清扫。复印机及传真机的清扫重点部位为表面，特别是设备背面及一般不打开的部位。清扫的周期是每周1次，设备管理部门需在设备上明示清扫责任人。

③ 空调的清扫。空调清扫的重点部位为送风、外表、背部、顶部等易积尘部位，清扫周期为每周1次，设备管理部门需在设备上明示清扫责任人。

（2）清扫方法

清扫时须先用湿抹布蘸洗涤剂或者肥皂轻轻擦拭，再以干净的干抹布擦拭干净。

（3）清扫注意事项

① 清扫时应断开设备电源。

② 清扫时不可用易燃、易挥发有机溶剂，以免损坏设备或引起火灾。

 案例5-2　某公司清扫工具的实例

1.清扫工具

抹布、拖把要悬挂放置，充分利用空间，随时清理掉不能使用的拖把、扫把，对于扫帚或其他的清扫工具都要进行数量的管理。

2.搬运的车辆

在擦尘车或者推车的后边要装上清扫的用具，这样就能一边作业、一边清扫，随时清扫其本身的灰尘，从而使机械设备保持锃亮如新。不能将机械不清洁的地方只用油漆等粉饰一番来掩盖细小的不洁之处以便蒙混过关，清扫后要及时地维护保养好清扫车辆等设备。还要设立分类垃圾箱以便于垃圾分类回收。

3.机械设备

机械设备每天要保持光亮：

➢ 不能将机械不清洁的地方用油漆等粉饰一番，以此来蒙混过关；
➢ 通过对机械设备进行每天的擦洗来发现细小的异常；
➢ 清扫后及时地对清扫车辆等设备进行维护保养。

4.设立分类垃圾箱

➢ 可再生的，比方说塑料、金属品；
➢ 不可再生的，如生活垃圾。

5.防止那些碎屑的分散

➢ 安置防护罩；
➢ 把垃圾箱设置在作业台的下面，作业时让碎屑直接落在垃圾桶里面。

第六章
清洁的推行与推进

清洁就是将干净整洁持续下去。"穿上干净清洁的衣服",与"让我们的现场变得干净清洁"是同一个道理,"清洁"这个词常用于美化印象的场合。

在食品工厂进行改善活动的时候,"清洁"是绝对要达到的条件。一个清洁的现场环境的建立,绝不是一蹴而就的,而是需要彻底务实地采取行动。建立清洁的现场也是如此,在付出辛苦劳动的同时,也要切实地采取行动来保持其干净整洁,并持续地将其进行下去。

第一节
清洁的含义和目的

一、清洁推行的含义

清洁(Seiketsu),就是在整理、整顿、清扫之后的日常维持活动,即形成制度和习惯。清洁,是对前三项活动的坚持和深入。这一管理手段要求每位员工随时检讨和确认自己的工作区域内有无不良现象。清洁活动的目的是:作业环境不仅要整齐,而且要做到清洁卫生,保证工人身体健康,提高工人劳动热情;不仅物品要清洁,而且工人本身也要做到清洁,如工作服要清洁,仪表要整洁;工人不仅要做到形体上的清洁,而且要做到精神上的"清洁",待人要讲礼貌、要尊重别人;要使环境不受污染,进一步消除混浊的空气、粉尘、噪声和污染源,消灭职业病。

在6S管理过程中,清洁被认为是重复地做好整理、整顿、清扫,形成制度化、规范化,包含伤害发生的对策及成果的维持。如果将这个"清洁"的概念运用到工作现场中,就是切实遵守既定的规则,一丝不苟地进行打扫、彻底地清除垃圾,将这些行动持续下去的话,就是"干脆爽快的行动",如果全体员工都能参与,其现场最终能营造出安心的工作氛围。

二、清洁推行的目的

清洁是为了消除因精神影响所产生的工作流程上的变动性,确保流程稳定运行(例如精神状态等)。清洁的主要目的是维持和稳固整理、整顿和清扫的效果,保持生产现场任何时候都处于整齐、干净的状态。也就是将整理、整顿、清扫进行到底,并成为一种制度和习惯;工作环境始终保持清洁、卫生,无污染、无灰尘、无废物,环境优美,全体人员工作在既安全又健康的环境中(见图6-1)。

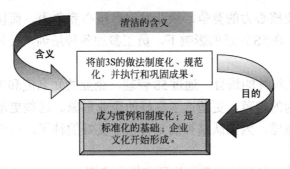

图6-1　清洁内涵示意图

（1）维持洁净的状态

整理、整顿、清扫是动作，清洁是结果。即在工作现场进行整理、整顿、清扫过后呈现的状态是清洁，而要保持清洁，就要不断地进行整理、整顿和清扫。所以，清洁就是把整理、整顿、清扫的事情坚持地、重复地做下去，从而维持洁净的状态。工作现场洁净明亮，会使人产生愉悦的心情，有利于个人潜能的发挥和工作效率的提高。

（2）通过制度化来维持成果

通过进一步的整理、整顿、清扫检查，发现3S工作中的不足，认真进行改善。将推行3S好的工作经验标准化和制度化，向广大员工宣传教育，通过制度化来维持成果，使6S的工作不断地向纵深发展。

（3）是标准化的基础

所谓标准，就是"为了在一定范围内获得最佳秩序，经协商一致制定并由公认机构批准，共同使用和重复使用的一种规范性文件。"对整理、整顿、清扫如果不进行标准化，员工就只能按照自己的理解去做，实施的深度就会很有限，就只能进行诸如扫扫地、擦擦灰、摆放整齐一点之类的事情。大家不妨验证一下，不难发现员工在操作机器时，这一次可能是左手把零件放进去，下一次可能是右手；这一次可能先加工这个尺寸，下一次可能先加工另外一个尺寸。他们认为这没有什么区别，其实，这都是违反工艺操作规程，违反操作会带来产品不良和工业伤害，因此彻底地解决现场管理的混乱问题，就应该重视作业的标准化工作，以维持整理、整顿、清扫工作的必要实施标准，避免由于作业方法不正确导致的工作效率过低和可能引起的对设备和人身造成的安全事故。因此，在4S阶段要制定出实施和检查的标准。

（4）企业文化开始形成

企业文化是一种现代企业的管理思想和管理模式，体现了企业及其员工的价值准则、经营哲学、行为规范、共同信念，是全体员工共同遵守的准则，并通过员工的行为表现出来。通过6S管理，给企业文化建设注入新的内涵。

一是有利于企业核心力的竞争。企业发展靠核心竞争力，而核心竞争力来源于员工队伍的整体素质。在5S管理的影响下，员工参加各种培训，使技术素质、管理素质得到提升。

二是有利于团队精神的培育。通过5S管理，企业的知名度和美誉度上升。管理文化的创新，员工行为的规范，更塑造了良好的企业形象。这些更增加了员工对企业和工作的忠诚度和信赖感，为团队精神的培育埋下良好的种子，必将铸造具有独特魅力的企业之魂。

三是有利于塑造知名品牌形象，为顾客提供直观、可信的产品。6S带来的规范化、制度化、标准化的工作方式，为稳定生产，提高产品质量打下坚实的基础，奠定有力的保障。

总之，企业文化的好坏对于现场管理的高效性有着至关重要的影响。如果说企业员工中对于生产管理的标准化操作规程没有形成统一的认识和内心的认同，生产管理现场的局面就不可能会是整洁而有序的。反过来，如果企业里有了优秀的企业文化氛围，从新员工入场就进行专业岗前培训与企业文化系统培训，让员工统一对企业愿景、使命、价值观的认识，了解自身岗位的重要性等内容，则无疑从根本上唤醒员工的企业主体意识，明确责权利的关系，同时也为有效导入6S等管理规范流程奠定良好的基础。海尔的"大脚印"就是一种运用企业文化的力量来规范现场管理的一个成功案例。

【特别说明】清洁，是一个企业的企业文化建设开始步入正轨的一个重要步骤。要成为一个制度必须充分利用创意，改善和全面标准化，从而获得坚持和制度化的条件，提高工作的效率。

三、清洁推行的作用

"清洁"与前面所述的整理、整顿、清扫的3个S略微不同。前三部分是行动，清洁并不是"表面行动"，而是表示了"结果"的状态。它当然与整理、整顿有关，但与清扫的关系最为密切。为机器设备清除油垢、尘埃，谓之清扫，而"长期保持"这种状态就是"清洁"，将设备"漏水、漏油"现象设法找出原因，彻底解决，这也是"清洁"，是根除不良和脏乱的源头。因此"清洁"是具有"追根究底"的科学精神，大事从小事做起，创造一个无污染、无垃圾的工作环境。

（1）维持作用

清洁起维持的作用，将整理、整顿、清扫后取得的良好成绩维持下去，成为公司内必须人人严格遵守的固定的制度。

（2）改善作用

对已取得的良好成绩，不断地进行持续改善；使之达到更高更好的境界。

> ➤ 贯彻6S的意识，寻找有效的激励方法；
> ➤ 坚持不懈；
> ➤ 一时养成的坏习惯要花10倍的时间去改正；
> ➤ 贯彻和推动6S；
> ➤ 推行透明管理；
> ➤ 运用激励的办法，目的是要让企业内部的全体员工每天都对本公司正在进行

6S评价活动持有饱满的热情。

第二节
清洁的三原则与注意事项

一、清洁的三原则

清洁活动的三原则主要表现在以下三个方面：

坚持"三不要"的原则——即不要放置不用的东西，不要弄乱，不要弄脏；不仅物品需要清洁，现场工人同样需要清洁，工人不仅要做到形体上的清洁，而且要做到精神上的清洁。

二、清洁的关注点

清洁并不是单纯从字面上进行理解，它是对前三项活动的坚持和深入，从而消除产生安全事故的根源，创造一个良好的工作环境，使员工能愉快地工作。这对企业提高生产效率，改善整体的绩效有很大帮助。清洁活动实施时，需要秉持三个要点：

> ➤ 只有在清洁的工作场所才能生产出高效率、高品质的产品；
> ➤ 清洁是一种用心的行动，千万不要只在表面上下工夫；
> ➤ 清洁是一种随时随地的工作，而不是上下班前后的工作。

此外，清洁要取得成效，还要做到三点：一是制度化，二是要定期检查，三是坚持。通过制度化，可以使整理、整顿、清扫工作自始至终、持之以恒；通过定期检查，可以发现存在的问题，实现持续改进，组织可以不断创新发展。

对于一个企业来说，那些经过长时间烙上的污点，需要花费一定的时间来改正。6S一旦开始，不可在中途变得含糊不清，否则，员工会认为"我们公司做什么事情都是半途而废"，"反正不会成功"，"应付应付算了"。为了打破这种僵化的现象坚持贯彻6S到底，这一点很重要。如果没能把6S贯彻到底，就会造成另外一个污点，而这

个污点后果是造成公司内固定而僵化的气氛，使公司的管理与改善活动难以实施。

一个企业要不断地成长，本企业的产品长久地保持质量优异、交际顺利、顾客满意，这一切都来自于这个企业的土壤——6S的根基。6S推动不好，将来再导入ISO（国际标准化组织标准）、TQM（全面质量管理）或TPM（全员设备管理），都是毫无意义的。因为6S强调的就是整理、整顿、清扫、清洁、修养、安全，如果企业的全体成员习惯于每天都整理、整顿、清扫、清洁、修养，而且每个员工都知道整理、整顿的重要性，同时每一个员工都知道责任区里应如何及时地发现、处理、改善故障，养成了一种好习惯，企业就会直接地成长，将来再导入更深层次的管理，这种企业就会享受不断进步、成长的成果。所以要深刻地领会整理、整顿、清扫的深刻意义。

假设没有进行整理，必需品与非必需品一定是混淆的，如果没有进行整顿的话，就会找不到必需品；如果没有进行清扫的话，工作的场所就会很肮脏、有污垢。如果把整顿进行到制度化以后，物品取放方便，东西在哪里、怎么拿、用完以后放回什么地方就会非常明确。把清扫进行到制度化以后，办公场地、工厂就会有一个良好的工作环境。所以要深刻地去领会整理、整顿，从没有进行到习惯化，经过不断努力，认真地开展整理、整顿活动，并且长久地坚持下去，直至真正做到了制度化。它的过程是一步步地不断提升的。

推进了6S以后，它可以造成一种透明的管理。清洁虽然是一件简单的工作，但它是6S活动中推动透明管理的一个重要的内容。很多公司喜欢将物品放在有锁的柜子内，或者是密封的架子上，这样一来，人们不打开就看不到里面放的是什么。而这些地方，经常乱七八糟搁置一些物品。这是一种眼不见为净的自欺欺人的行为。如果要杜绝这种状况就必须推动或推进透明管理。即拆除那些不透明的金属板、锁头，改为安装玻璃，或安装一个透明的检查窗口。

三、推进清洁的关键活动与注意事项

清洁是在整理、整顿、清扫之后进行认真维护，保持完美和最佳的状态。清洁不是做表面性的工作，而是对前三项活动的坚持和深入，从而消除发生安全事故的根源，创造一个良好的工作环境，使员工能够愉快地工作；另外，清洁还是对整理、整顿和清扫的标准化。目前企业所采用的运作手法主要包括：红牌作战、目视管理以及检查表的应用。

推进清洁的注意事项如下：

① 各种工具、门窗、装（设）备盖尽量不要盖盖、关门，便于目视；

② 制作各种标志牌，贴在相应的部位；

③ 实施了就不能半途而废，否则又回到原来的混乱状态；制定各种检查表，定期检查、维持活动的成果；

④ 生产车间空气要清新，拥有良好的通风系统；

⑤ 特种工序现场要有抽气系统、防爆系统，确保职工工作安全、身心健康；

⑥ 设备要有操作使用说明书、要有标志。

第三节
清洁推行的要领与实施步骤

一、清洁推行的要领

（1）落实前3S的工作

① 制定清洁手册。整理、整顿、清扫的最终结果是形成"清洁"的作业环境，要做到这一点，动员全体员工参加整理、整顿、清扫是非常重要的，所有的人都应该清楚要干什么。每一个人都要划分责任区，每一个人都要参加6S的维护，比如每天什么时候清扫、从哪清扫到哪儿，把大家认可的各项应做的工作和应保持的状态汇集成手册，形成专门手册，从而达到确认的目的。

清洁手册要明确以下内容：

➢ 工作现场地板的清洁程序、方法和清洁状态；

➢ 确定区域和界限，规定完成后的状态；

➢ 设备的清扫、检查的进程和完成后的状态；

➢ 设备的动力部分、传动部分、润滑油、油压、气压等部位的清扫、检查进程及完成后状态；

➢ 公司清扫计划的责任者、规定清扫实施后及日常的检查方法。

② 定期检查。清洁是通过检查前3S实施的彻底程度来判断其水平和程度的，一般需要制定相应的检查表来进行具体检查。检查中遇到的问题，应拍下照片，记录清楚问题点，便于责任人进行整改。

a.检查有哪些不要的东西（整理）。

➢ 不要物品的检查点。在3S之后，应在身边检查是否有不要的东西并作好相关记录，记录可运用表格形式（见表6-1）。

表6-1 定期检查表

序号	检查点	检查		对策
		是	否	（完成日期）
1	放置场所有无不要的东西			
2	通道上是否放置不要使用的东西			
3	有无不要的机械			
4	栏架上有无不要的东西			
5	机械周遭或下边有无不要的东西			
...				

➤ 编制废弃物品一览表并做相应处理，处理原则是：库存与设备是公司的资产，个人不能任意处分；编制废弃库存品、废弃设备一览表；一定要全数显示；与财务责任人协商后处理。

b.检查物品的放置方法（整顿）。首先明确物品放置方法的检查点，列表以便做好检查记录，见表6-2。

表6-2　整顿检查表

序号	检查点	检查		对策（完成日期）
		是	否	
1	制品放置场所是否显得凌乱			
2	装配品放置场所是否做好三定（定位、定品、定量）			
3	零件、材料放置场所是否做好三定（定位、定品、定量）			
4	画线是否已完成80%以上			
5	治（工）具存放是否以开放式来处理			
6	治（工）具是否显得凌乱			
7	模具放置场是否可以一目了然			
…				

编订整顿检查表，"否"的项目在30个以上时则再次进行整理。整理表的主要内容包括：部门（填入对象部门或工程名）、检查者（填入检查者的姓名）、分类（将整顿的对象作分类）、检查点（整顿对象的整顿点）、检查（检查者进行现场巡视的同时做检查，"是"——有做到，"否"——没做到，必须采取对策处理）、对策和改善的完成期限（针对检查中"否"的场所，想出对策或改善案，将其填入对策栏内）。

c.消除灰尘、垃圾的检查点（清扫）。

➤ 确定清扫的检查点。在窗框用手指抹抹看，就大致可以知道工作场所的清扫程度，也可运用上一章中提到的白手套检查法。

表6-3　清扫检查表

序号	检查点	检查		对策（完成日期）
		是	否	
1	制品仓库里的物品或棚架上是否沾有灰尘			
2	零件材料或棚架上是否沾有灰尘			
3	机器上是否沾有油污或灰尘			
4	机器的周遭是否飞散着碎屑和油滴			
5	通道或地板是否清洁亮丽			
6	有否执行油漆作战			
7	工厂周遭是否有碎屑或铁片			
…				

➢ 填写清扫检查表。清扫检查表（表6-3）的用途是将库存、设备、空间等有关事项，在清扫时的检查要点加以整理的表格。其主要项目包括：部门（填入检查的对象的部门或工程名）、检查者（填入执行检查者的姓名）、分类（清扫对象类别）、检查点（与清扫有关的检查要点）、检查（检查者一边作现场巡视一边进行检查，"是"——有做到，"否"——没做到，必须采取对策处理）、对策和改善的完成期限（针对检查中"否"的场所，想出对策或改善案，将其填入对策栏内）。

d.巡查评比。对自己负责的项目、区域所作出的清扫工作，不知上司对此有什么评价，周围的同事又是怎么看的，每个人都渴望得到公正的评价。因此，应定期进行巡查评比，公布结果，表彰先进，督促后进。巡查中遇到的不合格项目，拍下相片，并记录清楚，除了要让当事人明白之外，也要给其他同事做个提醒。

③ 坚持实施5分钟3S活动。每天工作结束之后，花5分钟对自己的工作范围进行整理、整顿、清扫活动，不论是生产现场还是行政办公室都不能例外。

5分钟3S活动必须做的项目包括：

a.整理工作台面，将材料、工具、文件等放回规定的位置；

b.整理次日要用的换洗品，如抹布、过滤网、搬运箱；

c.理顺电话线、关闭电源、气源、水源；

d.清倒工作垃圾；

e.对齐工作台椅，并擦拭干净，人离开之前把椅子归位。

（2）制定目视管理、颜色管理的基准

清洁的状态，狭义上是指"清净整洁"，在广义上则是"美化正常"，也就是除了维持前3S的效果以外，更要透过各种目视化的措施，来进行点检工作，使"异常"现象能及时消除，让工作现场保持在正常的状态。

借整顿的"定位、划线、标识"，彻底塑造一个地、物明朗化的现场，而达到目视管理的要求。如：一个被定为"台车"的地方，被放置"半成品"，即可显示"异常"，应加以处理。目视管理的方法如下。

① 管理标签。

➢ 润滑油标签：是最具代表性的应用，可知道油种、色别、加油周期等。

➢ 计测、仪表标签：标识测定器、仪表的管理技术、精度、校正周期等。

➢ 热反应标签：若设备的温度超过某既定温度，则标签的颜色起变化，可代替温度计，作温度管理之用。例如：电机或油压泵，由于异常发热，依事前标签颜色的变化而进行预防保养，可防止电机或油压泵烧毁。

➢ 在管道上标识出里面流的是什么：由于在外面看不出里面是什么，也不知道液体流动方向，所以要在外面进行标识，以便于目视管理。

➢ 进水和出水方向标识在管道上，且有常开标识牌。

② 管理界限的标识。

➤ 仪表范围标识：以线或色别分出一般使用范围与危险范围，原物料、半成品、配件、备品等最低库存量，亦可作颜色提醒担当者，以便管理。

➤ 发音信号灯：当有异常时，信号灯亮起并发出声音警告。

➤ 状态信号灯：当生产线正常运转时亮蓝色灯；当物料用完或轻微机器故障时亮黄灯；当有重大异常需停止时亮红灯。这样便于管理人员及时了解生产线状况。

➤ 分类放置：分类放置，且标识清晰，一目了然，便于查找。任何人都能立即取出所需要的东西。

➤ 形迹管理：工具悬挂，便于寻找、拿取及归位。

➤ 对齐标记：将螺帽和螺丝锁紧后，在侧面画一条线，如果以后该线上下未对齐，则可发现螺丝已松，以防止设备故障、灾害。

➤ 定点相片：标准难以用文字表达的，在同一地点、同一角度对着现场进行照相，以其作为限度样本和管理依据。

③ 着色。着色可依重要性、危险性、紧急性程度，以各种颜色提醒有关人员，以便监视、追踪、留意，从而达到时效、安全的目的。

（3）制定稽核方法

稽核的作用是增强公司员工的工作意识，养成良好的工作习惯，提升公司形象及员工归属感，减少浪费。使产品质量有保障，工作效率有提高。

稽查评分标准如下：

① 每个部门建立一份《清洁稽核考评标准表》，作为稽查的标准；

② 6S小组定期于每周稽查，组长负责组织稽查，并收集、汇总、公布各推行员的评分结果；

③ 得分为所参加稽查推行员总和的平均值。

（4）制定奖惩制度，加强执行

清洁奖惩的目的在于鼓励先进，鞭策后进，形成全面推行的良好气氛。奖惩的具体实施应以促进"6S"工作开展为中心，不以惩罚为目的。依6S竞赛办法，对在6S活动中表现优良和执行不力的部门及人员予以奖惩，奖惩只是一种形式，而团体的荣誉与不断地进步才是最重要的。

（5）持续坚持6S意识

企业一旦开始实施6S就绝对不能半途而废，否则就会很快地退回到原来的状态。很多企业在推行6S的过程中，刚开始时都很热，全体员工、领导都非常重视，集会、宣传、海报、办演讲比赛等都在具体化地实施6S。可是过了一段时间以后，很多企业又逐渐地退回到原来的状态。

推动6S并不是某个人的事，而是每一个人的事情，领导者必须以身作则，要持续不断，坚持不懈，必须树立这样一种观念：一就是一，二就是二，对长时间养成的坏习惯，必须长时间地持之以恒地进行改正。

①公司与全体员工必须永远抱着要推进6S的心情：

a.6S的信息、期刊；

b.6S的海报、徽章、标语；

c.6S的工具要能运用自如，并且始终保持对6S活动的新鲜心态。

②赋予对6S活动要不断超越的动机；

a.公司的6S水准现在已达到什么程度；

b.6S活动的最终目标何在；

c.再提升多少水准，就能超过其他竞争厂家，即公司6S的水准要明确化。

（6）高层主管经常带头巡查，带头重视

要想始终保持整理、整顿、清扫的状态，很重要的一点就是要做到在手头空闲的时候能够随时认真地收拾打扫。而且，更重要的是，企业的领导层应该对6S活动坚持不懈地予以支持。全体员工时时刻刻都在关注着企业领导层的态度和行为。如果企业领导层对6S活动非常热心，员工即使有所抱怨，也会持续地对自己负责的区域进行维护，6S活动会慢慢地固化下来。同时，为了使全体员工清楚看到领导层对6S活动的执著程度，领导层应该亲自对现场进行巡查，对各个区域进行巡回点评。

二、清洁推进的实施步骤

（1）对推进的组织进行培训或教育

不要认为这是一个很简单的工作而忽略对员工的培训或教育，往往就是因为很简单，很多人就会满不在乎，感觉不用这么兴师动众。这样一来，最终会因为不同人的不同理解而得到不同的结果，造成无法贯彻实施，又收不到预期的效果，6S从此夭折的后果。人的思想是复杂而多变的，必须统一思想，才能一起朝着共同目标去奋斗，所以必须要把6S的基本思想向企业的全体员工，进行长期的耐心的教育。

（2）区分工作区的必需品和非必需品

经过了必要的培训或教育，就应该带领组员到现场，进行实际操作，将目前的所有物品整理一遍，区分工作区的必需品和非必需品，调查它们的使用周期，并认真记录。

（3）向作业者进行确认、说明

作业者就是岗位的主人，现场的作业者就是指岗位上的主人，是这个机器的操作人，或者这个责任区的负责人。作业者可以做好该岗位的工作，也能使该岗位的工作出现问题。因此，只有使岗位的作业者清楚他的岗位需求，让他们知道，哪些是不完善，或不适用的。所以在区分必需品和非必需品时，应该先向那个保管人或作业人进行询

问，并确认清楚，说明一些相关的事情。这样，在进行清洁时，就能得到更高的效率。

（4）撤走各个岗位的非必需品

只要是用不着的，或要很长时间才能用一次的，都称为非必需品，非必需品没有必要留在现场，必须全部撤走。绝不能以明天的心态来对待。在日本企业里，所谓及时处理，就是发现问题，及时解决。

（5）整顿，规定必需品的摆放场所

整顿的目的就是把东西特别是必需品，摆在应该放的地方。撤走了非必需品并不就是万事大吉了。现场的必需品应该怎样来摆放，是否妨碍了交通、妨碍操作者的操作、拿取是否方便，都是必须解决的问题。必须根据实际条件、作业者的作业习惯以及作业的规定来摆放必需品的位置。

（6）规定摆放的方法

必须明确规定物品的摆放方法，如摆放的高度、数量、宽度等，并将这些规定最终形成文件，便于日后的改进，更好地推进和总结。

（7）进行标识

所有的工作都做了，下一步就要做一些标识，标识规定的位置、高度、宽度、数量，以方便员工识别，减少员工的记忆劳动。标识好了，就能使员工一目了然。这样，也大大减小了因为选择错误而造成的成本损失。

（8）将放置和识别的方法对作业者进行说明

人是需要交流的，有了交流才能有进步。将规定下来的放置方法和识别方法交给作业者，将工作从推进人员的手中移交给作业者日常维护。将规定下来的放置和识别的方法告诉作业者、员工，在说明时必须注重原则性的问题。有些作业者开始可能有些不太适应或认为不对时，要做好工作，凡是有必要的就要坚决实行规定。在实施中可以提出改进意见，但不得擅自取消。

（9）清扫并在地板上画出曲线，明确责任区或责任人

清洁推进的流程图如图6-2所示。

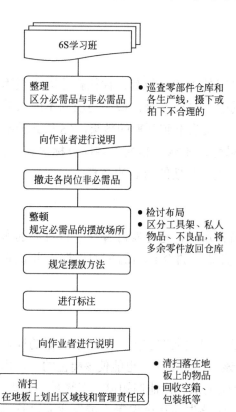

图6-2 清洁推进的流程图

第四节
推进清洁的方法与标准

一、推进清洁的方法

（1）标准化，制定专门的手册、文件和规定

① 标准、手册内容明确，便于实施；

② 制定工作现场的清扫程序、方法和清扫后状态；

③ 确立区域和画线的原则；

④ 设备的清扫、检查程序和完成后的状态；

⑤ 设备的动力部分、传动部分、润滑、油压、气压等部位清扫、检查的程序及完成后状态；

⑥ 清扫计划、责任者及日常的检查。

（2）岗位规范化，明确清洁的状态

清洁的状态主要包括三个要素——干净、高效、安全，具体为：

① 地面的清洁；

② 窗户和墙壁的清洁；

③ 工作台上的清洁；

④ 工具与工装的清洁；

⑤ 设备的清洁；

⑥ 货架和放置物资场所的清洁。

（3）检查评比，持续改进

坚持日常自检和定期组织检查，检查现场的清洁状态和现场标志是否适宜高效作业和文实相符。

（4）环境色彩明亮化

明亮的工作环境给人的工作情绪以良好的影响，厂房、车间、设备、工作服都应采用明亮的色彩。

二、推进清洁的标准

推进清洁的方法确定之后，就要确定相关的标准。活动开始时，员工要对"清洁

度"进行检查,制定详细的明细检查表,以明确"清洁的状态"。检查的重点为:周围是否有不必要的东西;工具是否可以立即使用;每天早上是否做扫除工作;工作结束后是否做扫除工作。

(1)检查有哪些不要的东西(整理)

① 不要物品的检查点。

实施3S之后,员工应在身边检查是否有不要的东西,并做好相关记录,记录可用表格的形式,示例如表6-4所示。

表6-4　整理检查表

部门:　　　　　　检查者:　　　　　　日期:

序号	检查点	检查		对策
		是	否	(完成日期)
1	放置场所有无不用的东西			
2	通道上是否放置不要的东西			
3	有无不用的机械			
4	栏架上下有无不用的东西			
5	机械周围有无不用的东西			
...				

② 将废弃物品编制一览表并处理。

处理原则是:库存与设备是公司的资产,个人不能任意处分;编制废弃库存品、废弃设备一览表(如表6-5～表6-7所示);一定要全数显示;与财务部责任人协商后处理。

表6-5　不要的库存品一览表

部门:　　　　　　检查者:　　　　　　日期:

序号	品名	规格	数量	单位	金额	不要品区分	价值	备注

表6-6　不要的设备一览表(一)

部门:　　　　　　检查者:　　　　　　日期:

序	设备名	设备区分	资产号	数量	单价	取得金额	设备日期	累计折旧	账册	设备场所	备注

表6-7 不要的设备一览表（二）

部门： 检查者： 日期：

序号	地点	管理责任人	面积（平方米）	使用预定	备注

（2）检查物品的放置方法（整顿）

① 将废弃物品编制一览表并处理。

检查物品的放置方法，首先就得明确物品的放置方法的检查点，做好检查记录。整顿检查表如表6-8所示。

表6-8 整顿检查表

部门： 检查者： 日期：

序号	检查点	检查		对策（完成日期）
		是	否	
1	制品放置场所是否显得凌乱			
2	装配品放置场所是否做好三定（即定位、定品、定量）			
3	零件、材料放置场所是否做好三定（即定位、定品、定量）			
4	画线是否已完成80%以上			
5	治（工）具存放是否以开放的形式来处理			
6	治（工）具是否显得零乱			
7	模具放置是否一目了然			
...				

② 列出整顿鉴定表。

员工对自己负责的工作场所进行再次检查，有30个以上"否"的项目时则再进行整理。

整顿表的主要项目有：部门（填入对象部门或工程名）、检查者（填入检查者的姓名）、分类（将整顿的项目进行分类）、检查点（整顿对象的着眼点）、检查（检查者在现场巡视的同时做检查，"是"——有做到，"否"——没做到，必须采取对策处理）、对策和改善的完成期限（针对检查中"否"的场合，提出对策或改善方案，将其填入对策栏内）（表6-9）。

表6-9 整顿鉴定表

部门： 　　　　检查者： 　　　　日期：

分类	序号	检查点	检查		对策
			是	否	（完成日期）
库存品	1	置物场有无揭示三定看板			
	2	是否一眼就能看出定量标示			
	3	物品放置方法是否呈水平、垂直、直角、平行状态			
	4	置物场有无立体化的余地			
	5	是否能够"先进先出"			
	6	为防止物品间发生碰撞是否有缓冲材料或隔板			
	7	是否能防止灰尘进入			
	8	物品是否直立摆放在地面上			
	9	不良品的保管是否有特定置物场			
	10	有无不良放置场的看板			
	11	不良品是否容易看见			
	12	有没有不良品的放置场所			
工（用）具	13	放置场所是否有"三定"的看板			
	14	工（用）具本身是否贴上名称或代码			
	15	使用频率高的工（用）具是否放置在作业的附近			
	16	是否依制品的类别来处理			
	17	是否依作业程序来决定放置方式			
	18	工（用）具在作业揭示书中有无指定场所			
	19	工（用）具是否零乱，能否在当场看出来			
	20	工（用）具显得零乱能否当场给予处理			
	21	工（用）具能否依共通化而将其减少			
	22	工（用）具能否以代替手段而将其减少			
	23	是否考虑归位的方便性			
	24	是否在使用场所的10厘米以内规定放置处			
	25	是否放置在10步以外			
	26	放置方法是否恰当，保证不弯腰就可以拿到			
	27	是否能吊起来			
	28	即使不用眼睛看，是否也能大概地归位放好			
	29	目标尺寸范围是否很广			
	30	能否交替更换治工具			
	31	是否依外观整顿			
	32	是否依颜色整顿			

续表

分类	序号	检查点	检查		对策
			是	否	（完成日期）
刀具	33	使用频率高的道具是否放置在身边			
	34	使用频率低的道具是否可以共同使用			
	35	能否以制品组合方式处理			
	36	有无采取防止碰撞的对策			
	37	抽屉有无使用波浪板			
	38	抽屉是否采用纵方向整理			
	39	研削砥石是否堆积放置			
	40	有无采取刀具的防锈对策			
计量器具	41	放置场所是否有防止灰尘或污物的措施			
	42	计量器具放置场所能否有"三定"处理			
	43	能否知道计量器具的有效使用期限			
	44	微米量尺、转动量尺是否放置在不振动处			
	45	有无垫避震材料			
	46	方量规、螺丝量规是否有防碰撞措施			
	47	测试单、直角尺有无吊挂，以防止变形			
油品	48	是否有做油罐→给油具→注油口的色别整顿			
	49	是否做油品种类汇总			
	50	在油品放置处是否有"三定"看板			
安全	51	通道有无放置物品			
	52	板材等长方形是否直立放置			
	53	对易倒的物品有无设置支撑物			
	54	物品的堆积方式是否容易倒塌			
	55	是否把物品堆积得很高			
	56	回转部分有没有用盖子盖上			
	57	危险标示是否做得很清楚醒目			
	58	危险区域是否做得很清楚醒目			
	59	消防灭火器的标示是否从任意角度都能看见			
	60	消防灭火器的放置方式是否正确			
	61	防火水槽、消防栓的前面是否堆置物品			
	62	交叉路口有无暂停记号			
合计					
综合结论					

（3）清除灰尘、垃圾的检查点（清扫）

① 清扫的检查点。

在窗框用手抹抹看，就大致可以知道工作场所的清扫程度，也可以运用白手套检查法。消除灰尘、垃圾检查表如表6-10所示。

表6-10　消除灰尘、垃圾检查表

部门：　　　　检查者：　　　　日期：

序号	检查点	检查		对策
		是	否	（完成日期）
1	制品仓库里的物品或棚架上是否沾有灰尘			
2	零件材料或棚架上是否沾有灰尘			
3	机器上是否沾满油污或灰尘			
4	机器周围是否飞散着碎屑或油滴			
5	通道或地板上是否清洁			
6	是否执行油漆作战			
7	工厂周围是否有碎屑或铁片			
...				

② 填写清扫检查表。

"清扫检查表"的用途是列出库存、设备、空间的有关事项及清扫时的检查要点。其主要项目包括：部门（填入检查对象的部门或工程名）、检查者（填入检查者的姓名）、分类（清扫对象的类别）、检查点（与清扫有关的检查要点）、检查（检查者一边现场巡视一边进行检查，"是"——有做到，"否"——没做到，必须采取对策处理）、对策（对检查中"否"的场合，要明确记载对策与完成期限）。"清扫检查表"如表6-11所示。

表6-11　清扫检查表

部门：　　　　检查者：　　　　日期：

分类	序号	检查点	检查		对策
			是	否	（完成日期）
库存品	1	是否清除与制品或零件、材料有关的碎屑或灰尘			
	2	是否清除切削或洗净后的零件所产生的污锈			
	3	是否清除库存品保管棚上的污物			
	4	置物场有无立体化的余地			
	5	是否清除库存品、半成品的移动用栈板上的污物			
	6	是否清除机器设备周边的灰尘油污			
	7	是否清除机器设备下的水或油以及垃圾			
	8	是否清除设备上的灰尘、污垢、油污			
	9	是否清除机器设备侧面或控制板套盖上污垢、油污			

分类	序号	检查点	检查		对策 （完成日期）
			是	否	
设备	10	是否清除油量显示或压力表等玻璃上的污物			
	11	是否将所有的套盖打开，清除其中的污物或灰尘			
	12	是否清除开关类的灰尘、污垢等			
	13	是否清除附着于气压管、电线上的尘埃、垃圾			
	14	是否清除附着于灯管上的灰尘（使用软布）			
	15	是否清除段差面的油垢或灰尘（使用湿抹布）			
	16	是否清除附着于刀具（治具）上的灰尘			
	17	是否清除模具上的污垢			
	18	是否清除测定器上的灰尘			
空间	19	是否清除地板或通道上的沙、土、灰尘等			
	20	是否去除地板或通道上的积水或油污			
	21	是否清除墙壁窗户等的灰尘或污垢			
	22	是否清除窗户玻璃上的手印、灰尘			
	23	是否清除天花板或梁柱上的灰尘、污垢			
	24	是否清除照明器具上的灰尘			
	25	是否清除照明器具盖罩上的灰尘			
	26	是否清除楼梯的油污、灰尘、垃圾			
	27	是否清除棚架或作业台上等处的灰尘			
	28	是否清除梁柱上、墙壁上、角落等处的灰尘垃圾			
	29	是否清除建筑物周边的垃圾、空瓶			
	30	是否使用清洁剂清洁外墙上的污脏			
合计					
综合结论					

　　当一个破坏规则与标准的人出现没有及时给予处罚，连续的破坏规则与标准的现象就会出现，这就是所谓的"破窗效应"。"破窗效应"理论认为如果有人打坏了一栋建筑物的窗户玻璃，而这扇窗户又得不到及时的维修，别人就可能受到某些暗示性的纵容去打烂更多的窗户玻璃。久而久之，这些破窗户就给人造成一种无序的感觉。结果在这种具有强烈暗示性的氛围中，攻击性的行为就会逐渐滋生、繁荣，并成为一种主流，甚至值得炫耀的行动。这个理论的启示就是：环境具有强烈的暗示性和诱导性，必须及时修复"第一扇被打碎的玻璃窗"，以免给人造成一种无序的感觉。因此，标准一经制定，任何人都必须严格遵守，否则标准就失去了意义。

　　在6S制度制定与制度贯彻方面，破窗效应也同样起着作用。

"护窗"是关键，必须倡导和坚守每一条6S规范。每一条6S规范，都好比一栋建筑物的窗户。窗户必须经常擦拭维护，保持清洁完整，6S规范也需要通过学习、宣传、倡导，使其得到很好的贯彻落实。

"补窗"是保证，必须及时喊停背离规范的行为，"破窗效应"已经说明小问题不及时解决，任其发展，就会给人一种暗示作用，导致更大的问题。所以，现场的6S状态如果与企业的标准不一致，甚至是损害时，必须及时进行制止和纠正。把"破窗"及时修补好，给人一种整洁有序的感觉，坏风气、坏习惯就没有了可乘之机，企业风气会越来好，从而形成一个良性循环。

为了保证6S标准与制度的落实，保证不出现"破窗"，就要进行6S检查。6S的检查主要包括自我检查、巡视检查、评比检查三种。

三、清洁的实战表单

清洁是通过检查前3S实施的彻底程度来判断的，其水平和程度，一般要制定对各种生产要素、资源的检查判定表，来进行具体的检查。其内容含：

> 作业台、椅子；

> 货架；

> 通道、设备；

> 办公台；

> 文件资料；

> 公共场所。

（1）作业台、椅子

项目	内容
整理	1.现场不用的作业台、椅子 2.杂物、私人品藏在抽屉里或台垫下 3.放在台面上当天不用的材料、设备、夹具 4.用完后放在台面上材料的包装袋、盒
整顿	1.凌乱地搁置台面上的物料 2.台面上下的各种电源、信号线、压缩空气管道等各种物品乱拉乱接、盘根错节 3.作业台、椅子尺寸形状大小不一、高低不平、五颜六色，非常不雅 4.作业台椅子等都无标识
清扫	1.设备和工具破损、掉漆、缺胳膊断腿 2.到处是灰尘、脏污 3.材料余渣、碎屑残留 4.墙上、门上乱写乱画 5.垫布发黑，许久未清洗 6.表面干净、实际上却脏污不堪

（2）货架

项目	内　　容
整理	1.现场到处都有货架，几乎变成了临时仓库 2.货架与摆放场所大小不相适应，或与所摆放之物不适应 3.不用的货物、设备、材料都堆放在上面
整顿	1.摆放的物品没有识别标志，除了当事人之外，其他人一时都难以找到 2.货架或物品堆积得太高，不易拿取 3.不同的物品层层叠放，难于取放 4.没有按"重低轻高"的原则来摆放
清扫	1.物品连同外包装在内，一起放在货架上，清扫困难 2.只清扫货物却不清扫货架 3.布满灰尘、脏污 4.物品已放很久了也没有再确认，很有可能变质

（3）通道

项目	内　　容
整理	1.弯道过多，机械搬运车通行不便 2.行人和货物的通道混用 3.作业区与通道混杂在一起
整顿	1.未将通道位置画出 2.被占为他用 3.被占物品摆放超出通道 4.坑坑洼洼，凹凸不平，人行、车辆全都不易通行
清扫	1.灰尘多，行走过后有痕迹 2.有积水、油污、纸屑等 3.有灰尘、脏污之处 4.很久未打蜡或刷漆，表面锈迹斑斑

（4）设备

项目	内　　容
整理	1.现场有不使用的设备 2.残旧、破损的设备有人使用却没有进行维护 3.过时老化的设备仍在走走停停地勉强运作
整顿	1.使用暴力，野蛮操作设备 2.设备放置不合理，使用不便 3.没有定期地保养和校正，精度有偏差 4.运作的能力不能满足生产要求 5.缺乏必要的人身安全保护装置
清扫	1.有灰尘、脏污之处 2.有生锈、褪色之处 3.渗油、滴水、漏气 4.导线、导管全都破损、老化 5.滤脏、滤气、滤水等装置未及时更换 6.标识掉落，无法清晰地分辨

（5）办公台

项目	内 容
整理	1.办公台多于作业台,几乎所有的管理人员都配有独立的办公台 2.每张台都有一套相同的办公文具,未能做到共用 3.办公台面干净,抽屉里边却杂乱无章 4.不能用的文具也在台上 5.私人物品随意放置 6.茶杯、烟灰缸放在上面 7.堆放了许多文件、报表
整顿	1.现场办公台的设置位置主次不分 2.办公台用作其他用途 3.台面办公文具、电话等没有进行定位 4.公共物品也放在个人抽屉里 5.抽屉上锁,其他人拿不到物品
清扫	1.台面脏污,物品摆放杂乱无章,并且积有灰尘 2.办公文具、电话等物品污迹明显 3.台上办公垃圾多日未倾倒

（6）文件资料

项目	内 容
整理	1.各种新旧版本并存,分不清谁新谁旧和孰是孰非 2.过期的仍在使用 3.需要的人员没有,无关人员反倒很多 4.保密文件无人管理,任人随意阅读 5.个人随意复印留底
整顿	1.未能分门别类,也没有用文件柜、文件夹来存放 2.没有定点摆放,四处都有,真正要用的又不能及时找出 3.文件种类繁多,难以管理 4.接收、发送都未记录或未留底稿 5.即使遗失不见了,也没有人知道
清扫	1.复印不清晰,难以辨认 2.随意涂改,没有理由和负责人 3.文件破损、脏污 4.文件柜、文件夹等污迹明显 5.没有防潮、防虫、防火等措施

（7）公共场所

项目	内 容
整理	1.空间用来堆放杂物 2.洗涤物品与食品混放 3.消防通道堵塞 4.排水、换气、调温、照明等设施不全 5.洗手间男女不分,时常弄出令人十分尴尬的场面
整顿	1.区域、场所无标识 2.无整体规划图 3.物品无定位、定置 4.逃生路线不明确 5.布局不合理,工作效率低
清扫	1.玻璃破损,不能挡风遮雨 2.门、窗、墙被乱涂乱画 3.墙发黑,地面污水横流 4.采光不好,视线不佳 5.外层污迹明显,无人擦洗 6.无人定期进行必要的清洁、消毒

第五节
清洁阶段存在的问题及其解决对策

一、6S检查只重视活动检查，不重视事前辅导

有些企业从6S活动一开始就进行6S检查，并把检查作为推进6S的主要手段。这会导致员工疲于应付检查却不知道如何改善，现场改善的过程缺乏规范化、统一化。

为解决这个问题应先辅导再检查，在进行全面的6S检查之前针对各个部门（生产车间）制订详细的推进计划、推进标准，认真辅导落实。不要仅仅告诉员工这样做不对、那样做不对，还要清楚地告诉员工如何清理废弃物品、如何正确摆放物品、如何进行可视化、如何进行清扫等，并组织全公司统一进行污染源、危险源改善。

在前3个S统一推进之后，再进行6S检查。

对员工来讲，落实6S各项要求是他们的职责。所以，对于6S推进人员来讲，辅导员工进行改善、告知员工如何改善是他们的职责，对于6S推进办公室来讲，如果只重视检查、不重视辅导其实是一种辅导能力低下的表现。统一辅导、统一改善，等现场有了一定程度的改观再进行检查，并把检查结果作为改善和辅导的新起点。

二、检查时重奖惩，不重改善

对于许多企业的员工来讲，6S检查就是为了罚款，强迫员工增加工作量。这样导致员工对6S有抵触情绪，从而导致6S推进不长久。6S检查的重点是要放在发现问题、改善问题、督促辅导上，而不是奖惩本身。要站在员工的角度考虑问题，告诉员工如何做、如何改、如何效率更高，而不是一罚了之。

把6S活动与提高效率、提升工作容易度、改善员工心情结合起来通过6S活动，让现场整洁、物品易见易取易放，让现场主管和一线员工切实感受到6S带来的好处。在检查评比时，以奖励为主，惩罚为辅，大家辛辛苦苦搞6S活动，要有一点物质鼓励。另外，检查时，不仅要指出，还要告知解决对策，使员工知道改进的方向。

三、把6S检查当成大扫除检查

在推进6S一段时间后，往往会出现这样的问题，现场人员把6S当成大扫除，检查人员把6S当成大扫除的结果统计。这个问题很常见，对策却比较简单，那就是推进标准与检查标准要全面。推进标准和检查标准要包含6个S中的各个方面，不能简

单化。

在6S推进到一定阶段后，要从整洁亮丽型6S上升到改善型6S。重点放在放置方法的防错、污染源的改善与危险源的改善这三个方面。同时，要适时开展一些活性化活动，例如，污染源改善专题讨论、安全事故专题讨论、危险作业KYT（危险预知训练）分析、合理化建议等。这样，员工就会明白6S不仅仅是大扫除。

四、检查出问题后，不努力改正，而是找借口

检查出问题后，现场主管或现场员工找借口，抱怨工作忙，指责上级偏心、检查标准有问题、考评标准有问题的时候，又该如何处理？

首先要认识到6S是日常工作的一部分，而不是日常工作之外的附加工作。员工在现场的工作不仅仅是将产品保质保量地生产出来，维护好现场环境和现场设备也是本职工作的一部分，现场必须保持整洁、规范，有问题就必须要改正。对于管理人员、检查人员来讲，制定的检查、考评标准要力求公正合理，不能让员工找到推脱的借口。同时，要改变沟通技巧、辅导技巧，再辅之以奖励体系，使各级人员能共同努力进行现场持续改善。

五、6S之间存在重复感

6S是否有重复之感？所谓的"清扫"、"清洁"完全可以包含在"整理"、"整顿"中，如此便可简化为"3S"了？"清扫"的内容并不包含在"整理"、"整顿"中（请仔细阅读本书），"清洁"指的是靠标准化、制度化来维持以上3S的成果。一项大的工作要考虑有计划、按步骤地推行才会有良好的效果。5S活动也正是按此想法来进行的。

 案例6-1　麦当劳的标准化与检查督导

麦当劳，全球最著名的快餐公司，开设了近3万家分店。它能够成为全世界最成功的连锁餐厅，究其原因，秘诀有两个：一个是标准化；另一个是为贯彻标准化而进行的检查督导。

麦当劳的设施与装置是全球统一标准的：

➤ 柜台都是92厘米高，因为这个高度最适合人们从口袋中掏出钱来付款；
➤ 壁柜全是离地；
➤ 装有屋顶空调设备；
➤ 用来装袋用的是"V"形薯条铲，这样可以大大加快薯条的装袋速度；
➤ 用来煎肉的是贝壳式双面煎炉，可以将煎肉时间减少一半。

同时，麦当劳的饮食操作也是标准化甚至是量化的：

➢ 薯条采用"芝加哥式"炸法，就是先炸3分钟，临用时再炸2分钟，从而令薯条更香更脆；

➢ 可乐和芬达的温度为4℃，因为据试验饮料在4℃时味道最为甜美；

➢ 面包厚度为1.7厘米，因为这个厚度入口味道最佳；

➢ 牛肉饼一律重47.32克，直径6.65厘米，厚0.85厘米；

➢ 烤面包55秒，煎肉饼1分45秒；

➢ 炸薯条超过7分钟、汉堡超过10分钟便毫不可惜地扔掉。

连洗手这种简单的事情都进行详细的标准化和量化：

➢ 工作人员必须每小时至少彻底洗一次手、杀一次菌；

➢ 将手冲洗干净后，取一小剂麦当劳特制的清洁消毒剂，放在手心，双手仔细揉擦；

➢ 揉擦搓洗部位不仅包括手，还应包括手脖子；

➢ 搓洗20秒后，再用清水冲洗；

➢ 两手彻底清洗后，再用烘干机烘干双手，不能用毛巾擦干。

有了这些细致的量化标准，员工在工作时，就一定能执行到位吗？答案是：不一定。因为人都有惰性，都会犯错误，麦当劳的员工也不例外。为了落实严格的标准化，麦当劳有配套的检查督导体系。

麦当劳在各个区域都设置区域营运督导，对辖区内的分店进行监控指导，区域营运督导的巡店管理是所有标准化制度执行的监管武器，营运督导除了要检查销售情况、员工服务、仪表仪容、店面环境、卫生情况等，还会拿着岗位操作检查表逐个岗位进行检查，看店员是否按照操作规程进行操作。如果发现意外，就会填写《整改待办单》，让店长进行整改，这个整改待办单还会成为营运督导下次巡店时检查是否有所改进的依据。

不仅有营运督导这种专员管理人员，麦当劳还聘请神秘顾客来视察各店产品、服务质量。麦当劳会与神秘顾客协商一个时间计划，对各店进行巡视检查。神秘顾客在评估各店面的服务水准时，以一个普通消费者的身份到指定的餐厅就餐，在柜台前面买一个汉堡、一包薯条或一杯热咖啡。通过实地观察体验，了解其清洁、服务和管理等诸方面的问题，找出漏洞。神秘顾客并不是真正要吃这些食品，而是检查盘中的东西，然后巡视店内的各个角落，同时，他也会测定柜台服务的时间。这种花钱雇神秘顾客找破绽的方法，最大好处就是能及时发现并改进、调整所存在的问题，使得各店都能按照统一的标准进行服务。

通过标准化、营运督导等方法，"麦当劳帝国"在全球范围内都能按照一个标准进行管理，并因此而迅速扩张。

 案例6-2 某企业生产部清洁奖惩制度

清洁奖惩的范围包括生产部所辖内架、外架、油漆、海绵、裁剪、车位、扣工及包装组（含成品仓）、辅料仓、面料仓共10个区域。

◆实施方案

① 根据评分结果取后两名和前一名。第一名颁发奖金，最后一名、倒数第二名扣处罚金。

② 评分：

◆日常巡察

a.在日常巡察过程中，由电工负责对应区域的设备一级保养专项检查，保安队长负责消防与生产安全（含工伤预防）的专项检查。

b.参与日常巡察的人员包括专项巡察人和现场6S巡察人（由企业6S推行委员会统一安排）。

c.日常巡察的时间由巡察人灵活安排确定，但巡察当周周六17：00前，必须将当周《巡察报告》和《6S整改通知单》上报"6S"推进办公室文秘处。

◆月度评比检查

a.月度评比检查方法：每旬检查一次，每次检查的具体时间由"6S"推进办公室临时通知，所有当日参加检查评比的人员必须准时在生产部办公室集合。

b.每月三次检查完毕，"6S"推进办公室根据当月分次检查的评分结果计算出各责任区域的平均分数，作为当月评比的重要依据。

③ 奖罚标准：

◆倒数第一名的工序扣罚金150元（由工序全体人员平摊），直接上司扣罚金50元；倒数第二名的工序扣罚金100元（由工序全体人员平摊），直接上司扣罚金30元。

◆倒数第一、二名所有扣罚金由财务部根据生产部提供名册扣罚，其中总金额70%奖给评分结果第一名的工序，由工序直接上司分配处理，另30%提交生产部留作各工序均达85分以上奖励基金。

案例6-3　某公司清洁推进的自我点检

以下是某公司制定的相关清洁的自我核查方法，在实际操作中可供参考。

1.制定清洁稽核表

检查对象	责任人	检查情况	改进办法
作业台、椅子			
货架			
通道			
设备			
办公台			
文件资料			
公共场所			

部门内的自我查核，每题有五种答案，在选定的答案题号上打"√"。

（1）通道作业区

①没有划分□

②有划分□

③划线感觉还可以□

④划线清楚，地面进行过清扫□

⑤通道及作业区感觉很舒畅□

（2）地面情况

①有油或水□

②有油迹或水迹，显得不干净□

③地面不是很平□

④经常清理，没有脏物□

⑤地面干净亮丽□

（3）办公桌、作业台、椅子、架子、会议室的清洁情况

①很脏乱□

②偶尔清理□

③虽有清理，但还是显得脏乱□

④自己感觉很好□

⑤任何人都会觉得很舒服□

（4）洗手台、厕所等

①容器或设备脏乱□

②破损未修补□

③有清理，但还有异味□

④经常清理，没异味□

⑤ 干净亮丽，还进行过装饰□

（5）储物室

① 阴暗潮湿□

② 虽阴湿，但可通风□

③ 照明不足□

④ 照明适度，通风好，感觉清爽□

⑤ 干干净净，整整齐齐，感觉很舒服□

2.评分标准

选①为0分；选②为1分；选③为2分；选④为3分；选⑤为4分。统计所得的分数，并计算总和。

3.说明

15～20分为较好，12～15分表现一般，12分以下，黄牌警告。对表现较好的部门，可通报表扬，或给予一定的奖励，对表现不佳或较次的部门，提出批评或采取适当的处置措施。

第七章
安全的推行与
推进

第一节
安全的基本内容

一、安全的含义及作用

安全，在6S管理中是指不导致人员伤亡、危害健康的环境，不会给设备或财产造成破坏或损失。换句话说，企业的人员、设备及财产"无危无损"，状态良好。企业在生产工作中，实行安全管理具有重大的作用。

首先，安全管理可以有效防止伤亡事故和职业危害的发生。任何事故的发生不外乎四个方面的原因，即人的不安全行为、物的不安全状态、环境的不安全条件和安全管理的缺陷。而人、物和环境方面出现问题的原因常常是安全管理出现失误或存在缺陷。因此，安全管理缺陷其实就是事故发生的根源，是事故发生的深层次的本质原因。生产中伤亡事故统计分析表明，绝大多数的伤亡事故与安全管理缺陷密切相关。

其次，安全管理的有效实施有助于改进企业管理，全面推进企业各方面工作的进步，促进经济效益的提高。安全管理是企业管理的重要组成部分，与企业的其他管理密切联系、互相影响、互相促进。必须从人、物、环境以及它们的合理匹配这几方面采取对策，才可以有效防止伤亡事故和职业危害。这些对策中包括人员素质的提高，作业环境的整治和改善，设备与设施的检查、维修、改造和更新，劳动组织的科学化以及作业方法的改善等。

安全管理和企业管理的改善、劳动者积极性的发挥，必然会大大促进劳动生产率的提高，从而带来企业经济效益的增长。如果事故频繁，不但会影响职工的安全与健康，挫伤职工的生产积极性，导致生产效率的降低，还要造成设备财产的损坏，无谓地消耗许多人力、财力、物力，带来经济上的巨大损失。

二、安全管理原则

（1）安全第一、预防为主、综合治理的原则

"安全第一、预防为主、综合治理"是安全生产的一贯方针。安全第一指的是在看待和处理安全同生产和其他工作的关系上，要突出安全，把安全放在一切工作的首要位置。当生产和其他工作同安全发生矛盾时，安全是主要的、第一位的，生产和其他工作要服从于安全，做到不安全不生产，隐患不处理不生产，安全措施不落实不生产。预防为主是指在事故预防与事故处理关系上，以预防为主，防患于未然。针对企

业安全生产所涉及的一切方面、一切工作环节和不安全因素，依靠管理、装备和培训等有效的防范措施，把事故消灭在萌芽状态。

（2）"三同时"原则

我国《安全生产法》第二十四条规定：生产经营单位新建、改建、扩建工程项目（以下统称建设项目）的安全设施，必须与主体工程同时设计、同时施工、同时投入生产和使用。安全设施投资应当纳入建设项目概算。同时设计、同时施工、同时投入生产和使用的这一原则，简称"三同时"原则。生产经营单位为了维持或扩大生产经营规模，经常要进行相关的工程建设。建设项目的安全设施未与主体工程同时设计、同时施工、同时投入生产和使用就会留下不安全因素和事故隐患，在生产经营过程中就可能会酿成生产安全事故。

（3）"四不放过"原则

国家对发生事故后的"四不放过"处理原则，其具体内容是：事故原因未查清不放过；事故责任人未受到处理不放过；事故责任人和周围群众没有受到教育不放过；切实可行的事故整改措施未落实不放过。事故处理的"四不放过"原则要求对安全生产工伤事故必须进行严肃认真的调查处理，接受教训，防止同类事故重复发生。企业在进行安全教育时，要经常开展经典案例的教育工作，充分利用事故这种反面教材，总结研究事故发生规律，为安全措施的制定提供依据。

（4）安全生产人人管理、自我管理的原则

企业生产依靠全体职工，企业安全管理必须建立在广泛的群众基础之上，依靠全体职工的自我管理，充分调动职工安全生产的积极性。要提高职工的安全意识和安全技能，促使其在自身的职责范围内，自觉执行安全制度和劳动纪律，遵守工艺规范和操作规程，自我发现、防范、控制不安全因素。各部门要结合自己的业务，对本部门的安全生产负责，使安全管理贯穿于企业生产建设的全过程，真正实行全员、全面、全过程、全天候安全管理，防止和控制各类事故，实现安全。

（5）管生产必须管安全的原则

管生产必须管安全的原则是安全生产最基本的准则之一，在安全管理中发挥着十分重要的作用。坚持管生产必须管安全的原则，企业法人和各级行政正职是安全生产的第一责任人，对本单位、本部门的安全生产负全责，其他管理人员都必须在承担生产责任的同时对职责范围内的安全工作负责。

三、海因里希法则

海因里希法则又称"海因里希安全法则"或"海因里希事故法则"，是1941年美国海因里西从统计许多灾害开始得出。这个法则是由海因里希统计了55万件机械事故

而得出的结论。统计发现这些机械事故中，死亡、重伤事故1666件，轻伤48334件，余下的为无伤害事故。由此推断，当一个企业有300个隐患或违章发生时，必然有29起轻伤或故障将会发生，在这29起轻伤事故或故障当中，还会有一起重大事故。这一法则现在较多运用于企业的安全管理上，它提醒人们：在一件重大的事故背后必有29件轻度的事故，还有300件潜在的隐患。而更为可怕的是人们往往对潜在性事故毫无觉察，结果将导致难以挽回的损失。

第二节
6S管理活动中安全的本质

一、6S管理与企业安全文化建设

国外推行现场5S管理，只有整理、整顿、清扫、清洁、素养五个要素。基于安全形势以及国内企业对安全的重视，国内绝大多数企业把5S管理活动变成6S管理活动，突出安全要素的重要性。

安全是指消除人的不安全行为和物的不安全状态，目的在于保障员工的人身安全和生产的正常进行，防止各类事故的发生，减少经济损失，其本质要义在于企业应该"无不安全的设备、操作、现场"，突出人性化管理。企业产生不安全的结果的原因在于员工的不安全行为，在于企业运行过程中存在不安全的隐患因素，而这些不安全的隐患因素没有为员工所发现，没有受到重视，根本在于企业员工的安全意识问题。安全包括人的安全、企业的安全、货物的安全、作业工具的安全以及环境的安全等。在企业推行6S管理活动，其中的安全要素的本质在于提升企业以及企业员工对安全与安全管理的意识，清除安全隐患（个人与企业的），保障个人与组织的安全，保证持续经营，减少企业的安全成本。

企业6S活动中安全的实施目的是：

➢ 在企业内部树立安全意识，创造安全生产环境；
➢ 保障员工安全；
➢ 保证企业持续经营；
➢ 减少伤害事故，降低企业安全成本；
➢ 树立企业市场形象；
➢ 培育企业社会责任。

安全要素的本质理解如图7-1所示。

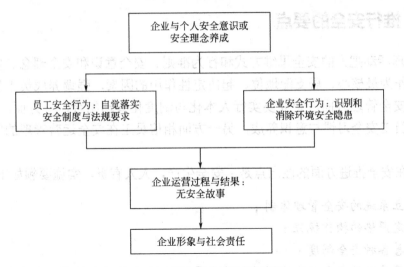

图7-1　安全要素的本质理解

6S管理突出安全理念，因为理念决定目标和行动，目标和行动又影响着整个安全工作的进程。美国杜邦公司坚持"一切事故都是可以预防的"安全理念，企业建立起安全文化体系，发展至今已成为世界知名企业，安全也成为企业的品牌。安全文化是企业为了安全生产创造的文化，是企业员工安全价值观和安全行为准则的总和，并最终让安全成为全员的一种职业习惯，从而实现企业本质安全。6S管理着重于现场、实物的管理，其本质是一种执行力的安全文化，它将岗位绩效管理、现场目视管理、分级分色管理、清洁生产和安全生产的思想和持续改进、不断提升员工素养的企业管理理念融入到企业安全文化之中，最终形成一种动态管理方法，是深化企业安全文化建设的重要措施和载体。良好的安全习惯并不是与生俱来，也不是一蹴而就，而是在抓反复、抓日常、抓细节中逐渐养成。企业推行6S管理，可以把"安全是一种职业习惯"深入员工心中，潜移默化地成为每一个岗位员工的自觉意识和自觉行动。

企业应该把6S定位为安全文化的重要组成部分，通过建立6S管理支撑体系，深化安全文化内涵，推进本质安全型企业的建设。6S管理强调的是一种理念、一种意识，是安全理念与安全意识，6S管理培育的是企业安全文化氛围，其核心在于企业安全文化理念的形成，在于安全文化体系建设。企业安全文化建设的关键是使每一个员工在实践中和过程控制中形成有益于安全的工作环境和养成重视安全的责任意识与工作态度，这正是6S管理活动所强调与推行的重点。在安全理念培育问题上，企业按照6S管理的要求，立足现场、立足班组、立足岗位，通过视觉冲击、理性约束、亲情感化等方式，让企业的每一位员工养成安全意识，从安全的角度思考问题和约束行为。例如企业可以通过视觉冲击激发员工感性认识，利用电子滚动屏幕反复播放企业安全文化理念，强化员工安全意识，根据不同的作业现场设置6S理念宣传展板和宣传标语，营造6S安全意识养成的环境，等等，把企业的安全意识落实到每一位员工，使每一位员工建立和形成与企业安全文化相适应的安全理念。

企业的安全管理可以整合到6S管理中。

二、推行安全的要点

6S管理活动把人的安全思维方式和行为准则、安全意识和安全理念、安全道德观和价值观作为最核心、居支配地位、起决定性作用的因素，强调养成员工的自主安全意识。在安全管理方面，企业要实行人本化与制度化管理结合，一方面，通过制度、规章确保员工安全习惯与意识养成，另一方面相信员工在安全运营管理的能动性、主动性。

企业在安全推进方面的注意点是：安全生产，人人有责。实施要领如下：

- ➢ 建立系统的安全管理体制；
- ➢ 制定严格的操作规程；
- ➢ 完善各种安全制度；
- ➢ 开展员工的安全教育培训（新进人员强化6S中的安全教育、实践）；
- ➢ 推动各种意识养成与精神提升活动（早会、班会、总结等）；
- ➢ 制定奖惩制度，加强执行；
- ➢ 高级管理人员经常带头巡查，以表重视；
- ➢ 实行现场巡视，排除隐患；
- ➢ 执行例行扫除，清理脏污与安全隐患；
- ➢ 建立岗位安全行为基准，作为规范；
- ➢ 创建明快、有序、安全的作业环境。

第三节
安全的推行步骤

一、现场危险辨识与风险控制

可以解决管理中的各种棘手问题的人，是优秀的管理者。但俗话说得好："预防重于治疗"，能防患于未然之前，更胜于治乱于已成之后，由此观之，管理问题的预防者，更优于管理问题的解决者。

企业危险源辨别与分类具体如下。

（1）物理性危险

a.设备、设施缺陷，如设备、设施强度不够，稳定性差，外露运动件，制动器有缺陷，密封不良等。

b.防护缺陷，如无防护、防护装置或防护设施缺陷、防护不当，支撑不当等。

c.电危害，如漏电、静电、带电部位裸露等。

d.噪声危害，如机械噪声、振动噪声、电磁噪声、流体噪声等。

e.振动危害，如机械振动、电磁振动等。

f.电磁辐射，如X射线、高能电子束的辐射和紫外线、激光、高压电场辐射等。

g.运动物危害，如固体抛射物、液体飞溅物、反弹物、加工余屑飞溅等。

h.高温及明火，造成高温的物质，如高温气体、液体、固体等。

i.能造成冻伤的低温物质，如低温气体、液体、固体等。

j.粉尘，如物料粉尘、水泥粉尘、加工产生的粉尘、有毒有害性粉尘等。

k.作业环境不良，如作业设施下沉，布局不合理的设备操作，安全通道不规范，采光照明不足，有害光照，空气质量不良，气温过高、过低，自然灾害等。

l.信号缺失，如无信号提示设施、信号位置不当、信号不清、信号不准、不及时等。

m.标志缺失，如无标志、标识不清、标志不规范、标志位置不当等。

n.其他物理性危险和危害等。

（2）化学性危险

a.易燃易爆物质，如易燃易爆性气体、固体、液体、粉尘等。

b.自燃性物质，如硫磺、红磷、煤粉等。

c.有毒物质，如有毒气体、固体、液体、粉尘等。

d.腐蚀性物质，如腐蚀性气体、固体、液体、粉尘等。

e.其他化学性危险和危害。

（3）生物性危险

包括细菌、病毒、染病媒介物、有害物质等。

（4）生理性危险

a.员工负荷超限，如体力负荷超限、视力负荷超限、听力负荷超限等。

b.健康状况异常。

c.从事禁忌作业，如未成年人禁忌作业、特种作业人员禁忌作业。

d.心理异常，如情绪异常、冒险心理、过度紧张、过度麻痹、逆反心理等。

e.辨识功能缺陷，如感知延迟、色盲、听力迟钝等。

（5）行为性危险

a.指挥错误，如指挥失误、违章指挥等。

b.操作失误，如误操作、违章业务等。

c.监护失误。

（6）其他危险和危害

安全以预防为主，要消除危险、危害，应从根源上解决问题。清查厂内所有在用

的危害物并制作危害物清单，对识别的危害采取预防措施，即消除物的不安全状态、人的不安全行为（表7-1）、环境的不安全因素。

常见的安全隐患见表7-2。

表7-1　常见不安全行为汇总

序号	不安全行为
1	班前、班中饮酒，酒后上岗、串岗、脱岗、睡觉
2	擅自进入危险区域（喷溅、煤气、放射源、有毒有害、易燃易爆、高温烫伤、吊物下方）等。跨越辊道，跨越转盘，乘、坐、钻皮带，跨越运转设备。卷扬三角区内站人
3	上下楼梯手未扶栏杆
4	高处作业不佩带安全带或设置安全网
5	违反起重作业"十九不吊"：超载或被吊物重量不明时不吊；非信号人员指挥或指挥信号不明确时不吊；捆绑、吊挂不牢或不平衡可能引起吊物滑动时不吊；被吊物上有人或有浮置物时不吊；结构或零部件有影响安全工作的缺陷或损伤时不吊；遇有拉力不清的埋置物时不吊；工作场地昏暗，无法看清场地、被吊物和指挥信号时不吊；重物棱角处与捆绑钢丝绳之间未加衬垫时不吊；钢（铁）水包装得太满时不吊；超重或埋藏地下物不吊；吊钩没对准货物重心（歪拉斜拽）不吊；简化挂索不吊；6米以上长大件货物无牵引绳不吊；安全装置，机械设备有异常或有故障不吊；从人头上越过及垂臂下站人不吊；氧气瓶、乙炔发生器等易爆器械无安全措施不吊；六级以上大风和雷暴雨时不吊；在斜坡上或坑沿、堤岸不填实不吊；吊索夹角过大不吊（不宜超过90°）
6	机动车辆混装乙炔、氧气或使用翻斗车装运气瓶
7	擅自拆卸、挪用或损坏安全标志、防护装置、信号装置
8	在有粉尘场所作业未按规定戴防尘口罩
9	气瓶在阳光下暴晒、靠近热源、坐在气瓶上吸烟
10	电焊机一、二次接线端无防护罩或电源线未包扎
11	焊接、切割作业未戴防护镜、焊工手套，电焊不穿绝缘鞋
12	移动车辆运行未了望或车停在坡上，不塞三角垫
13	乙炔瓶在使用储存时未保持直立位置等
14	作业现场不走安全通道
15	在吊物下行走、站立，攀登运动中的物体（件）
16	坐在栏杆、轨道上休息
17	未按规定要求填写检修报告书（包括：登高、动火、工作票等）
18	坐、乘吊物升降装置
19	未停机戴手套处理旋转设备
20	登高作业不使用梯子
21	检修作业挂单牌
22	进入危险区域工作未做到二人同行，一人作业一人监护
23	在禁火区吸烟或向禁火区抛烟头
24	用手代替工具进行作业
25	戴手套指挥吊物或多人指挥，不用标准手势、哨音指挥

序号	不安全行为
26	拆除作业无统一指挥。施工现场不在构筑物周围设安全警戒线，拆除护栏、楼板、楼梯等有用设施，在拆除前不进行安全交底
27	临时性作业不进行安全交底，不制定安全措施
28	使用吊（夹、索）具无最大起重量标牌
29	煤气警报器擅自关机，有问题不汇报，作业时不使用。不做CO含量分析，不设监护人或无检测器进入煤气设备内作业。
30	用有油脂的手套、棉纱和工具接触氧气瓶、瓶阀、减压器及管路等。或戴油脂手套从事切割作业。使用氧气瓶、乙炔气瓶时，气瓶安全附件没有或不齐或安全距离不符合要求。
31	起重作业上升限位、抱闸、警铃失灵进行起吊作业
32	起重作业不按规定试验及调整抱闸就进行作业
33	起重作业时在吊臂或吊物下有人员就进行吊运起吊。吊物不打铃就开动吊车
34	起重作业吊物在人员或重要设备上方通过不打铃。把吊物悬在高空就离开现场
35	电气作业类低压电气作业工作票填写不规范
36	电线线路接头裸露、不包扎；使用一闸多机的设备
37	使用胶盖缺损的刀闸接线越闸不过保护
38	处理故障、现场抢修不挂牌、不联系不确认
39	开动被查封或报废的设备
40	任意拆除设备上的安全装置和警示标志等
41	擅自乱动阀门开关。使用电源和动力介质不按规定的接点接取
42	外委检修的单位无安全资格证、无施工合同、无单项安全措施
43	单位内部常规检修无检修作业标准，非常规检修无单项安全措施
44	开动非本岗位设备；授意他人操作本岗位设备
45	其他违反安全规章制度、操作规程的行为
46	施工前不进行安全交底，施工者不清楚作业内容和单项安全措施
47	交叉施工（作业）不与相关单位和人员联系
48	启动性能不明的设备，无可靠的安全防护装置就开车作业
49	带负荷拉、合闸。启动关联性设备不联系、不警示、不确认
50	行车启动或吊物前未响铃
51	使用有安全隐患的各类设备和工具，如：未可靠接地（零）的电动工具、电焊机、破损的绝缘手套、雨鞋、工具等
52	施工现场坑、洞、沟无警示标志
53	使用氧气瓶冲轮胎
54	劳保不全进现场 帽：进入现场不戴安全帽，不系好帽带 服：接触液态金属岗位穿化纤工作服 鞋、手套：进入现场不穿工作鞋，电工作业不穿绝缘鞋、不戴绝缘手套 眼镜：打击硬质物品（淬火件、合金钢等）不戴防护眼镜；焊工作业、切割作业、操作砂轮机、磨样等不戴防护镜（看火镜）

序号	不安全行为
55	用压缩空气吹铁屑等颗粒物
56	擅自摘取他人操作牌送电、开机
57	没有按规定办理手续启动已停机挂牌的设备
58	在机器运转时加油、修理、检查、调整、清扫等
59	检修现场随意开动不明的电源、动力源、闸阀
60	戴手套开机床或打重锤
61	在作业过程中，有颗粒物飞溅时不戴防护眼镜、手套
62	在火车轨道上作业未开启红灯
63	在规定必须使用低压照明处，使用非低压照明
64	攀爬移动中的车皮或车皮上有人上、下，开动卷扬
65	使用未倒角或翻边的錾子
66	进入重点要害岗位不登记；非重点要害岗位人员进入重点、要害岗位逗留
67	跨越运转设备或在设备运转时传送物件、接触运转部位
68	安排外行监护内行作业（如钳工监护电工等）
69	无故不参加班组安全活动
70	安全活动或安全例会迟到、早退
71	不进行转换岗、返岗、三级教育、登记
72	无故不参加安全考试
73	骑自行车、摩托车进厂房进入作业现场。高空作业穿硬底鞋。高空抛扔工具、器件。搭设临时架板、攀登使用直爬梯不捆绑，无专人监护
74	物体堆放超高、不稳妥、占用安全通道
75	开动无限位、无制动的起重机械设备
76	有落物危险的高空作业时地面不设警戒线，无监护人的施工抢修，有坠落、落物处不设警戒线
77	使用人字梯无限开互拉装置
78	用铜（铁、铝）丝代替保险丝
79	起重作业在不确认自己站位是否安全的状况下就指挥吊运。不确认吊具、吊链完好状况就指挥吊运
80	擅自进入煤气危险区域。进行煤气动火作业，不办动火手续，不设消防器材，无监护人
81	电焊机使用中发生故障，不停电就检查处理
82	起重作业不确认吊物放置环境状况就指挥吊运。占用、堵塞安全通道
83	特种作业无证上岗，对特种设备（压力容器等）不按规定时间巡回检查
84	在铁路界限内行走，抢过道口、横过铁路。擅自进入要害岗位
85	在检修作业现场追打逗闹
86	在禁烟（火）区域或现场吸烟
87	管理者本人或指派人员有意进行违章作业

序号	不安全行为
88	管理者本人或指定非工种人员操作机器、设备、车辆
89	管理者本人或指派非工种人员进行特种作业
90	使用的电气设备缺少接地或接零装置
91	管理者本人或指派人员随意拆除安全设施、信号、联锁装置及警示标志
92	管理者本人或指定人员不按规定在现场对危险作业进行监护
93	管理者本人在现场对违章行为不制止，对群体性违章问题不采取措施
94	与移动、旋转设备接触或身体、肢体处于设备运行空间内
95	容器内作业不使用通风设施
96	电气作业未做到一个人作业一个人监护
97	设备有故障或安全防护装置缺乏，继续使用
98	机动车辆客货混载
99	发现隐患不及时处理也不上报，冒险作业

表7-2　常见的安全隐患

序号	隐　患
1	在必须使用安全电压的地方使用常压电
2	机械设备运转部（轮、轴、齿轮等）位没有防护罩
3	手动砂轮机没有防护罩
4	栏杆高度不足1.05米或强度不够
5	梯子角度过陡，大于75°
6	起重设备限位失灵（主、副钩，防护门等）
7	使用的钢丝绳磨损超过标准
8	平台、沟、坑、洞等缺少栏杆或盖板
9	转动的轴头缺少轴套
10	安全防护器具处于非正常状态或检查不够
11	绝缘工具破损
12	灭火器缺少铅封
13	自动灭火报警系统不能正常动作
14	抽排烟、除尘装置不能正常发挥作用
15	地面不平整，有突出地面的物体
16	轨道尽头缺少阻车装置，未安装防止"跑车"的挡车器或挡车栏
17	电气装置（电机、开关、变压器等）缺少接地或接零
18	在危房内作业
19	缺少防护罩或未在适当位置

续表

序号	隐　患
20	防护罩根基不牢
21	电气装置带电部分裸露
22	作业安全距离不够
23	工件有锋利毛刺、毛边
24	设施上有锋利倒棱
25	工具、制品、材料堆放不安全
26	煤气水封缺水
27	输送易燃、可燃气体或液体的管道没有接地、两节管道间没有搭接
28	地面有油或其他液体
29	地面有冰雪覆盖
30	地面有其他易滑物
31	电线、电缆外皮破损
32	高温物品距离操作人员过近
33	旋转或转动的设备没有划出警戒线
34	作业场所摆放混乱，容易造成摔倒
35	作业场所有毒有害物质超标
36	操作台或操作开关没有明显标识
37	脚手架等铺设的跳板没有固定，处于活动状态
38	防护、保险、信号等装置缺乏或有缺陷
39	无防护罩
40	无安全保险装置
41	无报警装置
42	无安全标志
43	无护栏或护栏损坏
44	绝缘不良
45	风扇无消声系统、噪声大
46	防护不当
47	防护装置调整不当
48	坑道掘进、隧道开凿支撑不当
49	防爆装置不当
50	设备、设施、工具、附件有缺陷
51	设计不当，结构不合安全要求
52	通道门、墙等遮挡视线
53	制动装置有缺欠
54	安全间距不够

序号	隐　　患
55	拦车网有缺欠
56	安全设施强度不够
57	机械强度不够
58	绝缘强度不够
59	起吊重物的绳索不合安全要求
60	设备在非正常状态下运行
61	设备带"病"运转
62	超负荷运转
63	维修、调整不良
64	设备失修
65	地面不平
66	保养不当、设备失灵
67	安全鞋等缺少或有缺陷
68	照明光线不良
69	照度不足
70	作业场地烟雾尘弥漫视物不清
71	光线过强
72	煤气浓度超标
73	作业场所狭窄
74	作业场地杂乱
75	交通线路的配置不安全
76	操作工序设计或配置不安全
77	储存方法不安全
78	环境温度、湿度不当
79	消防通道宽度不够
80	灭火器失效

二、建立健全安全生产管理制度

根据前期的现场危险源识别，采取措施，制定相关作业规范，是有效确保安全的途径。安全生产管理制度是保障人身安全与健康以及财产安全的基础规定，全员必须严格遵守。主要制度性内容包括：

① 安全生产检查制度；

② 安全生产事故隐患排查制度；

③ 安全事故隐患整改制度；

④ 安全培训教育制度；

⑤ 生产场所及设备安全措施；

⑥ 安全生产值班制度。

三、应急预案

为处理突发事件，企业应制定应急预案处理程序。应急程序包括：成立应急预案小组、应急预案的制定、应急预案的启动、应急预案的终止及应急预案的演练。

四、规定员工安全着装要求

安全着装要求包括穿正确的防护服，正确地穿防护服。着装的一般要求如下。

➢ 工作服应合身。

➢ 袖口、裤角应系紧，无开线。

➢ 衣扣应扣好。

➢ 工作服不能沾有油污或被打湿。

➢ 不穿拖鞋或容易打滑的鞋。

➢ 正确使用安全帽、安全鞋。

➢ 要求戴工作手套。

➢ 用研磨机等要戴上护目镜进行作业。

➢ 在会产生粉尘的环境中工作时，使用保护口罩。

➢ 发现安全装置用具不良时，应立即向负责人报告并立刻加以处理。

五、使用安全警示标志

安全警示标志的含义：

① 安全警示标志包括安全色和安全标志；

② 安全色是指传递安全信息含义的颜色，包括红色、蓝色、黄色和绿色；

③ 对比色是使安全色更加醒目的反衬色，包括黑、白两种颜色；

④ 安全标志的分类，有禁止标志、警告标志、指令标志和提示标志四类。

安全警示标志设置场所：

① 线路施工时在土方开挖的洞口四周设置警戒线，设置警示标识牌，晚间挂警示灯，施工点在道路上时，应根据交通法规在距离施工点一定距离的地方设置警示标志或派人进行交通疏导。

② 场地施工时在施工现场入口处、脚手架、出入通道口、楼梯口、孔洞口、桥梁口、隧道口、基坑边沿设置安全警示标志。

③ 在高压线路、高压电线杆、高压设备、雷击高危区、爆破物及有害危险气体和液体存放处等危险部位，设置明显的安全警示标志。

④ 其他设置安全标志的场所。

安全警示标志的设置要求如下：

① 安全标志应设在与安全有关的醒目的位置。标志的正面或其邻近不得有妨碍公共视线的障碍物。道路上施工设置警示标识时必须考虑道路拐弯和晚间的光线等因素。

② 除必须外，标志一般不应设置在门、窗、架等可移动的物体上，也不应设置在经常被其他物体遮挡的地方。

③ 设置安全标志时，应避免出现内容相互矛盾、重复的现象。尽量用最少的标志把必需的信息表达清楚。

④ 方向辅助标志应设置在公众选择方向的通道处，并按通向目标的最短路线设置。

⑤ 设置的安全标志，应使大多数观察者的观察角接近90°。

⑥ 安全标志的尺寸应符合标志相关标准的要求。

⑦ 室内及其出入口的安全标志设置应有具体的要求。

主要安全标志图示见表7-3。

表7-3　主要安全标志图示

类型	内容	图片	类型	内容	图片
禁止标志	禁止烟火		禁止标志	禁止通行	
	禁止带火种			禁止吸烟	
	禁止穿带钉鞋			禁止乘人	
	禁止驶入		警告标志	当心落物	
	禁止打手机			当心中毒	
	禁止穿化纤服装			当心腐蚀	

类型	内容	图片	类型	内容	图片
警告标志	当心机械伤人		指令标志	必须戴安全帽	
	当心滑跌			必须戴防毒面具	
	当心火灾			必须穿工作服	
	当心触电			必须戴防护帽	
	当心爆炸			必须戴防尘口罩	
	当心吊物			必须戴防护手套	
	当心泄漏（管道）			必须戴防护眼镜	
	当心泄漏（储罐）			必须戴护耳器	
	当心碰头				

类型	内容	图片	类型	内容	图片
提示标志	注意安全	⚠️ 注意安全	提示标志	注意防尘	注意防尘
	注意通风	注意通风		噪声有害	噪声有害

六、安全培训

（1）基本培训

安全培训分为特种培训和常规性的教育。

① 新进人员入厂安全培训。新入厂的职工或调动工作岗位的工人，以及合同工、临时工、实习人员等在分配到车间和工作地点之前，要由安全管理部门进行初步的安全教育，包括国家的有关安全法规、公司的安全生产状况、内部特殊危险部位介绍、一般电气知识、入厂安全须知、预防事故与急救的基本知识。

② 部门教育。部门教育是新职工或调动工作岗位的工人分配到车间后进行的安全教育。一般由部门安全负责人进行，包括生产安全情况、车间危险源、危险设备、危险化学品以及安全的管理制度等。

③ 岗位教育。岗位教育是指对新到岗及转岗的工人由组长、线长或工段长进行的岗前安全教育。岗位教育更为具体，包括岗位操作规程、注意事项、危险物的控制办法、个人防护用具的使用方法，以及发生事故时的紧急救灾措施和安全逃生路线等。对人员的安全教育，不仅要在生产过程中进行，还要在平常进行，如早会传达、生产中的检查、宣传挂图、安全知识竞赛活动、安全日活动、安全题材展示、事故案例介绍、安全会议、简报等。

（2）KYT 培训

KYT（危险预知训练）是针对生产特点和作业全过程，以危险因素为对象，以作业班组为团队开展的一项安全教育和训练活动，是一种群众性的"自主管理"活动，目的是控制作业过程中的危险，预测和预防可能出现的事故。KYT 训练起源于日本住友金属工业公司的工厂，后经三菱重工业公司和长崎造船厂发起的"全员参加的安全运动"，1973 年经日本中央劳动灾害防止协会推广，形成技术方法，在 NISSAN 等众多日本企业获得了广泛运用，被誉为"零灾害"的支柱。

KYT 危险预知训练的概念有两个要点：一是形式，二是内容。从形式角度，KYT

不是一种培训，而是一种小组讨论。小组讨论的内容是什么呢？是危险性作业，而不是危险性状态。危险性作业不等于不安全行为，不安全行为是违规行为，而对于危险性作业，即使是不违规，也存在一定的危险性。KYT分析就是通过小组讨论，确认某个作业过程中所有潜在的危险因素，并针对危险因素制定具体对策，设定小组作业行动目标，避免事故发生。

KYT危险预知训练共分为三个阶段：第一阶段，讨论分析前准备；第二阶段，KYT讨论分析；第三阶段，KYT表应用。

第一阶段，KYT危险预知训练前准备。为了生动活泼地开展危险预知训练活动，讨论分析开始前，应对有危险的作业现象及可能引起的危险进行拍照，以制作成危险预知训练用图片。KYT活动时以班组为单位，一般每组5～6人。小组成员包括：主持人、记录员、普通成员等。时间为半小时到两个小时不等。

第二阶段，KYT危险预知训练四步法（表7-4）。KYT危险预知训练共有四个步骤：分析潜在危险因素、确定主要危险因素、收集候选对策、确定行动措施。

表7-4　KYT危险预知训练四步法

序号	步骤	内容
第一步	分析潜在危险因素	●针对议题（危险性作业），小组成员轮流分析、找出潜在的危险因素，并想象、预测可能出现的后果
第二步	确定主要危险因素	●在所发现的所有潜在危险因素中找出主要危险因素 ●从主要危险因素中找出1～3项重大危险因素
第三步	收集候选对策	●针对主要危险因素每人提出具体、可实施的候选对策 ●提出的对策必须在实践上切实可行，并且不为法规所禁止 ●提出的对策应尽可能地多，要充分发挥创意和发散性思维
第四步	确定行动措施	●充分讨论，从候选对策中选出最可行、最值得实施的对策 ●最终选出来的实施措施要全体通过才可以，因为这些措施要贯彻和落实到每个人

KYT讨论时，各位小组成员应该遵守三项原则。

① 积极参与：主持人应充分发挥组织和引导作用，调动每一个人发言的积极性，防止活动变成主持人唱独角戏。

② 流程严谨：严格按照KYT训练四步法进行讨论，一步一步来。每个步骤必须要达到所要求的目的，抓住重点，不能含糊不清。

③ 及时记录：记录员把员工发言简明扼要地记录在纸上，以备查看。

把危险预知训练四步的"讨论经过"总结归纳为KYT（危险预知训练）表。KYT表必须经过上级主管批示；KYT表审批通过后复印发给与该作业相关的所有人员，每人一份。

第三阶段，KYT表的应用。将讨论的KYT表和表中的安全作业要点进行应用时，形式有以下三种。

① 安全作业训练。以班前会、班中会和周安全活动的形式进行。如在作业前进行有针对性的宣讲、确认，结合当班的作业项目和分工安排，学习或复习KYT表，对在

具体的作业过程中可能存在的其他危险因素与防范措施进行补充。通过班组讨论、个人思考，达到理解以致会用。

② 分析能力训练。在具体作业过程中应用KYT表，掌握四步分析法，学习发现问题、分析问题、解决问题的方法，从而为日后进行其他危险性作业的KYT分析打下基础。

③ KYT表完善。在实施岗位KYT表过程中，若发现或发生了表中未涉及的危险或防范措施，就应当结合问题，及时补充完善KYT表。

企业可以把KYT分析活动当成现场班组安全活动的一个重要形式进行推广，规定每个车间每月讨论一个课题，讨论完之后，将讨论结果整理成KYT表，进行讲解、训练和应用。以推行KYT活动为契机，将班组安全活动推向一个新高度。

七、安全检查

安全检查是一项细致、认真、专业、严肃的工作，要对现场物、机、人、环、法进行观察及分析，是建立良好的安全生产环境、做好安全生产工作的重要手段之一，也是企业防止事故、减少职业病的有效方法。

（1）确定安全检查种类

安全检查分为以下几种。

① 日常性安全检查。即经常的、普遍的检查。企业一般每年进行2～4次；车间、科室每月至少进行一次；班组每周、每班次都应进行检查。专职安技人员的日常检查应该有计划，针对重点部位周期性地进行。

➢ 生产岗的班组长和工人应严格履行交接班检查和班中巡回检查；
➢ 非生产岗位的班组长和工人应根据本岗位特点，在工作前和工作中进行检查；
➢ 各级领导和各级安全生产管理人员应在各自业务范围内，经常深入现场进行安全检查，发现不安全问题及时督促有关部门解决。这是指按企业制定的检查制度每天进行的例行检查，如各线、班之间的交接班检查，生产现场的巡回检查，管理者的现场巡视检查等。

② 专业性安全检查。这是指针对特种作业、特种设备、特种场所进行的检查。特种作业的检查应由专业的技术人员进行，必须全方位地进行观察和测试，如升降机、电器焊机、压力容器，要对相关设备的运行情况、作业情况、维修及调试情况进行了解，对安全防护措施及个人防护用品使用情况等进行连续检查，以确保其防护功能。

③ 季节性检查。根据季节变化对安全的影响，应组织安全技术部进行检查，如秋季以防火为主要内容的检查，夏季以防暑降温为主要内容的检查，冬季以防寒、保暖为主要内容的检查，春季以预防流行性病毒感染为主要内容的检查，雨季以防雷、防电、防洪为主要内容的检查等。

④ 节假日前后的安全检查。节假日前后，员工工作精力相对分散，应对人员流失

及出行安全等现象进行检查。注意电、水、气的不安全因素。

⑤ 不定期的安全检查。对新设备、新人员、新环境、新工艺、新作业规范、节假日设备试运行等进行检查，以确保安全。

（2）制定安全检查表

安全检查表分类见表7-5。

表7-5　安全检查表分类

检查表种类	适用范围	主要内容
设计用安全检查表	设计、工艺人员从事设计工作进行系统安全分析时使用	具体内容应依系统安全分析的对象而定。如用于新建工程设计的安全检查表，其主要内容应包括项目选址和总图设计，工艺流程的安全性，机械设备的安全性，物料储存与运输的安全性，安全设施与装置，消防设施与器材，防尘防毒措施和安全组织与管理等。这类安全检查表也可以作为本质安全审查的依据
厂级安全检查表	供全厂性安全检查时使用	包括各重点危险部位，主要安全装置与设施的灵敏性、可靠性，危险物品的储存、使用及操作管理等
车间安全检查表	供车间进行定期安全检查或预防性检查时使用	包括工艺安全，产品原料及产成品的合理存放，通风照明，噪声振动，安全装置，消防设施，安全标志及操作安全等
班组及岗位安全检查表	日常检查和安全教育	根据岗位的工艺与设备的防灾控制要点确定，要求内容具体、易行，具有针对性
专业安全检查表	专业性的安全检查和分析	内容应突出专业特点，如对特种设备检验的安全检查表，其主要内容应包括设备结构的安全特性、设备安装的安全要求、安全运行的参数限额、安全附件报警装置的齐全可靠、安全操作的主要要求及特种作业人员的安全技术考核等

安全检查表的制定过程包括：

① 对危险、有害因素进行调查分析，确定检查项目和内容。由本单位工程技术人员、生产管理人员、工人和安全技术人员共同总结生产操作的经验，分析工艺过程和设备特点，从中查明可能导致事故和职业危害的各种潜在危险因素和环节条件。要特别重视总结工人的实际经验，因为它们可以作为科学分析的基础和补充，具有非常重要的作用。例如可以组织工人开展事故预测活动，就可能发生的事故、触发事件、事故原因、事故后果、影响范围、预防对策措施等进行深入的讨论和总结。这样做不但可为制定安全检查表奠定基础，也可使工人群众从中受到深刻的安全教育，增长预防事故的知识和本领。

② 确定检查标准和要求。确定的依据就是国家的各项安全生产法规和标准，以及企业自身制定的安全生产规章制度、技术要求参数、安全操作规程等。

③ 确定检查时间。要根据检查的范围和对象的具体情况确定检查间隔的时间，如月、日、班、时等。

④ 做出检查表。检查表的每项内容、标准、要求都应力求简洁明了，以便于识别判断和填写检查结果，如可以用是否、有无等提问式的语句，对设备的检查表可直接写明其工作参数的允许范围等。

制定安全检查表要在安全技术部门的指导下，充分依靠职工来进行。初步制订出来的检查表，要经过群众的讨论，反复试行，再加以修订，最后由安全技术部门审定后方可正式实行。安全检查表示例见表7-6。

表7-6　安全检查表示例

类别	项目	要求
现场环境	温度、湿度	是否符合作业要求
	突出物	墙壁、地面等处不存在有安全隐患的突出物
	噪声、振动	是否对人身、作业或建筑物造成影响
	煤气等易燃、易爆及有毒气体等	有无违章存放使用及泄露现象
	粉尘	是否对人体、生产等造成危害
	气味	是否对人体、环境造成危害
	安全范围、警戒区域	是否进行了合理的规划、标识有无被占用
	采光、照明	是否符合作业要求、有无隐患
	地面	是否有湿滑、积水、凹凸不平等问题
设备与工装	机械、设备	设备上是否有残缺、破损等安全隐患，是否有松动或未固定的部件
	设备、工装表面	设备、工装、小车有无毛刺和尖锐棱角
	阀门、仪表	是否完好无破损
	配线、配管布局、走向	是否合理，有无泄漏、裂纹安全隐患
	设备运转部位	安全措施、保护用的遮盖物等是否齐备
危险品与灾害	危险品的放置	化学药品等危险品分类放置（性质相抵触物品分开放置）是否按规定位置、规定高度放置
	危险品的保管方法	是否指定了保管人、制定了危险品的保管方法
	防火设备、预警设备	布局是否合理，数量是否充足，紧急时是否能够正常运作
	安全通道、出口等的管理	是否保持在可使用状态
	火灾、流行病、地震、台风对策	是否设定了应急对策措施
生产作业	个人劳动保护用品	是否充分、正确地佩戴或使用
	作业动作	是否按安全操作规范操作
	高温作业	是否有降温措施
	物品徒手搬运	是否按规定数量、规定动作进行搬运
维修作业	焊接作业	是否佩戴保护用具、器具
	人员高空作业	是否采取了保护措施
	高速转动工具	是否采取了防护措施等

（3）安全检查实施

安全检查是全员大事，公司高层及员工应共同参与，认真做好检查记录并附图片。检查结束后应及时进行汇总分类，并发出安全整改通知到相关部门限期整改。

收到整改通知的单位对不符合项进行调查，制定有效的对策。安全对策分为两大类，一是技术性措施，二是安全操作规程类措施。

技术性措施是指进行设备的技术改造、加装安全装置、进行安全标示等。技术性措施一般需要资金的投入，企业应对安全措施设立专门的安全预算。技术性措施应遵循以下原则。

> 消除原则：通过合理规划、设计和管理，尽可能从根本上消除危险和有害因素，如采用自动化作业等。

> 预防原则：当消除危害源有困难时，可采取预防性技术措施，如使用安全阀等。这样即使发生安全事故，危害也无法传递，被消灭在萌芽状态。

> 减弱原则：在无法消除及难以预防的情况下，可采取减少危害的措施，如降低噪声、减少热量等。

> 隔离措施：在无法消除、预防、减弱的情况下，应将有害源隔开，如使用防护罩、安全罩等。

> 联锁装置：当操作者失误或设备运行达到危险状态时，通过连锁装置，终止危险运动，使危险状态不扩大。

> 警告原则：在易发生故障、事故或危险性较大处，配置醒目的识别标志，必要时可用声光组合的报警装置。

第四节
安全的推进——精细化管理

一、安全精细化管理的涵义

精细化管理是一种理念，一种文化，是源于发达国家的一种企业管理理念，是社会分工的精细化以及服务质量的精细化对现代管理的必然要求。它建立在常规管理的基础上，并将常规管理引向深入的基本思想和管理模式，是一种以最大限度地减少管理所占用的资源和降低管理成本为主要目标的管理方式。

安全精细化管理，就是采用系统安全分析手段和现代控制方法，以企业的生产系统整体为对象，对生产过程中存在的各种危险因素进行分析，做好系统控制，使危险因素始终控制在可以掌控的安全状态以内。

安全精细化管理的目标有：

> 优化部门协调和作业流程，各个环节、每道工序有机衔接，每个子系统都符合

大系统的内在要求，实现系统安全运转；

> 提高员工的安全理念和意识，规范其操作行为，使安全成为每个员工的习惯；
> 最大限度地减少工作中存在的缺陷，消除人的不安全行为和物的不安全状态。

二、安全精细化的内容

（1）安全制度精细化

安全管理制度精细化包括制度制定和实施的精细化两个方面，在制度制定的过程中，首先要转变安全管理的观念，使企业中的安全管理存在错误的认识的员工逐渐接受安全精细化的管理理念，努力做到事事精细化且有标准、事事精细化且有人管。此外，还要建立准确合理的激励机制。通过考核、奖励和处罚等手段，引导和推进安全精细化管理。如果只是要求大家安全管理精细化，但在考核、激励等方面没有先行一步，没有与安全管理精细化接轨，就会导致安全精细化管理不能很好地得到落实。

（2）员工作业行为精细化

企业生产都有标准的安全操作规程，对安全生产标准做到精细化，使得生产作业的各个细节都有明确的作业标准可依，细节上最大限度地降低生产作业潜在的风险，便于安全检查人员的工作。

（3）安全质量标准化

安全质量的标准化是企业安全生产的基础，精细化的安全标准为安全检查、监督提供可靠、明确的依据。安全检查、监督要求精细到每一项工作、每一个岗位，做到有章可循、有量可计、有质可考。

（4）安全信息精细化

安全信息精细化首先要分类及采集精细化。由于安全生产的影响因素众多，信息分类的精细化可以大大提高信息采集的效率，使得信息处理更加及时和准确。此外，要做到安全信息处理精细化。精细化的安全信息处理为安全预防措施的制定奠定了基础，工作人员可以方便地查询安全隐患的情况，并能够及时、准确地做出相应的处理措施。最后，还要做到安全信息反馈精细化。安全信息反馈精细化，可使反馈的安全信息更加详细，使安全管理条例等的制定有据可依。

三、安全精细化管理过程中应注意的问题

（1）用实际效益说话

精细化管理必须要用数字说话，但如果沉溺于数字，局限于数字，就常常会被数字假象所迷惑，导致决策上面的失误。企业做一个决策的过程往往并不是足够透明

的，必然要建立在若干假设之上，对数字的假设自然也包括其中，但如果企业决策过程中数字太多，数字的真实性和有效性就会成为非常严重的问题，会出现一些相互矛盾的数字，出现大量的数字冗余，如何取舍和平衡，就成了一门艺术，同时也成了一门科学。所以企业在推行安全精细化管理过程中，不能单纯追求数字，还要讲究实效，紧扣目标。

（2）提高精细化管理的执行力

安全精细化管理要落到实处，需要人的有力执行。但很多时候，设计精良的精细化管理细则却难以得到很好的实施。问题的关键就在于其操作性设计不尽合理，没有充分考虑执行人的能力。往往是推行者不愿意推进，怕麻烦，怕得罪人，造成执行人能力不足，无法保障等等，最后导致精细化管理只能停留在纸面上、口头上。

（3）转变传统的思维模式

推行安全精细化管理必须与企业文化建设相结合。目前我国许多企业还缺乏推行安全精细化管理的基础，管理手段非常传统，在这样的企业文化背景下推行安全精细化管理工程，必然会遇到很大阻力。一方面，企业缺乏推行精细化的管理者，另一方面，缺乏接受实现精细化管理的员工，因此，精细化管理很难落到实处。如果企业不顾实际情况，强行推行精细化管理工程，必然会引发一系列新的矛盾，最终偏离最初的设计目标，事倍功半。所以企业在推行安全精细化管理过程中，一定要和企业文化建设结合起来，增强员工的凝聚力，形成上下一心事事要求精细的思维模式。

（4）建立长效机制

安全精细化管理是关系到发展目标能否实现的大事，所以在推行安全精细化管理过程中决不能一阵风、搞运动，要有目标、有组织、有步骤、踏踏实实一步一个脚印向前推进。要建立长效机制，把推行安全精细化管理工程与企业的各阶段工程任务和目标以及发展战略结合起来，和企业文化建设结合起来，才能起到实效。要落实好岗位责任机制，狠抓干部责任落实；完善监督机制，狠抓过程控制；完善考核机制，强化绩效考核；完善执行机制，强化奖惩兑现。

 案例7-1　KONIAMBO镍矿项目的安全精细化管理模式

KONIAMBO镍矿项目是世界首例大型集成化冶炼厂，结构总重约25000t，吊装总重约39950t。镍矿项目安全管理团队求真务实，勇于创新，将精细化管理模式运用到实际工作中，取得了良好的效果。

项目进行安全精细化管理的主要做法有：

（1）更新管理理念，坚持以人为本

实施安全精细化管理，就是要求企业摒弃单纯依靠经验办事和"差不多"、"过得去"等满足现状的思想状态，大力提倡"我们永远有不足"，要把各项工作做精、做细、做好的理念。使企业从粗放型管理向精细化管理转变，形成精细化管理的良好氛围和企业文化，使推行精细化管理有一个良好的思想基础。镍矿项目发起"Back to Basic"运动，将安全管理工作扎扎实实从基础做起，侧重于细节的把握，强调安全无小事，将镍矿项目安全理念传播到现场作业的每一个区域，使每位员工都能熟悉项目的管理要求。在这过程中充分肯定员工的主导地位，以"同一个团队，同一个策略，同一个目标"作为工作的出发点和落脚点，充分调动广大员工的主动性、积极性和创造性去参与安全管理活动：广泛开展亲情安全教育，通过慰问信等形式呼吁员工家属积极关切员工作业安全，以亲情感化并促使员工增强安全意识，形成"公司—家庭"联手抓安全的良好氛围，使安全成为员工的自觉行为，最大限度地发挥其能动性。

（2）推行先进方法，提升管理效率

推行先进的管理手段与方法，充分利用精细化管理方式提升安全管理的质量和效率，明确职责，落实各层级安全生产责任。按照"谁主管，谁负责"的原则，镍矿项目修订和完善了各级领导的安全生产责任制，编写完成24个责任书模板。项目经理与各部门负责人、各部门负责人与员工，项目经理与分包商经理、直至班长与工人，坚持一级抓一级，一级对一级负责，层层签订安全生产责任书，将安全责任落实到每一个人，使每个人都成为自己的安全领导，实现了"横向到边、纵向到底"，覆盖了所有项目参与人员：深化管理团队建设，将分包单位的管理纳入项目整体管理，并探索建直通式管理组织机构，脉络清晰，职责明确。为安全要求的执行和信息反馈提供了良好的渠道，管理效能得到极大的改善。

（3）强化培训，规范员工行为

强化培训，规范员工行为、增强员工安全意识，形成遵纪守规的良好习惯。镍矿项目将员工培训形成制度化，根据项目特点，编制入场安全教育培训课件，并进行单独培训，经考试合格者方可入场作业，累计培训4700多人。同时，注重实效，积极开展了一系列专项培训，如事故案例、脚手架、起重、高处作业、打磨作业、热工作业、手部眼部保护培训等，累计完成90余次，约3000多人，确保现场每一位施工人员都参与本专业的技能培训。在此基础上组织编写各类作业安全操作手册，发放至现场每位施工人员，使其方便阅读。对现场安全管理人员则定期开展业务知识培训，循序渐进，不断提高其管理水平。

（4）强化安全信息闭合管理

提升安全信息利用水平，强化安全信息的闭合管理。严抓隐患的排查、跟踪治理工作。安全隐患综合排查上形成制度，如日检、周检、月检及临时抽查等，明确各级人员在隐患排查、跟踪治理过程中的职责。对发现的安全隐患，各级管理人员必须及时组织整改、跟踪落实，从隐患的发现到解决形成闭合。对现场不能及时解决的隐患，须说明原因，上报镍矿项目组，以便及时制订安全措施；以制度的形式规范和完善各项安全会议。建立项目安全月会制度，每个月通报存在的典型问题，强调现场问题的整改要求和管理标准。针对个别分包商存在的突出问题，推行约谈制度，加强与分包商的交流，解决管理中疑难问题。为便于各分

包商之间信息共享和交流，项目实行安全管理人员早会制度，汇报前一工作日发现的安全隐患及其整改情况，讨论防范措施，有效避免了隐患的积累；充分发挥员工的参与精神，在建造场地发放"镍矿工程隐患意见反馈卡"，定期回收反馈意见，以便安全管理人员了解现场隐患并及时采取相应的措施。

（5）细化考核，健全激励约束机制

细化考核，健全激励约束机制，推进精细化管理纵深发展。实施安全管理标准化建设，项目建造过程中共识别、调整和升级各类管理、考核标准600余项，编制了《镍矿项目风险识别评价标准》《镍矿项目HSE目标指标及管理方案》《镍矿项目HSE考核办法及奖惩细则》等针对性较强的体系文件，将软指标硬化、硬指标量化，定性与定量相结合，保证了精细化管理的目的性和有效性。同时，加大监督、检查力度，每周对各模块进行检查，并对其制度执行情况进行评估。对承包商安全管理进行绩效考核，对表现突出的单位和个人进行表彰奖励；对连续排名靠后、严重违反安全要求的单位和个人坚决予以处罚，营造出全员争优创先的良好氛围。

历时26个月，镍矿项目如期完成，共计830多万人工时，未发生任何损失工作日事件，圆满完成了项目目标指标，得到了业主的一致好评，有力地推动了公司国际化的进程；同时也取得了广泛的社会效益，促进了企业的发展和形象的提升；锻炼了一批管理干部，提高了员工素质，促进了生产水平和生产效率的提高。

現場 **6S**
精益管理实务

第八章
素养的推行与推进

第一节
素养的基本内容

一、素养的涵义及作用

素养是指企业每个员工都能自觉依照规定和制度行事，养成良好的习惯，培养积极的精神。企业应向每一位员工经常地灌输遵守规章制度的工作的意识，此外还要强调创造一个良好的工作场所的意义。素养的目的是培养具有良好素质的人才，铸造团队精神，创造一个良好的人文环境。

素养的作用如下：

➢ 教育培训，保证人员的基本素质要求。
➢ 塑造企业优良形象，形成和谐的工作环境，提高员工的工作热情和敬业精神。
➢ 使员工遵守标准。
➢ 形成温馨、明快、安全、舒适的工作氛围。
➢ 塑造优秀人才并铸造战斗型的团队。
➢ 是企业文化的起点和最终目的。
➢ 为其他管理活动的顺利开展打下基础。

二、素养形成的三个阶段

素养是分阶段逐步提升的。

第一阶段：形式化。素养最初的形成在于形式化的要求。企业为了达到某种效应，要开展一些诸如清扫设备上的脏污、擦玻璃、拖地板等大扫除活动。这个阶段的活动特点主要是使得全体员工都能响应领导号召，往往此时员工的行为多少存在一点应付因素在里面，此时的重点是必须运用一些形式的东西去改变环境，让人们感到与原先就是不一样，使用宣导造势、可视化管理等工具，形成比原来更好的工作现场。要想达目的，必要的形式不可缺，但绝非"为形式而形式"。这时候需要导入各种各样有效的活动形式，并使这些形式得以固化。活动在开始阶段常常会遭到员工的质疑或消极抵制，因此此阶段在执行中会带有一些强制性。

第二阶段：行事化。之前形式化的做事要求已经成为了日常例行工作的一部分，不会再被看成是额外的负担。长期坚持统一的规章制度使得员工对行事标准不再抵触，并且逐渐认识到坚持执行标准工作是一件应该做的事情。行事化把要求的行为制定成制度或标准，让所有人都按一个标准做事，每时、每刻、任何人、任何环境都要按要求做事。行事化意味着"到了某一天、某个时段必须做什么"。例如：当企业制定了红牌作战活动的制度时，那么就必须做到每个星期按时完成这件事情。通过不断重复地例行公事，逐渐使员工认为做这些事情是工作的一部分，因此，行事化是培养员工习惯的重要过程。

第三阶段：习惯化。到了习惯化阶段，员工们不再感觉到刻意，就像每天穿衣吃饭一样自然。当例行工作得到长期坚持时，它就会变成员工的习惯。习惯是行为的自动化，不需要特别的意志努力，不需要别人的监控，在什么情况下就按什么规则去行动。这时候，6S管理所要求的素养才完全形成。

三、素养的内容要求

素养的内容包括工作态度、行为规范与道德规范三个方面。

（1）工作态度

工作态度是对工作所持有的评价与行为倾向，包括工作的认真度、责任度、努力程度等。由于这些因素较为抽象，因此通常只能通过主观性评价来考评。

态度是管理心理学的重要研究内容。人们的态度在很大程度上受到价值取向的影响。不过，态度针对具体的人或事物，而价值取向则更为广泛。态度是指个体在一定环境中对一类人或事物做出积极或消极反应的心理倾向。工作满意度就是管理心理学中所研究的重要工作态度。

工作态度作为工作的内在心理动力，影响对工作的知觉与判断、促进学习、提高工作的忍耐力等。一般说来，积极的工作态度对工作的知觉、判断、学习、工作的忍耐力等都能发挥积极的影响，因而能提高工作效率，取得良好的工作绩效。这表明积极的工作态度与工作绩效之间有着一致性的关系。

企业要求员工应具有的工作态度，罗列为以下几点：

> 主动性——没有指示，也能主动做好工作；

> 积极性——即使困难的工作，也主动承担，积极去完成；

> 执行力——快速反应、不折不扣、确保上级领导安排的工作准确无误地执行；

> 敬业精神——爱岗敬业，始终保持饱满的工作热情，主动承担上级领导交办的临时任务，主动解决工作中的问题，任劳任怨，勤勤恳恳；能摆正个人利益和公司利益的关系，在个人的休息时间，公司有重大事件、活动、会议或有突发事件时，主动牺牲个人利益，以企业大局为重；

> 责任心——忠实履行责任，勇于承担责任，不推卸责任，诚实守信，廉洁奉公；工作踏实，一丝不苟，坚持原则，严格遵守公司各项规章制度，堪为表率；

> 纪律性——遵从公司各项规章制度，不迟到，不早退，认同、支持和维护组织目标；

➤ 约束力——随时随地以诚信开展业务，遵守社会道德规范；尊重他人；不让个人不良情绪反应影响自身工作和他人，遵守法律法规和社会公德，注意个人形象。

（2）行为规范

行为规范分为基础规范、形象规范、岗位行为规范与礼仪规范四个方面。

① 基础规范内容。对于企业员工来说，从三个角度——品质、技能、纪律概括基础规范。

一是品质：

➤ 具有职业责任心和事业感，确立大局意识，对工作兢兢业业；树立诚信观念，对同志满腔热情。

➤ 奉行"自律、友善、快捷、准确"的服务理念，为客户提供诚实、高效的服务，做到让公司放心，让客户满意。

➤ 强化市场观念和竞争意识，讲求优质服务和经济效益，维护集团公司和本企业的根本利益。

➤ 讲究文明礼貌、仪表仪容，做到尊重他人、礼貌待人，使用文明用语。

➤ 发扬团队精神，维护企业整体形象，部门之间、上下级之间、员工之间相互尊重，密切配合，团结协作。

➤ 严格遵守公司各项规章制度，做到令行禁止，执行力强。

➤ 培养正直的品格，做一个勤奋敬业的好员工、遵纪守法的好公民。

➤ 员工是公司形象的再现，因此必须具备强烈的形象意识，从基本做起，塑造良好的企业形象。

二是技能：

➤ 勤奋学习科学知识，积极参加文化、技术培训，不断提高自身的科学文化素质。

➤ 刻苦钻研业务，精通本职工作，熟练掌握与本职工作相关的业务知识，不断提高自身专业技术水平。

➤ 苦练基本功和操作技能，精通业务规程、岗位操作规范，不断提高分析、认识解决问题的能力。

➤ 不断充实更新现代业务知识和工作技能，努力学习和运用最新的科学技术。

三是纪律：

➤ 遵纪守法，掌握与本职业务相关的法律知识，执行国家各项法律、法规。

➤ 遵守企业的各项规章制度，自觉执行劳动纪律、工作标准、作业规程和岗位规范。

➤ 遵守作息时间，不迟到、不早退，不擅自离岗、串岗，不做与工作无关的事情。

➤ 廉洁自律，秉公办事，不以权谋私，不吃、拿、卡、要，不损害客户利益和企业利益。

> 不搞特权，不酒后上岗，令行禁止，维护办公、工作秩序。

② 形象规范内容。形象规范内容包括着装、仪容和举止。

一是着装：

> 正常工作日着装，按公司统一配发的服装着装，按季着装不得混装，工装应清洁。出席会议、迎宾、商务活动应根据要求统一着正装；特殊岗位根据工作需要和劳动保护的有关规定着装；特殊场合，根据公司主管部门通知要求着装。

> 着装保持整洁、完好；扣子齐全，不漏扣、错扣。

> 工作场所不赤膊，不赤脚；鞋、袜保持干净、卫生，不穿拖鞋。

> 工作日不可穿着的服装：汗衫、短裤、透视装、吊带衫（裙）、超短裙（裤）及其他奇装异服。

二是仪容：

> 头发梳理整齐，不戴夸张的饰物；颜面和手臂保持清洁。

> 男员工修饰得当，头发长不覆额、侧不掩耳、后不触领，胡子不能太长，应经常修剪。

> 女员工淡妆上岗，修饰文雅，且与年龄、身份相符，不宜用香味浓烈的香水。

> 正常工作时间，口腔应保持清洁，上班前不能喝酒或吃有异味的食品。

> 员工在岗时间，除结婚、订婚戒指之外，不得佩戴其他任何饰物。

三是举止：

> 保持精神饱满，注意力集中。

> 与人交谈神情微笑，眼光平视，不左顾右盼。

> 坐姿良好，上身自然挺直，不抖动腿；椅子过低时，女员工双膝并拢侧向一边。

> 避免在他人面前打哈欠、伸懒腰、打喷嚏、挖耳朵等。实在难以控制时，应侧面回避。

> 接待来访或领导时，不要双手抱胸，尽量减少不必要的手势动作。

> 在正规场合要站姿端正；走路步伐有力，步幅适当，节奏适宜。

> 握手时要把握好握手的分寸，姿势端正，用力适度，左手不得揣兜，注视对方并示以微笑。

③ 岗位行为规范内容。岗位行为规范是企业员工根据所处岗位要求不同而规定不同的行为规范，主要包括企业高管层、普通管理型员工以及一般员工。企业性质差异也决定企业对员工岗位行为规范的要求差异，但一般企业员工存在通用岗位行为规范要求。加上企业对不同岗位的特殊要求，就是企业岗位行为规范要求。

④ 礼仪规范内容。与岗位行为规范一样，每个企业存在不一样的要求。但礼仪规范要求更多的是体现企业形象的一个角度和方面，尤其是对于与企业外部联系的岗

位，根据企业特性，必须制定出企业详细的礼仪规范内容要求。

（3）道德规范

企业员工必须具有爱岗敬业、诚实守信、办事公道、服务企业、奉献社会的职业道德。同时结合企业要求，应该认同企业文化，践行公司核心经营管理理念。热爱本职，忠于职守，熟练掌握职业技能，自觉履行职业责任，注重工作效率。保护企业的合法利益等。任何企业都需要对本企业不同岗位制定员工的道德行为规范，规范、约束员工在企业的行为，维护企业与员工的共同利益。

 案例8-1　香港迪斯尼的素养要求

每名成功应聘的迪斯尼工作人员，上岗前都会发一本"迪斯尼打扮手册"，手册中仔细列出对工作人员由头至脚的打扮规定。员工必须先同意能按管理手册里有关服装及修饰的规定去执行，才能正式上岗。

所有员工都必须由头至脚符合"迪斯尼形象"。负责表演、售卖商品或饮食的一线工作人员，必须穿乐园制服，其他员工必须衣着整齐。

迪斯尼乐园不仅对女性员工提出较多的外形要求，对男性员工同样有着仔细的规定，具体包括如下几方面的内容。

➢ 刮胡水、香水和狐臭膏；化妆品。

➢ 服装；裙子长度；鞋袜。

➢ 发型；头发颜色；鬓、胡和腮胡。

➢ 珠宝；别针和装饰品；太阳眼镜。

➢ 指甲；刺青。

具体来讲，比如有关"能与不能"的尺度，在手册中就有明文规定，包括：

➢ 所有男性工作人员，腮胡须修理整洁，容许依脸庞自然轮廓留到下耳垂，不可以留"山羊胡"及"络腮胡"。胡子款式也有限制，"八字胡"必须伸延至两边嘴角，但不可留长至下唇。

➢ 男性员工头发不可遮盖着眼、耳朵及恤衫领，过长的头发不可藏在耳后，鬓角不可向外倾或上窄下宽。

➢ 女性工作人员，头发长至肩便要束起；若需穿制服，则不可多于3个小发夹，而且发夹不可做装饰之用。

➢ 指甲方面，不可留长过6毫米，甲油颜色不可以是金、银，更不可涂时下流行的花甲。

➢ 戴耳环必须"成双成对"，并只可在每边耳朵戴一只耳环。

➢ 不穿制服的女性工作人员，不可戴脚链。

➢ 毕业戒指或者结婚戒指、耳环和传统商用的手表，是允许的。每只手只可带一枚戒指。

➢ 不可穿跑鞋、凉鞋或西式靴。

➢ 所有工作人员除了要有亲切笑容，眼神接触也非常重要，所以，除非获得批准，否则不可戴太阳镜。

➢ 所有穿制服的工作人员，同样在未经许可下，不可在工作期间携带手提电话或传呼机等。

➢ 时下流行染发，男女员工虽不被禁止染发，但漂到"五颜六色"是不行的。

那么，如何保证员工确认会遵守这些规定呢？

为此，手册就明文规定：公司管理者应检查经过训练的公司成员，追踪有无违反有关外表的规定。

手册还规定：公司员工要将规定铭记在心，如果员工没有违反，公司管理者需随时作个别辅导，以便于员工及时改正坏做法，从而养成好习惯。

第二节
6S 活动中素养的本质

一、素养的本质

素养是为了消除文化因素所产生的工作流程上的变动性，确保流程稳定运行。6S中对于素养的界定是，一个人人养成按规定办事的好习惯，素养最终表现为工作中的每一个细节，它的形成也源于完善工作中的每一个细节，进而形成习惯。素养通过过程使员工养成按照规定来做事的良好的工作习惯，工作当中讲究礼节，与同事友好相处，真诚善意，轻松和谐，而且营造一个积极向上的人际的氛围。通过组织大家来做整理、整顿、清扫，达到清洁的效果，慢慢地去改变员工，特别是让员工养成一个按照规定做事的好习惯。这里有三个方面内容：

一是工作场所与企业环境。员工必须是按照企业规章制度、行为准则的要求从事生产运营活动，企业必须有健全的规章制度系统以及行为规范系统，建立工作场所的规则，规范、约束员工的行为。

二是员工所处的团队。员工所处的团队需要有让员工养成遵守企业规章制度、行为规范要求，并养成为习惯的氛围。

三是员工行为与表现。员工的行为、习惯是按照所在企业的制度规章、行为规范要求而形成。

由此认为，素养的本质在于，按照所在企业的规章制度、行为规范要求养成员工的行为习惯，养成自主工作的习惯。这也是6S管理推行的目的：员工素质提升并且是满足企业健康运行要求的员工素质提升。员工素养形成是文化层面的内容。员工是企业参与市场竞争的核心资源，员工的素养与能力是企业保持领先的核心竞争力，6S管理的核心目的就是提升人的素质。现代6S管理活动是一项从有形层面到无形层面的活动，改变现场从不规范行为到规范、标准环境；从规范、标准行为到改变、提升积极工作态度，提高创新工作能力。

第一，员工素养的提升不但是6S管理的最终结果，更是企业所期盼的终极目标。推行6S活动的目的，不仅仅在于希望员工将东西摆好，将卫生搞好，更主要的是在于通过琐碎、简洁的动作，潜移默化地提升人的素质，养成良好的习惯、良好的行为修养。根据企业规章制度、行为规范要求，指导员工从每一件小事做起，按照要求行事，遵守共同约定的事项，那么企业就会造就出高素养的群体，有了这样的群体，企业就会不断地蓬勃发展。

第二，6S管理活动的推行能促使企业形成提升员工素质的环境和气氛。员工素质提升与工作场所的素养紧密联系，需要建立工作场所、企业的规则等。如果工作场所规则不确立的话，6S的其他项目：整理、整顿、清扫、清洁、安全就不可能进展顺利。从这点来看，素养确实摆在6S的首位，但不实施前几个S，素养又很难自然形成。由此看来，素养自始至终都是要建立和提升的内容。

第三，员工所处的团队所形成的氛围直接影响员工习惯的养成，影响员工团队意识的形成。有效地推行6S管理，能够培养员工认真对待每一件小事的习惯，培养员工按照规定办事，减少不规范作业。好的管理方式并不只是明确责任人就可以了，而是既要责任到人，又有方法做到当责任人发生疏忽时，有其他人员可以十分清楚地指出责任人所出现的问题，防止人为疏漏带来的损失。

第四，素养并不是礼仪表演，而是一种深入骨髓的精神。真正的素养并不是应对检查或参观的刻意做作，而是一种流露于工作中每一个细节的习惯，而这种细节却影响着企业的发展。

第五，员工的素养的提升，环境是基础，榜样是动力。榜样的树立也是在6S推进过程中非常重要的一个方面。现代组织行为学的观点认为，公众都有模仿那些在某些方面与自己相似的榜样的倾向。企业各层级领导必须对6S有深度理解，并严格要求与执行，形成在与员工工作、生活紧密联系的群体中树立榜样，员工才能按6S制度来执行，并且形成自主性、自觉性和习惯化的发现问题、解决问题的素养。

6S管理的本质是引入先进的企业文化，靠机制强化员工的责任心，是一种良好习惯养成的活动；是通过改善环境以及改善环境的过程来影响员工，改变员工，提高员工执行能力的活动。企业员工个人的素养与企业文化紧密相连，素养的形成经历着这样的变化：先由许多行为形成一种习惯，然后是许多习惯形成一种文化，最后才由许多文化形成一种传统。只有经历过这样的过程，素养才能成为企业与生俱来的一种形象，在企业员工的每一个工作细节中展示着企业的形象和社会责任。6S管理始于素养也终于素养。素养是每一个行为的纲领，每一次行动的目标。

二、素养的推行要点

6S管理素养的推行的基础在于，让员工学习企业的规章制度，并能理解规章制度，努力遵守规章制度；企业高层管理人员必须身体力行，企业一般员工努力自律；企业具有互相信任、管理公开化与透明化的氛围，勇于自我检讨反省。推行6S管理素养的要点在于：

> 制定相关的规章制度；
> 制定共同遵守的有关规则、规定；
> 制定礼仪与行为规范守则；
> 规则、文化等的教育培训；
> 推动各种精神提升活动（早会、班后会、文化活动等）；
> 持续推动6S直至习惯化。

素养推行的一个关键在于：长期坚持，持之以恒。

第三节
素养的推行步骤

一、建立共同遵守的制度

规章制度是员工行为的准则，是让人们达成共识，形成企业文化的基础。制定相应的语言、行为等员工守则，帮助员工达到素养的要求。

首先，规章制度要合情。制度贵在精，不在多。对于每一家企业而言，都会有一大堆的规章制度，但是真正发挥作用的制度有多少不得而知，已经失效的制度有多少不得而知，不能很好执行的制度有多少也不得而知。特别是在一些工艺流程较为复杂的企业，如电力企业、航空企业等，流程的烦琐和制度的复杂程度很高，这其中，无效和无用的制度不在少数，但是企业每年的制度数量还在不断地增加。

其次，规章制度要合理。制度的合理性来自于内外部两个方面。从外部来讲，一个制度的设计要考虑公司、社会、客户等多方面的利益诉求，要尽量做到平衡。从内部来讲，制度的设计要考虑到公司内部各个部门和层级之间的平衡，不能顾此失彼，从而引发部门与部门之间的矛盾或者公司层级之间的隔阂。如在很多企业，一线技术人员和后勤支持人员之间的矛盾很深，特别在薪酬和职业发展通道方面，一线技术人员往往认为公司的制度不合理，他们的付出和得到的利益太少，而后勤支持人员却认为他们和一线技术人员之间在薪酬等方面的差距太大，很不公平。

再次，规章制度要合法。首先是要符合国家的法律法规，这是最基本的要求。特别是一些财务规定和人力资源方面的管理，不能单纯从公司利益出发，不考虑社会法律的要求和员工的利益，否则最终吃亏的还是公司自己。尤其是在目前的形势下，社会对企业的要求越来越高，因此公司的制度制定不仅要满足自身发展的要求，同时也要满足社会对企业的要求。其次是要符合公司的基本法律，就是公司章程。公司任何制度的制定都要以公司章程为要求，以公司股东利益为最高要求，而绝不能仅仅以部门甚至个人利益为出发点。第三是规章制度的制定要与公司其他的规章制度相融洽，不能出现制度之间的相互矛盾和对立，否则不利于执行。

特别需要注意的是，在制定各种制度的时候，一定要召开会议审议，使制度代表大多数人的意见，要让全员理解，而不是张贴在公告栏里了事。管理制度的定位不能仅仅源于管理者的主观期望，它必须得到管理制度约束的对象——广大员工的认同，与员工的利益和期望相适应，这是根源于管理制度的设计预期和执行成本必须紧紧依赖员工的认同这一理念。因此，只有消除了员工中存在的制定制度是对员工的"威胁"的情绪，才能最大限度地实现制度设计的目标。要达此目的主要从以下几个方面入手：

第一，管理制度体现倡导的工作标准和管理模式，不能造成人际关系紧张。组织中人与人之间的相互关系（上下级之间、部门之间、直线人员和参谋人员之间）是否存在信任和合作是能否调动员工积极性的主要条件，组织内部人际间利益的竞争会使员工感到是对自己的最大威胁。

第二，制度避免单纯强调惩罚。例如，有的企业规定完不成定额，就会有某种形式的处罚；如果在考核评价中处于落后状态，就会影响到未来的晋升与工资水平等等。惩罚是需要的，但只强调惩罚，企业肯定是管理不好的。

第三，管理制度对员工的自我实现、成长路线、个人安全或情绪产生不利的影响时，员工就会感到威胁的存在。这些现象产生的制度原因，主要是企业传统的管理控制体系设计存在多种标准，如成本控制标准、预算标准、工作绩效标准等，这些标准形成对员工的多重压力。在管理者看来，如果建立了压力结构，仍有不服从的现象，那就只好增加压力。此外，传统控制体系的责任制度往往是只包含对员工没有达到标准的一套惩罚办法，而缺乏对达到或超过标准的激励办法。在这种情况下，员工就会更加对抗规章制度，使之失效。这又会导致管理者采取反应式的管理措施，设法制定出更严格的规章制度，结果势必耗费巨大的管理成本。另外，员工对制度的抵抗情绪也会阻碍正常的企业文化的形成。

二、建立系统科学的奖惩体系

从心理学的角度讲，奖惩制度是通过一系列正激励和负激励的作用，引导和规范员工的行为朝着符合企业需求方向发展。对希望出现的行为，公司用奖励进行强化，也就是正刺激；对不希望出现的行为，利用处罚措施进行约束，也就是副刺激。二者相辅相成，才会有效促进企业目标的实现，利于员工素养的形成。

（1）建立切实可行的绩效考评体系

绩效考评体系应根据公司的发展，科学地设置机构和岗位，明确各岗位的职责，进行岗位评价，然后根据岗位描述进行绩效考评。绩效考评主要是用一定的量化标准对人做出的业绩和效果进行衡量。它是一项经常性的工作，一般每年一到两次。绩效考评的第一步就要确定绩效考评指标体系。将考评指标设计成两大类，工作成果类和行为表现类。工作成果类：即员工是否按时、按质、按量完成本职工作，有无创造性结果等。行为表现类：即员工在执行岗位职责时所表现出来的行为和工作态度等。企业在不同项目的考评中有不同的侧重点，一定要结合企业的特征制定考评标准。工作态度考核表见表8-1。

表8-1　工作态度考核表

序号	指标名称	考核标准				分值区间
		A（超出目标）5分	B（达到目标）3分	C（接近目标）1分	D（远离目标）0分	
1	主动性	即使没有指示，也能主动做好工作	在没有领导指示时，基本上能够主动工作，并取得一定的效果	基本上依靠领导的安排来开展工作	领导没有指示时，无法独立开展工作	0～10分
2	积极性	积极寻求解决问题的方案，即使困难的工作，也主动承担，积极去完成，并且完成效果较好	一般的工作都能主动承担，积极完成，对一些难度大的工作也主动承担，积极完成，但效果一般	一般的工作能主动承担，积极完成，难度大的工作不敢承担	有工作就互相推诿，不积极主动寻求问题的解决方案	0～10分
3	执行力	绝对服从领导安排；合理分解手头的工作，上级领导安排的工作执行非常到位	对上级领导安排的工作，服从性较好；适时监督、检查、执行上级领导安排的工作，执行情况良好	有时不服从上级领导的安排；有时上级领导安排的工作执行不到位	很多时候不服从上级领导的安排；上级领导安排的工作经常执行不到位	0～10分
4	敬业精神	爱岗敬业，工作热情高，主动承担上级领导交办的临时任务，主动解决工作中的问题，任劳任怨，勤勤恳恳；处处以企业大局为重，毫无怨言，并出色完成上级领导交给的工作	热爱本职工作，态度端正，做事踏实，基本上做到"今日事，今日毕"；绝大多数时候都能做到以企业大局为重，主动牺牲个人利益	虽然有一定的解决问题的能力，但工作热情不是很高；在个人利益和公司集体利益发生冲突的时候表现一般	积极性不高，对工作失误推卸责任，不善于灵活处理工作中的问题；个人主义较强，在休息时间对公司的突发事件等，总是给自己找借口	0～10分
5	责任心	坚决履行自己的职责，敢于承担责任，从不推卸责任，诚实守信、廉洁奉公，出现问题，明确、合理地落实相关责任人；工作踏实，一丝不苟，坚持原则，严格遵守公司各项规章制度，处处起到模范带头作用	履行职责，大多数情况下都敢于承担责任，并合理落实相关责任人；工作比较认真，严于律己，大多数情况下，能起到模范带头作用	基本上能够履行职责，有时出现问题害怕承担责任；工作态度、自觉性一般，模范表率一般	工作职责落实不到位，不敢承担工作责任，互相推诿；工作态度不端正，经常违反公司的管理制度，模范表率差	0～10分

续表

序号	指标名称	考核标准				分值区间
		A（超出目标）5分	B（达到目标）3分	C（接近目标）1分	D（远离目标）0分	
6	纪律性	从未违反公司规章制度，不迟到，不早退	较为遵守公司规章制度，偶有迟到或早退，每月不超过1次	不大遵守公司规章制度，经常有迟到或早退，每月不超过3次	极不遵守公司规章制度，长期迟到或早退，每月超过5次	0～10分
7	约束力	随时随地以诚信开展业务，遵守法律法规、社会公德和社会道德规范；尊重他人；随时保持良好职业形象	较为遵守法律法规、社会公德和社会道德规范；较为尊重他人；基本能保持好的职业形象	偶尔有不遵守社会公德和社会道德规范的情形，个人不良情绪偶尔影响自身工作或同事，较不注意个人形象	极不遵守社会公德和社会道德规范的情形，个人感情色彩较重，公私不分，职业形象很差	0～10分

现实生活中有些管理者往往对考评并不认真，原因可能是怕得罪人，从而回避矛盾，或因为考评标准不明确，而不愿意考评。如果对员工不进行考评或进行错误的考评，都会使绩效和奖惩脱离，甚至挫伤员工积极性，违背奖惩的初衷。所以，企业应建立一套完善的绩效考核评价体系，并尽可能地做到考评的科学化、可行性、时效性。

（2）建立科学合理的薪酬体系

薪酬体系设计必须根据企业的实际情况，并紧密结合企业的战略和文化，系统、全面、科学地考虑各项因素，并及时根据实际情况进行修正和调整，才能充分发挥薪酬的激励和引导作用，为企业的生存和发展起到重要的制度保障作用。

（3）建立能上能下的用人机制

职务晋升是企业一种重要的激励措施。企业职务晋升制度有两大功能，一是选拔优秀人才，二是激励现有员工的工作积极性。企业从内部提拔优秀的员工到更高、更重要的岗位上，对员工或对企业发展都有重要意义。首先，相对于其他激励措施，晋升可以鼓励组织成员的长期行为。晋升前企业需要对被晋升者进行长期的业绩评价，所提供的激励是一种长期的激励，进而鼓励组织成员的行为要符合企业的长远利益；而企业往往根据员工的短期业绩进行货币奖励，这种激励就主要是短期的激励，有可能驱使组织成员更注重自己的短期利益而忽视企业的长期利益。其次，企业从内部晋升优秀员工，能使与企业同甘共苦、一起成长的员工受惠于企业发展的成果。相对于外部招聘，企业从内部提拔合适的人选更能加强企业的凝聚力。

（4）及时纠正与处理违反制度的人员

员工犯错误在所难免，当发现有人违反规定的时候进行相应的处罚是必要的。在处理违规事件时，一定要果断，如果总是客客气气的对待，就会让人觉得不重要，从而马虎对待。这种心态一旦产生，便会迅速蔓延，不久大家就都对制度漠不关心了。然而，企业在纠正犯错误的员工行为时，一定要建立正确的认知，即纠正而不仅仅是惩罚。

三、进行多样化的教育培训和活动

培训是制度和文化传承的有效工具。培训活动不应拘泥于形式，只要是员工可以接受的方式都可以尝试，以下列举几种企业常用的形式供参考。

（1）建立活跃且规范的早会制度

早会制度，被越来越多的企业所接受，其也成为公司对员工素养培训的一个重要方式。实行早会制度，有以下优点：

① 可以统一员工的思想和行动，鼓舞员工的士气，增强团队凝聚力和战斗力，通过召开早会，把员工的思想和行动统一到团队的业务经营上来，营造团队良好的氛围，使员工产生自豪感和归属感。

② 可以做好当天工作的基础和保障。俗话说，"一天之计在于晨。"在早会上通过布置当天工作，可以使大家明白当天的重点工作和目标，围绕重点和目标去工作。

③ 可以增强员工的整体素质，通过早会传递信息、组织员工学习，进行典范分享，使员工不断增长知识，学到和掌握更多的专业技能。

④ 对员工是一个很好的锻炼。尤其对新员工，参与早会上的宣讲，可以帮助他们尽快融入团队，得到了在更宽广的舞台上锻炼的机会。

⑤ 增进和加强沟通，发现、分析和解决业务经营中出现和存在的问题。早会是团队发展的基础，是员工学习的课堂，是员工成长的舞台，是员工的加油站，也是一道营养早餐。

首先，早会要充分准备。事先要精心策划，从早会的主题、流程、主持人（确定）、所需时间、主要内容等方面都要提前谋划。同时，要确定主题。以探讨和解决什么问题为重点，围绕主题，开好早会。

其次，早会氛围要活跃。音乐应轻松欢快，游戏应形式多样，喜闻乐见让早会变成员工的乐园。除了在礼节性环节注意调整安排外，其他环节、顺序、内容可用不固定方式，灵活多样创造新鲜感和实用性。如一场早会可以是一场电影，如播放励志激励电影、专家讲座，借助其他工具，用不同方法达到推动目的；一场早会可以是一台娱乐节目（歌舞等），在轻松愉快的氛围中制造企业文化，增强团队凝聚力；一场早会可以是一个竞技场（保单填写、条款学习、话术比赛）提高专业技能。

早会在实行时，要尤其注意以下几点：

➢ 程序要紧凑，节奏要明快，实现上下贯通。

➢ 控制时间，不宜过长，防止和避免分散员工的注意力和影响其他工作。

➢ 完善有关制度，使员工积极参与，正常出勤，不迟到早退，如期参加。

➢ 让员工广泛参与，给每个人提供主持的机会，充分锻炼和展示自己，避免唱"独角戏"。

➢ 员工参加早会要有一个良好的状态，精神抖擞，士气高昂。

➢ 加强追踪，对前期召开的早会布置的工作要进行追踪，对完成好的给予表扬，对未完成的查找原因，制定措施和目标，确保把布置的工作圆满完成。

（2）按期召开形式多样的班前会

员工班前会既是一种有利于加强企业管理、促进员工队伍素质的提高、塑造企业良好形象、展示员工精神面貌的有效的现代管理形式，又是一种寓教于管理，加强思想政治工作的有效形式。员工班前会着重学习宣讲国际国内形势、国家大政方针政策、公司改革发展重大决策、生产经营方针、形势任务教育、公司动态信息等内容以及总结前一天工作布置当天工作等。

班前会有着营造工作气氛、教育指导员工、传递公司信息、宣传公司文化等作用，便于有序、有效地安排工作，能传达信息，保持上下级的良好沟通；更有利于员工增强集体观念、引导良好的工作习惯、培养良好的班组风气。班前会作为班组建设工作的活动载体，既是传达文件精神、布置工作任务、增强班组成员交流和沟通、进行安全和质量提醒的有效平台，又是提高员工工作士气、培养团队精神、改善员工精神风貌的重要形式，对促进公司各方面工作具有重要作用。

班前会的内容丰富多彩，可以分享工作感想、昨天工作总结、今日工作安排、工作要求事项、公司相关信息再到生产信息、质量信息、现场5S状况、安全状况、工作纪律、班组风气、一分钟安全知识大播报等等。

（3）开展积极向上的文化活动

企业文化是企业在长期生产经营中所形成的管理思想、管理方式、群体意识和行为规范。企业文化活动是企业文化的重要组成部分，是塑造企业文化的有力手段，起着引导、促进、激励企业文化不断发展与完善的重要作用。企业文化活动对于一个企业有重要意义，对于员工素养的培养有重大作用。

 案例8-2　麦当劳的用人机制

怎样在企业内部，通过公正的方式选出最优秀的员工，对管理者来说非常重要。那么，世界知名的跨国公司是怎么做的呢？

2010年7月，"麦当劳员工奥林匹克岗位大赛"在亚太、中东、非洲地区展开，中国的400多家麦当劳餐厅里的数万名员工参加了这一活动。经过层层角逐，来自北京、上海、广州等地的12名员工脱颖而出，他们将代表中国赴泰国参加全球麦当劳的"精英聚会"。麦当劳每年在中国地区，仅员工的培训费用就超过数千万元。目前，已经在北京、上海、广州等地建立了培训中心，为各层次的人员提供理论与实践课程的训练，努力营造一种终身学习的环境。

在麦当劳，培训是一个强大、完善的系统。上海华联麦当劳公司HR经理介绍："从20世纪60年代起，这项活动（选拔精英员工）便是我们的一个常规项目。因为公司的员工都很年轻，又因为麦当劳把品质、服务和环境方面的要求标准化，而作为员工就必须了解这些标准，了解操作过程，所以从加入麦当劳之日起，公司就开始进行培训。最初是岗位培训，有训练员专门指导，而且不局限于一个岗位。举行奥林匹克岗位大赛，是为了使我们的技能提高到一个新的档次。"

比赛的岗位有餐厅内的柜台、煎区、炸区以及大堂等区域，主要体现麦当劳的品质、服务、卫生、训练和团队合作，评分的标准是依据麦当劳的营运准则和规范而制定的。员工通过餐厅之间、区域之间和城市之间数轮初赛、预赛、准决赛和决赛脱颖而出。

麦当劳在中国有400多家餐厅，数万员工，那么选拔如何进行呢？

① 一个餐厅的80%全职和兼职员工，首先举行比赛，产生一个No.1（第一名）；②第一名的员工代表餐厅去参加Patch（辖区）的比赛，辖区内一般有5～6家餐厅，这5～6位员工当中会产生一个冠军；③辖区的冠军参加利润中心（5～6个辖区）的比赛，上海市有3个利润中心，这个三利润中心当中产生一个最佳者；他将代表上海地区和全国其他城市选出的代表一起去参加员工奥林匹克岗位大赛。上海华联麦当劳公司HR经理说："最后出线的员工相当不容易，因此我们更关注他们的全面发展。为他们提供一个大环境，培养他们的动手能力和人际交往能力。"

比赛对麦当劳员工的激励作用是巨大的，获奖员工脸上都充满笑容，他们在同事们有节奏的掌声中走上主席台，与老总们并肩谈论自己的感受。来自上海地区的员工A说："良好的团队增加了相互间的沟通，分工合作、互帮互助更能提高工作的效率。我会认真踏实做好每一件事，努力成为一名最佳的雇员。"

"我为这些出色的员工感到骄傲，他们每天都将最灿烂的微笑和最佳的服务奉献给我们的顾客。"麦当劳中国发展公司北方区董事、总经理说："竞赛的真正意义并不仅仅是获奖，而是通过活动为顾客提供最佳的服务。"

"奥林匹克岗位大赛"是一次精英选拔赛，更是雇主对员工人力投入的承诺。作为人力资源的一部分，员工是企业的瑰宝，是企业的未来，企业应当把人员的培养和发展当作工作的重点。

培训与晋升机制

麦当劳95%的管理人员要从员工做起。每年麦当劳北京公司要花费1200万元用于培训员工，包括日常培训或去美国上汉堡大学。麦当劳在中国有3个培训中心，教师都是公司有经验的营运人员。

培训的目的是让员工得到尽快发展。许多企业的人才结构像金字塔，越上去越小。而麦当劳的人才体系则像圣诞树——只要你有足够的能力，就让你升一层，成为一个分枝，再上去又成一个分枝，你永远有升迁机会，因为麦当劳是连锁经营。

麦当劳北京公司总裁说："每个人面前有个梯子。你不要去想我会不会被别人压下来，你爬你的梯子，争取你的目标。举个例子，跑100米输赢就差零点几秒，但只差一点点待遇就不一样。我鼓励员工永远追求卓越，追求第一。"

通过这样的人才培养计划，在麦当劳取得成功的人都有一个共同特点：从零开始，脚踏实地。炸土豆条、做汉堡包，是在公司走向成功的必经之路。最艰难的是进入公司初期，在6个月中，人员流动率最高，能坚持下来的一些具责任感、有文凭、独立自主的年轻人，在25岁之前就可能得到很好的晋升机会。

麦当劳实施一种快速的晋升制度：一个刚参加工作的年轻人，可以在一年半内当上参观经理，可以在两年内当上监督管理员。而且，晋升对每个人是公平的，既不作特殊规定，也不设典型的职业模式。每个人主宰自己的命运，适应快、能力强的人能迅速掌握各阶段的技能，自然能得到更快的晋升。而每一阶段都举行经常性的培训，有关人员必须获得一定的知识储备，才能顺利通过阶段性测试。这一制度避免了滥竽充数的现象。这种公平竞争和优越的机会吸引着大批有能力的年轻人来麦当劳实现自己的理想。

首先，一个有能力的年轻人要当4～6个月的实习助理，其间，他以一个普通班组成员的身份投入到公司各基层岗位，如炸薯条、收款、烤牛排等；他应学会保持清洁和最佳服务的方法，并依靠最直接的实践来积累管理经验，为日后的工作做好准备。

第二个工作岗位带有实际负责的性质：二级助理。此时，年轻人在每天规定的一段时间内负责餐馆工作。与实习助理不同的是，他要承担一部分管理工作，如订货、计划、排班、统计等。他必须在一个小范围内展示自己的管理才能，并在日常实践中摸索经验，协调好工作。

在8～14个月后，有能力的年轻人将成为一级助理，即经理的左膀右臂。此时，他肩负着更多更重要的责任，他要在餐馆中独当一面的同时，使自己的管理才能日趋完善。

一名有才华的年轻人晋升为经理后，麦当劳依然为其提供广阔的发展空间。经一段时间的努力，他将晋升为监督管理员，负责三四家餐馆的工作。

3年后，监督管理员可能升为地区顾问。届时，他将成为总公司派驻下属企业的代表，成为"麦当劳公司的外交官"。其主要职责是往返于麦当劳公司与各下属企业沟通、传递信息。同时，地区顾问还肩负着诸如组织培训、提供建议之类的重要使命，成为总公司在某地区的全权代表。当然，成绩优秀的地区顾问仍然会得到晋升。

麦当劳还有一个与众不同的特点，如果某人未预先培养自己的接班人，则在公司就无晋升机会。这就促使每个人都必须为培养自己的继承人尽心尽力。正因如此，麦当劳成了一个发现与培养人才的基地。可以说，人力资源管理的成功不仅为麦当劳带来了巨大的经济效益，更重要的是为全世界的企业创造了一种新的模式，为全社会培养了一批真正的管理者。

第四节
素养的推进——改善提案

一、改善提案的基本内容

6S改善提案制度作为促进全员参与的一种重要方式，对于提高员工参与6S管理活动的积极性以及推动员工在6S管理活动的日常改善发挥着重要作用。

（1）改善提案的定义

改善提案可以简称为提案，又可以称为合理化建议，是发挥员工智慧、科研潜力、主人翁精神，以积极的心态通过一定的途径，向一定组织或人员以书面形式提出，或间接或直接地提出建议，从而改善本职工作的一种方法，是6S管理活动中全员参与的一种形式。

改善提案就是解决工作中的问题，是针对现场、现物、现实的不足，提出解决方案的活动，目的在于提高管理实效和发展出高效的解决问题的工具。例如，使工作内容更简单，更安全；消除工作上的单调、障碍和损失；使工作更具有活力；减少因过度生产、运输和库存等而产生的浪费。在改善系统下，员工的提案是关于如何解决工作难题的，如何开展效率化的工作方式，或如何改善工作环境、工作条件等实质内容。

企业的生产设备工艺管理等方面永远存在着不足以及不合理的地方，所以企业管理就是点点滴滴的合理化的过程，企业员工专心致志于本职工作，对于现场的管理，没有谁比他们了解得更清楚了，所以要发挥员工们这种无穷智慧和潜力，让他们通过提案改善之制度积极参与到企业的6S管理活动中去。

（2）改善提案的特点

a.需要一套制度化的奖励措施。在6S提案改善活动中，企业要建立一套有效的和可操作的奖励制度和提案审查标准。提案审查标准是用来评定员工提案有效性和效果的。奖励制度就是通过制度化的奖励措施对员工的提案进行精神和物质的奖励，激发员工特别是一线员工参与提案活动的积极性。

b.鼓励提案改善的自主实施。企业应鼓励员工自主实施自己提出的提案改善。通过自主实施既可以培养员工自主发现问题，解决问题的良好习惯，同时也是提高员工工作能力和技术水平的有效途径。有的提案改善往往是被逼出来的，如来自自身的压力，来自竞争对手的压力，也有来自领导的压力。

c.不限定提案的内容。提案改善活动一般不限定提案范围，员工可以从企业经营活动中的各个方面提出改善意见。提案内容可以涉及质量、效率、成本、安全、卫生、环境、培训等；同时也不限定提案水平的程度和提案的大小，只要对企业有利，再小的建议都在接纳、实施、奖励之列。

第一、质量。

➢ 是否因本身工作疏忽，而产生不合格品？

➢ 发生不合格品后，能否及时处理？

➢ 能否利用仪器设备发现不合格品？

➢ 如何提高产品的合格率？

➢ 工序完成后，应如何检查再移交给下道工序？

➢ 怎么减少次品，分析产生次品的原因，提出改善对策的措施？

第二、效率。

➢ 如何通过改进工作方法提高工作效率？

➢ 库区设置分散布局是否合理？

➢ 如何提高库存的利用率？

第三、成本。

➢ 如何降低产品的生产成本？

➢ 如何消除生产过程中的等待、搬运、动作的浪费现象？

第四、安全、卫生。

➢ 如何保证作业安全，消除工作场所的隐患？

➢ 安全操作方法（程序）是否被遵守？

➢ 机器、皮带、轮轴、卷入点有无护罩？

➢ 消防设备规划摆设是否合理？

➢ 物品堆放是否过高？

➢ 在消除职业病危害方面，有无良好对策？

第五、环境。

➢ 怎么使狭窄的工作场所变得顺畅？

➢ 脏乱的环境是作业的大敌，工作现场是否消除不卫生的源头？

第六、培训。

➢ 如何增强培训的效果？

➢ 如何对培训方法加以改进？

d.有一定的提案格式要求。为了促进员工的积极参与，必须对提案的格式进行规范，设计一种既实用又方便的提案改善表格。对于提案改善表格没有严格的硬性的规范，企业可以根据自己的实际情况进行设计，但是一般来讲，提案改善表格中应包括以下几项内容。

第一、问题的描述。主要针对需要改善的内容进行描述，文字要求简明扼要，并最好辅以相应照片和图标加以说明。

第二、改善的对策。针对需要改善的内容，阐述改善的途径、方法和预期能够实现的效果，并辅以相应照片和图标加以说明。

第三、改善成果效益。主要分为有形成果和无形成果两种。有形成果主要指提案改善人为企业所创造的经济价值，可以用定量的数据来衡量。如产品质量的提高，物质消耗的降低，劳动生产率的提高等。无形成果一般包括改善环境、改善人际关系、提高员工素质、避免事故等，属于比较抽象的事物，不能用数据来衡量，而仅可以文字来定性描述。

第四、评价。主要由提案评审小组根据企业制定的《改善提案奖励办法》的有关要求，对员工提交的提案进行客观、公正的评价，并确定奖励等级。

第五、结论。6S推行委员会根据评审小组上报的评审等级，进行综合平衡，最终确定奖励等级。

以下表8-2和表8-3为两种常用的标准化提案格式。

表8-2　提案改善表（一）

部门			姓名		日期	
提案名称						
建议类别	成本□　效率□　品质□　6S□　安全□　卫生环境□　其他□					
改善建议内容	问题点			提出部门确认		
	原因分析			实施部门确认		
改善效果	改善前			改善后		
	有形和无形成果：					

评价	贡献度（60分）	创意度（20分）	可行性（10分）	努力度（10分）	总分	评价人（签字）
1						
2						
3						

6S推行委员会审核结论：

表8-3 提案改善表（二）

部门		姓名		日期	
提案名称					

问题描述（图示）：	改善前后统计图表或其他图表比较	
改善对策：		

改善成果情况（有形和无形）：

评价	贡献度（60分）	创意度（20分）	可行性（10分）	努力度（10分）	总分	评价人（签字）
1						
2						
3						

6S推行委员会审核结论：

通过改善提案制度，可以培养员工的问题意识和改善意识，是改善自主化、全员化。改善员工发现问题和解决问题的能力。挖掘员工的潜在能力，提高员工士气，增进管理者与员工之间的交流和沟通，提高员工改善的积极性。更好地推进企业的6S管理，提高经济效益。

（3）提案的申请流程

首先是发现问题；其次是改善方案的提出（提案表）；第三是提案商谈；第四是提案的公布提出；第五是提案的改善，最后要形成改善报告。

➤ 提案人。不限对象，但一般以班组长及其以下的一线员工为主。

➤ 提案方向。以员工日常改善为主，强调对"自己工作的改善"。

➤ 提案表。由提案人填写。

➤ 提案箱。设在人员往来比较频繁的地方。提案箱也可以是专设的电子邮箱。

➤ 改善商谈。改善商谈即方案评审，如果经评审不予受理，则在提案表上写明评价意见后退回提案人。提案受理后，可以一次复写几份，副本可以送审查人员、督导人员使用，也给提案人一份，以证明提案已被受理。

落实改善提案制度的时候要明确活动的内容并与当前的形势相结合；要有具体的活动要求以保证活动的质量和水平；要有明确的激励措施，以调动员工参与的积极性；设有专门的评审机构，按照一定的评审标准和要求来展开评审工作。

二、改善提案中的常见问题

（1）如何使"偶然想法"变为有效提案

人的大脑是非常活泼的，无论是在认真思考还是胡思乱想，总会突然产生一些自认为奇妙的想法。为了避免遗忘应该随手写在纸上。许多人在睡觉前有思考和总结一天工作的习惯，在夜深人静的时候大脑可能比平时更加活跃，作为创意的积累，所以无论什么，想到就记下来，然后找到机会并付诸行动。

（2）改善提案要写什么

在企业组织改善提案的活动时，很多员工并不明确到底什么样的内容才是有效的提案。提案是为改善人们周边所发生的错误的事情、不合理、浪费等，进行调查，把"这样会更好"的意见填入提案书，向企业提出，这就是一个有效的提案。改善提案的内容可以是多方面的，主要包括：

> 自己业务改善方面的提案；
> 办事能力和管理方式的提高；
> 节省材料、能源、经费的提案；
> 原料、设备国产化的提案；
> 现场工作方法改善的提案；
> 安全技术、环境保护的提案；
> 提高产品质量、降低生产成本的提案；
> 开拓市场及促进销售的提案；
> 工程改善和售后服务的提案；
> 生产设备、工艺革新的提案；
> 关于公司和个人发展的其他提案；
> 其他有利于公司经营的提案

（3）如何调整员工的参与心态

为了减少提出提案却不被采纳的挫败感，企业应当教会员工提出提案的正确方法。在提案提出之前做一次整理，在平时的生活工作中要把思考现状、发现问题作为一种习惯。

（4）如何调动员工参与的积极性

企业设立提案箱，这已经是非常普遍的一种做法，但是，真正能发挥其意义的提案箱并不多见，如果使这一情况得到改善，必须要有强制性的措施，规定每个部门甚至每个员工，每个月的提案需要达到的数量。这样一来，使得员工们都开始去思考现状、发现问题，逐渐形成一种习惯，借此使得所有员工都参与到企业的改善活动中

来，主人翁意识也慢慢得以加强。

此外，调动员工积极性的方法是形成一套有效的奖惩体系。6S改善提案活动的奖励机制分为两个方面：一个是对提案人的奖励；另一个是对部门的考核奖惩。对提案人的奖励要采用普惠制。通过这种奖励，吸引大家都参与这项活动。通过全员参与来提升企业效益，提升员工的创新素质和企业的创新文化。对于部门考核，要建立考核指标，比如：人均提案件数、提案参与率、人均提案经济效果等，奖多罚少，让基层主管变压力为动力，慢慢从被动参与转换到主动参与。

另外，很多优秀的企业为了提高员工改善提案的意愿，采取了许多活性化办法，比如：部门提案件数竞赛、个人提案件数龙虎榜、优秀提案展示报告会、提案改善园地的制作等。某日资企业的老总曾经说过："衡量一个企业是一般还是优秀，只需看企业墙上张贴的是制度还是改善案例就知道了"。优秀企业到处张贴的是员工的改善案例，培养员工有强烈的改善意识，并确确实实地改善企业内的不良与浪费。

（5）提案格式是否要规范化

改善提案报告的格式企业是要统一，至少要包含一些基本性内容：问题描述、对策建议、实施效果等（表8-4）。如果没有标准格式，员工会写得非常简单，这不利于员工清晰表达自己的思路与做法，也不利于企业进行知识积累。这种标准格式，可以引导员工进行结构化思考、结构化描述，让改善提案活动更深入、更规范。

表8-4　改善提案报告书模板

部门		姓名		日期	
提案名称					
提案类别					
问题描述：（量化数据）			问题图形（图片）展示		
原因分析：（人机料法环）			有关部门确认		
对策建议：			对策图形（图片）展示		
实施对策过程与结果：（分步骤描述）					
改善效果：（尽可能量化）					
审核结论：					

现场 **6S**
精益管理实务

第九章
6S管理活动的
督导与考核

第一节
现场6S管理的督导

当今社会竞争激烈，发展迅速，企业要在市场经济之中发展生存，仅靠一个人的天才和能力已是力不从心，竞争的赢家一定是团队作战的结构。6S是企业为了构建健康的管理组织，获取更多优势的竞争力而开展的必要的基础管理。而6S督导团队是对企业现场6S精益化管理活动进行监督和指导，以发现在6S管理活动中存在的问题，及时纠正，改善现场6S管理活动，实现企业现场6S精益化管理的目标，对于促进企业的发展具有重要的意义。

一、6S督导管理的概念与原则

（1）6S督导活动的基本概念

对企业的6S管理过程进行督导其实质是对6S管理活动的监督和指导，从两个方面理解6S管理的督导活动，即追求全方位的过程控制和有计划的过程控制。

一是全方位的过程控制。企业的6S管理要获得预期的效果，首先要具有一个良好的、全方位的过程控制。对于企业来说，要成立6S推行委员会、6S推行办公室，要有计划性目标，要宣传并进行骨干培训，要设立样板区，进行定点摄影、6S竞赛以及红牌作战等；对于部门来说，要成立6S推行小组，同时也需要进行部门内部的宣传教育；对每一个人来说，要填写6S日常责任表。只有这样，才能使得6S管理的推行过程得到全方位的控制。

二是有计划的过程控制。6S管理的推行还需要一个有计划的过程控制，从前期造势到选定样板区域，再逐步将6S活动日常化，最后形成实施惯性。从明确组织责任、明确方针目标计划、宣传造势、树立样板区直到个人礼貌素养的提升，要通过不断的PDCA循环，达到全方位、有计划的过程控制，最终获得良好的实施效果。

（2）6S督导管理的原则

6S活动需要督促才能持续推行下去，6S督导就是监督和指导，必须选择合适的督导人员。6S督导人员是指在生产经营单位中，从事和贯彻推行6S的专业技术人员。很多企业找到顾问机构去帮助其开展6S工作，在企业内普及6S基础知识，开展大型的培训和企业内的整顿工作，初期的效果基本显著。但是培训整顿都是有限度的，顾问机构一走，6S就停止下来，虎头蛇尾，最后还是恢复本来的面貌。届时，如果要再次开展6S项目，就难上加难。其实，企业内6S工作的开展是否健全，与企业内是否存在一名或多名合格的6S督导师息息相关。6S活动的督导管理原则如下：

一是督导人员个人影响力原则。当今的员工与一、二十年前的员工大不一样，他们不再为了工资而自动效忠于管理人员。相反，他们只是赋予了督导领导他们的权力。大多数督导人员会让员工去为企业工作，从而在预算内最佳按时完成任务，出色的督导意味着通过他人取得好的结果，这称为对他人的影响力，这种能够影响他人的技能来自于两个方面：个人影响力——让人们自愿地去做某事；职位影响力——让人们不得不做某事。出色的督导者对人具有正面积极的影响力，他们通过非凡的个人影响力做到这一点。

二是执行、执行、再执行的原则。应当说，6S活动的督导者与标准的职业经理人类似，其职业素养就在于执行。6S管理项目以及工作计划是否能够达成直接取决于督导人员的执行能力，而执行能力则是通过将管理技能转化成一种规范的、准确的、熟练的行为习惯和本能而体现出来。换句话说，6S活动的督导人员要有良好的自我管理技能：管理自己的时间、并并有条地工作；良好的计划能力、组织能力、控制能力。

三是6S理念与操作经验。6S活动的督导人员需要具有坚定的6S管理理念，通过6S活动项目能达成企业基础管理能力提升以及企业内在面貌的改进，并在督导活动中始终传导理念，推进企业6S活动的持续发展和逐渐深入。

二、6S督导人员的选择

6S督导人员是能够灵活地运用5S的现场管理优化的理念和方法，对企业在现场物流和能力保障中所出现的问题进行调查、分析、策划、执行、控制和评价，以减少现场生产运营环节中的非增值现象，提高企业对市场的快速反应能力的生产管理人员。明确6S督导人员的任职资格要求，选出符合的督导团队成员，是组建高效督导团队的基本条件之一。根据企业的具体条件和要求来制定督导人员的任职资格要求，表9-1、表9-2详细描述作为一名合格督导成员的基本的通用的任职资格要求。

6S督导人员的资格能力特征：

➢ 有良好的职业品德和专业素养；

➢ 有较高水准的沟通能力和组织协调能力，有强烈的学习能力和创新意识；

➢ 能有效将6S、TPM、标准作业和现场物流等管理方法结合在一起，灵活、准确、全面地应用于企业的现场管理中；

➢ 能运用准时化、自动化的方法提高生产效率、提高质量。

表9-1 督导人员资格胜任能力类别

序号	工作内容	必备技能
1	组织管理	体系保障、项目制定、组织建设
2	技能应用	项目控制、问题分析、现场诊断

表9-2　督导人员资格胜任能力要求

序号	能力类别	必备技能	技能要求	专业能力要求
1	组织管理	体系保障	能建立保障5S顺利推行的组织体系	以5S管理为指针，以转变员工思想、健全规章制度和管理文件为依托，通过流程再造、组织体系重组和岗位责任完善，在本部门开展5S管理，实现部门管理绩效的持续提升
		项目制定	能编制有网络计划、分步预算的企划项目方案	企划项目要与企业的发展战略相吻合，要体现各部门间的协调配合，要明确进度评估和相关责任
		组织建设	能建设有快速反应能力的现场管理体系	能扎实5S的管理基础，培养部门持续的学习热情、强烈的创新意识和高效的执行能力
2	技能应用	项目控制	能有效地把握项目的进度	能按项目进度进行资源配置、进度控制和绩效评价
		问题分析	能快速查找现场物流体系中问题的真正原因	能从顾客立场着眼，运用产能平衡、物料控制、现场改善、作业研究等5S的管理方法剔除现场物流体系中的非增值业务
		现场诊断	能从多视角对现场物流的运行情况进行即时评估。	用5S的管理工具，从准时化、自动化、现场定置、目视管理、标准作业、现场物流和工位管理等角度来评价现场绩效

 案例9-1　上海某工贸有限公司6S督导员任职资格要求

年龄：30岁左右

学历：中专及以上

专业：企业管理/生产现场管理

工作经历：工业企业生产现场6S管理经历3年以上

相关工作经历：生产现场班长、主管以上

岗位职业要求：热爱本职工作，责任心强，性格直爽，熟悉现场6S管理手段和方法。敏锐的观察能力和较强的执行力。具备一定的信息管理知识；工作细致、认真、有责任心，较强的文字撰写能力，较强的沟通协调以及语言表达能力；熟练使用office办公软件及自动化设备。

简单来说可以从以下七个"勤"来要求督导团队中的成员。

眼勤	要用魔鬼般挑剔的眼光来对待负责的现场，不放过每一个与现场生产相关的角落和地方
耳勤	是指倾听的能力，要善于把握大家的心理，重要的不是你讲什么，而是对方在思考什么、担心什么。要学会倾听大家的意见，确认大家的需求，结合企业的6S管理要求，把工作做得更好
脚勤	脚勤的人能看到真实的景象，了解现场最真实的情况，熟悉现场的状态，根据真实的状况作出判断。杰出的督导人员每天最少要巡走现场两圈，上午、下午各一圈。自己负责的区域每个角落都要求走到
手勤	要求督导人员亲自做一些示范性的工作，表率的行为。不要让大家觉得你是在说而没有指导能力。督导人员要把自己所学的知识转化为经验，唯一的手段就是去实践书本上以及培训课程上所学到的知识。只有亲身去实践了，才能知道在员工实施中可能会遇到的问题，加以准备，才能去指导6S管理活动

续表

脑勤	需要具备时刻准备学习的状态，思考员工在实践中遇到的难题，不断地学习新的、先进的管理知识来武装自己
心勤	要学会去真心地赞扬员工，积极关心他们，对于员工的劳动成果给予认可，获得他们的认同和支持。学会如何做好"情感投资"
嘴勤	要善于引导和沟通。抓住员工的心理，引导全员去思考，去改变，去行动，去改善。在沟通中，态度很重要，方法也不容忽视。针对不同的员工选择合适的沟通方法，提高他们的积极性，让他们充满信心地工作和生活

案例9-2　某航天材料股份公司硫化车间6S督导员岗位职责

6S督导员工作目标：为员工制造一个干净、整洁、舒适、合理、安全的工作场所和空间环境。保持工厂干净整洁，物品摆放有条不紊、一目了然，能最大限度地提高工作效率和员工士气，让员工工作得更安全、更舒畅，可将资源浪费到最低点。其岗位职责有以下几点：

1.负责对公司6S活动进行推广、宣导、组织、实施、总结，并推进本部门的6S工作积极进行，申请6S活动所需要的资源；

2.协助车间主任对本车间6S工作进行规划和部署，对6S推行做出建设性意见和建议；

3.对公司在检查本车间6S工作中发现的不合格项进行确认和整改；

4.对本车间6S工作进行自检查过程中发现的重大问题，督导其责任区域负责人进行快速有效的整改；

5.6S工作的主持、6S活动的组织，6S的日常检查与定期检查的组织；

6.对本车间6S活动开展的优秀个人进行评比和奖励，对6S工作出现的不符合事项和人员进行处罚；

7.参加有关6S教育训练，吸收6S技巧，研读6S活动相关书籍，搜集广泛资料，不断学习和提高6S管理水平；

8.规划部门内工作区域的整理、定位工作依6S规定，全面做好本车间管理作业，协助员工克服6S的障碍与困难点；

9.熟读关于6S的实施方法并向部属解释；

10.进行本车间6S考核评分工作，督促员工执行定期的清扫点检。

三、6S高效督导团队的特征和责任

根据企业规模大小，企业推行6S活动项目往往需要建立一个督导团队。

6S高效督导团队的特征：

① 有清晰的6S推进目标，一致的认同和承诺。

② 掌握6S推进和现场改善指导技能，并善于不断学习。

③ 具备良好的沟通能力，相互信任和支持。

④ 有能力胜任的团队领导。

⑤ 不同能力的成员的合理搭配。

6S督导团队的主要工作内容见表9-3。

表9-3　6S督导团队的主要工作内容

资源配置	对企业6S管理整体运作中需要统一购置、统一制作等必需品进行统一配置和协调
工作计划	对整体进度的把握和对节点的控制，需要制订工作计划来进行监控，组织各单位的（兼职）现场管理员定期进行6S监督稽查工作，对违规状况进行通报和跟进关闭，负责不定期抽查各分厂的现场管理工作，督办异常的整改，提出改善建议，对公司各项现场改善目标规定任务的实施进行督促检查，检查现场成本浪费问题，协助推动成本监督管理工作开展
组织协调	在整个6S管理过程中，需要有人去协调各种关系，上下的沟通以及横向的沟通。沟通协调在整个督导中发挥着重要作用。负责公司现场管理制度的建立及完善工作，负责组织健全和适时改进现场改善过程控制体系制度，推动现场改善目标
宣传培训	一个人或几个人是不足以做好公司的6S管理工作的。必须想办法让所有的人都参与其中。这是督导团队最重要的工作目标之一，而达成这个目标的重要手段是宣传和培训工作，有步骤地在不同的阶段根据具体情况进行宣传和展开培训工作，负责对全体员工进行6S知识的宣传教育及培训，推动环保、职业健康安全管理工作开展

第二节
现场6S管理督导工具与方法

加强对现场6S管理的监督是提高6S管理效率的重要环节，采用何种方式来强化对现场6S管理的监督是必须考虑的重中之重。现场6S管理中选对督导的工具十分重要，只有这样才能有针对性、有策略地开展现场6S精益管理，才能让员工真正理解6S，使得6S更易于操作，进而取得预期的效果。

在6S管理活动的督导过程中可采取定期或随时方式，由总经理或6S推行委员会进行督导与评估，其执行方式有红牌检查、内外部审核法、考核评比法、竞赛法等，也可以举办6S活动座谈会、答疑会、征文比赛等活动。红牌检查法已经讲过了，所以这里重点讲述内部审核法（内外审核的方法基本上是一致的，所以重点讲述内部审核法）、考核评比法等。

一、内部审核法

（1）6S内部审核的基本概念

为评价6S活动有关结果是否符合企业的期望和要求，以及寻求继续改善的可能性空间而进行的内部自我系统性检查，这就是6S内部审核。

通过对6S管理活动的内部审核，期望能达到以下三个目的：

① 6S管理体系与企业的期望要求一致。

② 作为一种重要的管理手段，及时发现现场管理中的问题，组织力量来加以纠正或预防。

③ 作为一种自我改进的机制，使得6S系统能持续地保持其有效性，并不断地改进和完善。

6S活动内部审核的特点主要表现在以下三个方面：

① 系统性——正式的、有序的活动。

② 客观性——审核的独立性和公正性。

③ 自发性——企业出于改善的目的而发起的一种有组织的审核。

6S管理活动内部审核主要是依据6S管理手册对企业所有部门在实际工作中是否按规定的程序和方法来开展6S管理活动进行检查，并检查这些安排是否能有效地贯彻，贯彻的结果是否能达到目标。一般情况下每个部门最少每半年一次，而且每个月有一到两次集中各部门的巡查式审核；发生了严重的问题或生产场所有较大整修、改变时可以进行临时性的项目审核。

在进行6S管理活动审核时必须依据以下原则：

① 审核是监察6S活动推展程度、深度的有效管理工具，是为了更好更彻底地实施改善；

② 与ISO 9000一样，审核的客观性、系统性和独立性是核心原则；

③ 6S活动具有很大的灵活性，涉及方方面面，所以在审核之前，审核的范围、目的和判定标准等都应明确，并达成一致意见；

④ 审核人员应对6S有深刻认识，并有相应的整体把握及评价判定能力；

⑤ 在审核中，审核人员应该对事不对人，客观公正；被审核人员应积极地配合审核。

在开展对6S管理活动进行审核的时候，有几点以下要求：

① 建立正规的文件化6S管理体系。首先要求建立正规的文件，正规的6S体系形成以后，才可以进行公正的比较和评价。实际行动中要有书面的文件或非书面的承诺，承诺一定要一致。

② 6S体系审核必须是一种正式的活动。6S体系审核必须依照正式的特定要求进行，包括6S手册、目标承诺书、方法指导书、其他支持文件与样板、制度规范的要求，以上这些特定的要求都是在确定审核任务时就应该予以明确。在审核正式文件或书面文件当中要注明审核的目的、审核的范围、制订正式的审核计划，通过制订实施审核计划的检查表，依据计划和检查表进行审核。

③ 体系审核结果要形成正式的文件，有正式的审核报告，审核报告和记录都是正式的文件，留存到规定的期限。

④ 6S体系审核要依据客观证据。相关的具体事实为什么强调客观存在的证据，因为它是对事不对人，不受情绪或偏见来左右事实，而且是可以陈述的辩证的事实。

⑤ 审核人员必须具备一定的资格。

（2）6S活动内部审核的阶段与步骤

6S管理活动审核有两个阶段：

① 文件审查。审查是否建立正规的文件化体系；文件的内容是否正确，是否符合标准；了解受审核方的基本情况。

② 现场审核。检查受审核现场，动作是否符合特定的要求，比方说6S的手册、承诺书、保证等三方面的情况，当这些都没有问题以后，就要进行6S体系审核的以下五个步骤。

a. 审核工作计划。检查企业的6S审核制度是否很完善，确定审核范围，制订审核计划。

b. 指定审核员或组成审核组。审核组和审核员要搜集相关文件，然后对文件进行审查，根据实际情况制订审核计划，准备工作计划。

c. 实施审核。召开首次会议；进行现场审核（收集客观证据，记录观察结果）；召开末次会议。

d. 审核报告。编制审核报告。审核报告的内容应包括什么时间、地点、人和事，发现什么问题，怎么样去改善，如何改善，也可以提出改善意见或建设性意见；然后把这些报告都集中起来，一份分发到受审单位，另一份存档。

e. 纠正措施与跟踪。向受审核方提出纠正的要求，受审核方制定并实施纠正的措施，验证措施的有效内容，而且必须做成记录，并确保跟踪的实施。因为跟踪是审核的继续，是对受审核方的纠正和预防措施进行的评审，是验证并判断效果，并对验证的情形进行记录。

审核过程中要注意一些常犯的错误，或经常会造成影响6S推动的事项。

① 争执处理。对于争执的事情处理，一定要注意。

② 纠正措施。纠正措施最好的方式就是提出建设性意见，大家去讨论，认为合理可行、方便、安全，才能去改正。6S体系审核中，要注意的就是纠正措施，内部体系审核重视纠正措施，对纠正措施完成情况不仅要跟踪验证，还要分析其是否有效。

③ 注意开展内部6S审核的难度。审核员面对的都是自己企业的同事，他难以产生权威的效应，这就是审核员的难度，内部审核员也要成为改善中的一员。

（3）6S管理活动内部审核的实施

每次审核之前，审核的范围（区域）、审核的目的（主题）和判定的标准（水平程度），要求两个字——明确。审核目的（主题）明确是为了判定6S达到的水平程度，为了寻找问题点来及时地改善。审核目的决定范围和判定标准，范围明确是针对哪个具体的项目或区域。判定标准是审核的深度。6S推进时还应确定审核的可行性，可以召集相关人员进行商讨，确定审核条件，比如资源、人员是否成熟。

审核的工作准备主要有以下几个方面：

➢ 建立审核工作系统；
➢ 进行资料搜集以及文件的审核；

> ➤ 制订审核计划；
> ➤ 编制检查表。

对审核准备的基本要求如下：

第一，责任要落实。建立审核组并分工，接受审核的单位或部门应该要有充分的准备。

第二，工作文件完善。受审核部门的工作文件是完善的，各类工作文件一定要齐备，所有规范都能得到理解并有效地运用。

第三，计划落实。审核计划要得到批准，审核组或受审部门应对审核计划充分进行了解。

如何建立审核工作系统，从组织方面，从工作程序和文件、审核组的审核准备工作、对审核员的要求等几个方面来进行解释。

对6S管理活动的审核首先需要建立审核组织，明确审核工作责任部门，明确各部门有关6S审核的职责，这是建立审核组织的重要项目。其次是选定内部的审核员，审核员一旦选定，一定要经过培训。没有经过培训的审核员，可能会造成审核的疏失。

确定审核组织的时候需要考虑到选择内部审核员一定要用正式文件任命审核员与审核组的组长，赋予相应的义务或责任。审核小组一旦成立以后，就必须要做到：考虑审核活动的规模、深度、广度、时间安排等几个要素，这些要素是否做了适当的准备；被审核的区域与审核员没有直接的业务关系，否则容易影响审核的客观性和公正性；适当地考虑审核员的基本素质以及能力、水平，尽量做到互补及合理的调配。

对工作程序以及文件的审核分为两个部分：6S体系的内部审核程序和内部审核的工作文件。

对于6S体系的内部审核程序要从PDCA这四个角度去分析：如何制订审核计划？如何执行计划？由谁负责制订计划，谁监督检查计划的执行？审核实施过程以及各阶段的要求是什么？每一个阶段的责任部门和责任人是谁，应该负什么样的责任？这是6S体系内部审核的程序。

对于内部审核工作的文件，审核的内容包括审核计划、检查、不合格报告、纠正措施报告、审核报告等5种表，这些都是在审核的文件内不可缺少的。

制订审核计划首先需要明确审核计划的范围，每一次审核的具体安排；可安排某些时间对某区域的审核；也可以安排某个时间对某个项目或某个要素的审核。所制订出的审核计划要形成正式文件；须由6S推行委员会最高的执行长批准。

审核计划（表9-4）内容一般包括：

> ➤ 本次内部审核的目的；
> ➤ 审核的范围（要素或区域）；
> ➤ 审核所依据的文件（标准、手册及程序）；
> ➤ 审核组成员的名单以及分工的情况；
> ➤ 审核日期；
> ➤ 审核地点；

➢ 受审核的部门；

➢ 首次会议和末次会议，以及审核过程中需要安排的与受审核方的领导或者相关的主管人员交换意见的会议安排；

➢ 每一个项目主要审核活动的预计日期和持续时间；

➢ 审核报告的分发范围，以及发布的日期。

表9-4 审核计划

审核目的		
审核范围		
审核依据		
审核成员	组长	
	组员	
审核日期		
审核地点		
首次会议		末次会议	
审核内容	部门	
	项目	
	具体内容	

（4）6S管理活动审核实施

① 首次会议。审核小组与被审核部门负责人召开首次会议，主持人一般为审核组长。召开首次会议首先是明确审核的范围和目的，澄清审核计划中不明确的内容；简要地介绍审查采用的方法和步骤；确定审核组与受审核方领导都要参加的末次会议的时间，以及审核过程中各次会议的时间。首次会议的内容一般包括对人员职责分工的介绍；审核计划内容的再次确定；修改事项的说明与确定；审核员对被审核方的意见的收集。

② 6S管理活动审核实施。

首先是转入现场审核。审核的缓冲时间一般就是15 ~ 30分钟，让所有的审核员阅读一下自己审核的内容，相关的文件规范。

其次是信息收集与认证。对于审核过程中收集到的信息，审核员应进行认证。信息可以通过不同的渠道予以验证，认证后的信息可作为审核依据。

第三，审核发现。将所收集的证据、审核准则进行评价（表9-5），叫做审核发现。审核发现一般分为符合或不符合项目。审核组在末次会议之前，就要对审核发现进行评审，在什么地方、通道、类似的死角等几处地方，发现什么东西，有多少数量，而且是做什么用的，有多久，这些都要进行评审。对未满足要求的部门和项目，应详细地记录在6S内审审核的不符合项目纠正表（见表9-6）中，并应有一定的事实依据来作为支持，受审方对不符合项目应予以确认并理解，如果有意见、分歧，可以报审核组长，向6S推行委员会申请裁决。因为在6S推动，特别是在最后的关键过程中，从整理、整顿、清扫、清洁到修养的过程当中，一连串的培训、指导，在最后进行审核时，经常会发现很多毛病。

最后与受审方的沟通。审核部门与受审方的沟通，是一件非常重要的事情。审核期间，审核组长应该定期就审核状况及问题，与受审核部门进行适当沟通，当有异常导致审核目标无法实现时，审核组长要向6S推行委员会或受审核的部门报告，并采取相关的措施。

表9-5 现场6S管理审核范围评分标准样本表

项目		考核标准
卫生	地面	地面（通道）无污染（积水、油污、灰尘、纸屑、线绳等不要物），物料无散落地面，通道畅通
	墙壁	墙身无渗漏、落灰、蜘蛛网、油污；挂贴墙壁上的各种物品整齐合理，保持干净整洁，无不要物；门窗清洁，不得敞开，无破损
	设备	设备仪器保持干净、摆放整齐、无多余物（如工具、胶带、标签等）；仪表表盘干净清晰；零部件干净无油污存放
	人员	工装、鞋、帽等劳保用品保持清洁卫生；不得留长指甲；不得涂指甲油；不得挂带饰品（如戒指、项链、耳坠、耳环等）
	办公场所	桌、椅、柜等设施保持清洁卫生，现场桌面无杂物及与工作无关的资料，物品摆放有明确位置，不拥挤凌乱，桌面干净、牢固，墙壁不乱贴乱画，文件等整齐有序
	公共场所	辖区公共场所干净清洁无杂物
定置定位	设备	设备摆放要定位，放置在定位区域内，无压线；运输车辆定位停放，停放区域划分明确，标识清晰
	物料	放置区域合理划分；使用容器合理，标识明；原材料、半成品、成品应整齐码放定位区域内，不合格应码放在不合格品区，并有明显标识，物料、半成品、成品上无脏污、灰尘、杂物，不得落地存放；零部件有固定存放点，标识明确，保持干净清洁
	设施	空调、风扇、照明布局合理。无人使用关掉，无长流水，无长明灯等浪费现象；清洁用具本身干净整洁，定位合理不堆放，不用时及时归位；垃圾不超过容器口；抹布等工具应定位，保持干净整洁，不可直接挂在设备、电线、开关阀门上
	包材	区域定位合理，标识明确，包材应整齐码放在定位拖板或物料架上，不得落地存放；员工不得坐、踏、踩、躺包材（内、外袋，纸箱等）
	工器具	工具箱、柜物品摆放整齐、安全，无不要物和非工具用品，有固定存放点，标识明确，簸箕、桶、筐、瓢、锨等辅助工器具应干净整洁，有固定存放点，不用时及时归位
行为规范	着装	按规定要求穿戴工作服，着装整齐、整洁；头发不得外露，不得敞怀，不得卷裤腿，不得穿拖鞋进入卫生间
	在岗情况	岗位员工应坚守岗位，不得睡岗、串岗、离岗、脱岗，车间主管无特殊原因，不得离开车间
	安全	开关有控制对象标识，无安全隐患；电线布局合理整齐，无裸线、上挂物等；不得在禁烟区吸烟；电器检修时需有警示标识；消防器材摆放位置明显，标识清楚，状态完好，干净整齐；废弃设施及电器应标识状态，及时清理。下班后门窗及时关闭落锁；车间不得有蝇、虫、鼠等
	消毒	设备、工器具按规定清洗、消毒，并有记录，生产员工和非生产员工进入生产区必须按照规定要求消毒，接触物料前必须按要求消毒或戴防护用品

项目		考核标准
现场记录	关键控制点	及时、准确地将生产工艺上的关键控制数据清晰、工整地填写在关键控制点记录上，以便总结、整改，不得补填、涂改、缺项
	设备维护、保养	按表格设定内容准确填写每台设备维修项目，不得补填、涂改、缺项、缺页；字迹工整清晰
	生产原始记录	严格执行生产工序，按投料先后数量顺序、时间、温度等进行控制填写，不得补填、涂改、缺项、缺页；字迹工整清晰
	投入产出记录	严格按照配方数量称重投料，投入与产出必须认真按时填写，不得补填、涂改、缺项，以便分析整改
	设备、工器具消毒记录	定期对设备、工器具进行清洗消毒，用何消毒液，稀释比例、消毒方式等内容认真填写，字迹清晰，不得补填、涂改、缺项、缺页
	考勤记录	对当班出勤员工按出勤、迟到、早退、旷工、请假、病假、休假等项目规范填写，不得弄虚作假

注："6S"现场管理督察评分日报表的扣分说明

1.督察人员每天分四次不定时对各生产车间（班组）及管辖区域、公共场所进行现场督察评分；对车间当日的现场管理情况依评分日报表中项目分值按"合格√，不合格×"方式进行评分填表。

2.督察人员每天分四次对各车间（班组）进行现场督察评分，单项三次（含三次）以上被评为"×"，不得分；单项两次（含两次）以上被评为"×"的，按平均分值扣分。把当日各项目得分相加等于"6S"现场管理得分。

3.本制度自2012年×月×日起执行。

表9-6　内审审核的不符合项目纠正表

受审核部门	
不合格事实描述： 签名： 部门：	
原因：	
纠正措施：	
预定完成日期：　　　　　　　签名： 　　　　　　　　　　　　批准：（6S推行委员会执行长）	
纠正措施验证 1.可　　　　　　2.不可 签名：　　　　　　日期：	

③ 末次会议。末次会议之前，审核组应该进行内部商议，以便对审核情报信息进行评审。整个检查，哪些可以提报，哪些可以自行改善或不足以提到会议上，要制定审核发现清单。在末次会议上还要达成一致的审核结论，以便在下次再做审核时，有

改进的依据。

> 召开末次会议，首先确定参加人员，召开末次会议的参与人员与首次会议一样，必要时参加审核的人员也可参加。

> 明确会议的目的，就是以会议的方式提出审核的结论，确保审核结论得到受审部门的理解和认知。

> 由审核组提出审核的发现和结论，宣布对双方分歧处理的意见，对不符合的项目提出一些改善建议，受审部门要提出自己的看法和意见；企业领导人必须做出总结发言，审核组长要致谢，宣布会议结束。

> 对会议的内容必须予以记录并保存。

④ 编写审核总结报告。由审核组长负责审核报告的编写，对于其准确性和完整性要全面地负责。审核报告的内容一般包括6S体系是否符合企业规定的标准；6S体系实行的有效性；6S活动的持续性以及适宜性；审核发现的统计分析，优良事件、改进事件，哪些是需要并可以立即改进，哪些需要汇总企业协调一起来改进的；审核的时间、地点、范围、方式及参与人员；提出下次审核重点以及其他建议事项。

审核报告必须通过审核组组长、6S推行委员会的执行长审批认可，审核报告应该在原定的时间内发行，按照清单进行发行。受审部门或接受部门必须书面签收，并按要求进行管理，或进行改进。简单的审核报告样式如表9-7所示。

表9-7　简单的审核报告样式

审核日期		审核范围	
审核组组长： 成员：			
审核描述总结： 结论：			
下次审核重点：			

二、考核评比法

（1）6S管理活动的检查要点

对现场6S精细管理开展定时或者不定时的检查是6S督导活动的一个方法。检查可以是部门负责人对本部门的6S管理活动展开的检查，也可是部门与部门之间，员工与员工之间的互相检查，也可以是督导团队对企业或者部门6S活动的检查。

对现场6S管理活动进行检查时，需要注意几点：

➢ 要有规范的检查表格；

➢ 检查结果应评出成绩或分数，与激励手段相结合，并辅之以相应的物质鼓励；

➢ 自检就是把相应的评估表格发到个人手上，操作工人定时或不定时地依照评估表自我审查，通过自检可以发现个人在6S工作方面的不足之处，及时加以改善；

➢ 互检就是班组内部员工依据评估表格进行，相互检查，然后填写检查结果，互检的过程既可以发现被检查者的不足之处，又可以发现被检查者的优点和本人工作的差距，然后认真进行学习与改进。

针对企业大环境，6S检查的要点：

➢ 大环境区域道路是否清扫干净及时，垃圾是否倒入垃圾池内；厂区道路、花池边是否保持完好，下水道是否畅通无堵塞；

➢ 绿化修剪是否及时，草坪保持是否平整、高度是否符合要求，确保花池内无杂草、杂物等；

➢ 相关部门车辆在拉运过程中，掉在大环境区域的杂物是否及时进行清理，保持清洁；

➢ 各种车辆是否停放在定置区内，排列整齐；

➢ 雨、雪过后卫生区责任部门是否及时清扫干净路面；

➢ 道路两边花池内的牌子是否保持洁净；

➢ 企业内车辆刷洗后，是否及时清理洁净现场。

针对公共现场，6S检查的要点：

➢ 楼内的灭火器、落地钟、工艺瓶、奖牌等物品，是否保持完好洁净；

➢ 楼梯、楼道、扶手、玻璃、门窗、墙壁、门厅、帘子等是否保持完好洁净，楼梯、楼道间无积水；

➢ 卫生间门窗、洗手池、镜子、铝合金门框、墙壁、地面等是否洁净；

➢ 卫生间是否有异味，便池无堵塞，纸篓里的垃圾及时清走；

➢ 笤帚、地拖放置整齐有序，洗手间设施完好；

➢ 板报是否更换及时，报栏保持清洁无污、完好；

➢ 会议室使用完毕1小时内是否完成清场，室内各种物品是否摆放整齐、统一，室内各项应保持洁净、无污点；

➢ 茶水炉、水管用后是否及时关闭；

➢ 公共现场不晾晒工作服、鞋；

➢ 楼道、走廊、电梯间不得放置任何物品，保持运输通道畅通；

➢ 各区域是否有现场卫生责任卡，并有责任人，责任卡与责任人是否对应。

针对施工现场，6S检查的要点：

➢ 施工物料是否存放在指定地点，是否整齐、有序；

➢ 施工过程中当天产生的垃圾是否及时清走，不遗留积存；

> 施工完毕彻底清理现场，并保持清理洁净。

针对生产现场，6S检查的要点：

> 现场摆放物品（如原材料、半成品、成品、余料、垃圾等）是否定时清理，区分"要"与"不要"；
> 物料架、模具架、工具架等是否正确使用与清理；
> 模具、夹具、量具、工具等是否正确使用，定位摆放；
> 机器上有无不必要的物品、工具或物品摆放是否牢靠；
> 桌面、柜子、台面及抽屉等是否定时清理；
> 茶杯、私人用品及衣物等是否定位摆放；
> 资料、保养卡、点检表是否定期记录，定位摆放；
> 手推车、电动车、架模车、叉车等是否定位摆放，定人负责；
> 塑料篮、铁箱、纸箱等搬运箱是否定位摆放；
> 润滑油、切削液、清洁剂等用品是否定位摆放并作标识；
> 作业场所是否予以划分，并标示场所名称；
> 消耗品（如抹布、手套、扫把等）是否定位摆放，定量管理；
> 加工中的材料、半成品、成品等是否堆放整齐并有标示；
> 通道、走道是否保持通畅，通道内是否摆放物品或压线摆放物品（如料箱、安全网、手推车、木板等）；
> 不良品、报废品、返修品是否定位放置并隔离；
> 易燃品是否定位放置并隔离；
> 制动开关、动力设施是否加设防护物和警告牌；
> 垃圾、纸屑、塑料袋、破布（手套）等有没有及时清除；
> 废料、余料、呆料等有没有随时清除；
> 地上、作业区的油污有没有清扫；
> 饮水机是否干净；
> 垃圾箱、桶内外是否清扫干净；
> 墙壁四周蜘蛛网是否清扫；
> 工作环境是否随时保持整洁、干净；
> 长期置放（1周以上）的物品、材料、设备等有没有加盖防尘；
> 墙壁油漆剥落、地面涂层破损及划线油漆剥落是否修补；
> 地上、门窗、墙壁是否保持清洁；
> 下班后是否清扫物品并摆放整齐；
> 是否遵守作息时间（不迟到、早退、无故缺席）；
> 工作态度是否良好（有无谈天、说笑、擅自离岗、看小说、呆坐、打瞌睡、吃零食现象）；
> 服装穿戴是否整齐，有无穿拖鞋现象；
> 工作服是否干净、整洁，无污垢；制盖车间是否有戴首饰现象；

> 干部能否确实督导部属进行自主管理；
> 使用公用物品、区域是否及时归位，并保持清洁（如厕所等）；
> 停工和下班前是否确实打扫、整理；
> 各区域是否有现场卫生责任卡，并有责任人，责任卡与责任人是否对应；
> 能否遵照企业有关规定，不违反厂规。

针对办公室，6S检查的要点：

> 是否已将不要的东西丢弃（如文件、档案、图表、文具用品、墙上标语、海报）；
> 地面、桌子是否显得零乱；
> 垃圾筒是否及时清理；
> 办公设备有无灰尘；
> 桌子、文件架是否摆放整齐，通道是否太窄；
> 有无文件归档规则及按规则分类、归档；
> 文件等有无实施定位化（颜色、标记、斜线）；
> 需要文件是否容易取出、归位，文件柜是否明确管理责任者；
> 是否只有一个插座，而有许多个插头；
> 办公室墙角有没有蜘蛛网；
> 桌子、柜子有没有灰尘；
> 公告栏有没有过期的公告物品；
> 饮水机是否干净；
> 管路配线是否杂乱，电话线、电源线是否固定得当；
> 办公设备随时保持正常状态，有无故障；
> 抽屉内是否杂乱，东西是否杂乱摆放；
> 是否遵照规定着装；
> 私人用品是否整齐地放置于一处；
> 报架上报纸是否整齐摆放；
> 盆景摆放，有没有枯死或干黄；
> 是否有人员去向目视板（人员去向一览表）；
> 有无文件传阅的规则；
> 当事人不在，接到电话时，是否有"留言记录"；
> 会议室物品是否摆放整齐和标识；
> 工作态度是否良好（有无谈天、说笑、看小说、打瞌睡、吃零食现象）；
> 有没有注意接待宾客的礼仪；
> 下班后桌面是否整洁；
> 中午及下班后，设备电源是否关好；
> 离开或下班后，椅子是否被推至桌下，并应紧挨办公桌平行放置。

（2）6S检查表

6S检查表就是对现场6S精细管理活动进行检查时所用的表格，是6S活动执行进度的标准。通过对检查表的运用，可以随时掌握活动所达到的效果，发现存在的问题和不足，以进一步明确改善的目标，有针对性地开展下一步工作。检查表不应该只是记录分数，对已具体的改善事项也要进行详细的记载。

检查表中的项目指标应该是动态的。当检查过程中发现的问题太少时，就要考虑提高目标值，这样才符合6S持续改善的宗旨。

6S检查表的类型如下。

第一，阶段性检查表。阶段性检查表是指在6S活动期间对每个阶段的活动内容进行的检查，见表9-8。检查表的编制以本阶段的活动为主要内容，通常由各负责区自行组织检查，必要时可由推行委员会组织抽查，加以监督。

表9-8　某印刷包装公司6S检查表（印刷车间现场）

受检部门：_____　　　　检查日期：_____　　　　检查人：_____

6S目标		100	①不良为零；②浪费为零；③故障为零；④切换为零；⑤事故为零质量高，效率高，成本低
1 整理	1.1通道上有无障碍物	5	1.1.1产品：合格品/不合格品是否分开，是否呆滞于通道，没有及时运走？ 1.1.2工具是否没有放回规定位置，呆滞于通道上？ 1.1.3纸和油墨等是否没有处于规定位置，呆滞于通道上？
	1.2不要/不用品处理情况	5	1.2.1近期不用设备/工具是否按规定封存？放置规定位置，只留下要的？ 1.2.2产品垃圾易燃易爆是否及时分开？是否还有闲置纸/油墨/胶片？ 1.2.3是否有生活用品/饮品食品/其他生产无关物品置于现场？
	1.3文件的保管整理情况	5	1.3.1有效顾客签样/菲林是否妥善保管？作业文件是否妥善保管？ 1.3.2过期作废文件是否置于现场？参考资料是否明确标识？ 1.3.3是否有违反规定将小说杂志和影视娱乐用品置于工作生产现场？
	1.4个人桌面整理情况	5	1.4.1工作台面/桌面除必要的文具和记录是否还有其他杂物？ 1.4.2抽屉和工具箱内是否置入生活娱乐或其他与工作无关物品？
2 整顿	2.1设施/设备整顿情况	5	2.1.1印刷设施/设备和现场物品是否定位定置？ 2.1.2印刷设施/设备和现场物品是否定位定置，且与图示规定相符？ 2.1.3设施/设备和现场物品是否定位定置，与图示规定相符，且标识清楚？
	2.2工具整顿情况	5	2.2.1近期不用设备/工具是否按规定封存？放置于规定位置，寻找？ 2.2.2工具仪表是否齐备，标识清楚有效？是否还有闲置纸/油墨/菲林？ 2.2.3工具箱中有否生活用品/饮品食品/其他生产无关物品？
	2.3用品整顿情况	5	2.3.1产品：现场合格品/不合格品是否定位定置、标识清楚有效？ 2.3.2生活用品（限工服雨具和饮水杯）是否限定存放位置、标识清楚？ 2.3.3纸和油墨等是否定位定置、标识清楚有效？化学品MSDS表是否展示？
	2.4文件管理情况	5	2.4.1有效顾客签样/胶片是否妥善保管？受控文件是否标识有效妥善保管？ 2.4.2过期作废文件是否明确标识？记录存档是否规范？ 2.4.3是否有违反规定将小说杂志和影视娱乐用品置于工作生产现场？
	2.5环境整顿情况	5	2.5.1有否定位定置标示平面图，按规定布局现场？ 2.5.2设备/物品/合格品/等是否标识清楚，一目了然？发料是否先进先出？ 2.5.3是否现场清爽有序，效率高？

6S目标		100	①不良为零；②浪费为零；③故障为零；④切换为零；⑤事故为零质量高，效率高，成本低
3 清扫	3.1 通路/现场情况	5	3.1.1 通道和现场有没有垃圾杂物，有无油污，泥水，妨碍运输和作业？ 3.1.2 通道和现场有没有边角料，废弃物？ 3.1.3 通道和现场有没有有生活垃圾，废弃易拉罐，塑料瓶，烟头？
	3.2 窗户/窗台/墙面情况	5	3.2.1 窗户/窗台/墙面是否随时清扫，窗上有无蜘蛛网？窗台有无尘土？ 3.2.2 窗户/窗台/墙面是否有损坏？零件有无锈蚀损坏，是否设法去除？ 3.2.3 窗户/窗台/墙面是否有油污、泥水、污迹或其他涂脏的印记？
	3.3 桌面/作业台面情况	5	3.3.1 桌面/作业台面的文件记录和文具是否整齐有序？无灰尘和污染物？ 3.3.2 桌面/作业台面是否有损坏？电脑是否随时保养清洁？ 3.3.3 桌子/作业台内部是否彻底清洁有序？
	3.4 设施/设备/工具情况	5	3.4.1 印刷设施/设备/工具是否清洁保养到位？维修结束是否及时清场？ 3.4.2 印刷设施/设备/工具包括内部清洁保养有无不符合规定？ 3.4.3 结束工作的清洁是否彻底，能否为下次的开始作好充分准备？
4 清洁	4.1 整体环境卫生保持	5	4.1.1 通道和现场有没有坚持下来？ 4.1.2 通道和现场清扫有没有"死角"、不彻底的地方？ 4.1.3 通道墙上的污迹，都清除掉了么？
	4.2 整理整顿坚持情况	5	4.2.1 设备/工具/产品是否按规定置于现场，保养和标识是否坚持下来？ 4.2.2 现场是否没有多余杂物干扰，非常有序清爽？能否30秒完成查找？ 4.2.3 产品搬运，垃圾清运是否及时，为现场作业提供良好环境？
	4.3 垃圾清运消除无组织排放	5	4.3.1 有机废气是否集中排放，是否坚持执行？ 4.3.2 垃圾是否分类标识分类收集，是否坚持执行？ 4.3.3 是否坚持环保要求？
5 素养	5.1 6S持之以恒习惯化	5	5.1.1 整理整顿，是否坚持执行，养成良好作业习惯？ 5.1.2 清扫清洁，是否坚持执行，勤俭节约，饮食起居均养成良好习惯？ 5.1.3 是否坚持环保安全要求，生产间隙整理整顿清扫养成文明生产习惯？
	5.2 仪容相貌健康向上	5	5.2.1 是否举止不雅，粗口骂人，嬉戏打闹，串岗睡觉，没有礼貌，不讲团结？ 5.2.2 是否衣帽不整，男孩子烫头染红发，上班玩手机，不热爱本职工作？ 5.2.3 是否作风懒散，不求上进，不关心集体，不爱护公共财物？
6 安全	6.1 设备/消防器材维护	5	6.1.1 设备/消防器材状态标识有效么？有无开机前安全确认，定期安检？ 6.1.2 设备/消防器材维护保养，是否坚持执行？会使用灭火器么？ 6.1.3 现场布局是否有助于消防撤离和灭火时消防器材使用？
	6.2 消除安全隐患	5	6.2.1 是否坚持执行消防安全生产培训？是否熟悉MSDS的安全防护要求？ 6.2.2 是否及时发现排除消防隐患？是否作业熟练不做危险违规动作？ 6.2.3 是否人人明确安全生产的要求？是否符合易燃易爆物品严格管制？

　　第二、效果检查表。在阶段性检查表的基础上，6S推行委员会中会要对各责任区的6S管理活动进行确认，这时就需要用到效果检查表。效果检查表在项目条款上要进一步细化，以便进一步掌握6S管理活动所达到的深度。通常由推委会组织检查。表9-9给出某企业整理、整顿效果检查表案例。

表9-9　某企业整理、整顿效果检查表案例

受检部门：　　　　　　　检查日期：　　　　　　　检查人：

序号	检查内容	检查标准	检查方法	检查结果	纠正跟踪
1	办公室	物品未分类，杂乱放置（1分） 尚有较多物品杂乱放置（2分） 物品已分类，且已基本整理（3分） 物品已分类，整理较好（4分） 物品已分类，整理好（5分）	现场观察 抽查		
2	工作台	有较多不适用的物品在桌上或抽屉内杂乱存放（1分） 有15天以上才使用一次的物品（2分） 有较多7天内使用的物品（3分） 基本为7天内使用的物品，且较为整齐（4分） 基本为7天内使用的物品，且整齐（5分）	现场观察 抽查		
3	生产现场	产品杂乱堆放，设备、工具凌乱，尚未标志（1分） 仅有部分产品、设备、工具标志，现场仍很乱，有较多不用物品（2分） 产品、设备、工具已标志，产品堆放、设备和工具放置基本整齐，尚有少量不用物品在现场（3分） 产品已标志、产品堆放，设备和工具放置较整齐，基本无不用物品在现场（4分） 符合要求（5分）	现场观察 抽查		

　　第三、诊断检查表。诊断检查是对6S实施过程中的各个阶段的综合检查，以验证6S活动的实施水准是否达到企业的期望。诊断检查通常由6S推行委员会主任牵头。检查过程中将所获得有关实施汇入6S诊断检查表，并对表中所列的检查项目进行符合性判断。6S诊断检查表的参考样式见表9-10。

表9-10　生产车间检查表（来源于6S小组活动推行管理办法）

受检部门：　　　　　　　检查日期：　　　　　　　检查人：

项次	检查内容	配分	得分	缺点事项	改善计划
整理	1.是否定期实施红牌作战（清理不要品）？	3			
	2.有无不用或不急用的夹具、工具、模具？	3			
	3.有无剩余料或近期不用的物品？	3			
	4.是否有"不必要的隔间"影响现场视野？	3			
	5.作业场所是否规划清楚？	3			
	小计	15			
整顿	1.仓库、储物室的摆放是否有规定？	3			
	2.料架是否定位化，物品是否依规定放置？	4			
	3.工具是否易于取用，不用找寻？	4			
	4.工具是否用颜色区分？	3			
	5.材料有无放置区域，并加以管理？	4			
	6.废品或不良品放置有无规定，并加以管理？	4			
	小计	22			

续表

项次		检查内容	配分	得分	缺点事项	改善计划
清扫		1.作业场所是否杂乱？	3			
		2.作业台上是否杂乱及乱摆乱放？	3			
		3 各区域划分线是否明确？	3			
		4.作业段落或下班前有无清扫？	3			
		小计	12			
清洁		1.3S 是否规则化？	3			
		2.机器设备有无定期检查？	3			
		3.是否对设备物料通道进行打扫？	3			
		4.工作场所有无放置私人物品？	3			
		5.吸烟场所有无规定，并被遵守？	3			
		小计	15			
素养		1.有无培训日程管理表？	4			
		2.需要用的护具有无使用？	4			
		3.有无遵照标准作业？	4			
		4.有无异常发生时的应对规定？	4			
		小计	16			
安全		1.所有的机器设备有无制定安全作业书？	4			
		2.所有的电源开关是否安全？	4			
		3.易燃易爆品是否定点放置？	3			
		4.消防器材取用是否方便？	3			
		5.车间里的主、次通道是否畅通？	3			
		6.所有的产品、物料在堆放时是否安全？	3			
		小计	20			
评比人			合计			

第四、考核评级检查表。参见表9-11、表9-12。

表9-11　某公司分厂车间生产现场（6S）管理检评比标准

序号	项目	规范内容	扣分标准	扣分说明	得分
1	整理20	① 清理掉永远不用及不能用物品	不用物品未清理，每一项扣0.5分		
		② 把一个月以上不用物品放置指定位置。	一个月以上不用物品未摆放到指定位置上，每一项扣0.5分		
		③ 把一周内要用的物品放置到就近工区，摆放好	一周要用物品未放到就近工区每一项扣0.5分		
		④ 把3日内要用的物品放到容易取到的位置。	3日内要用物品未放到容易取到的位置上的，每一项扣0.5分		

序号	项目	规范内容	扣分标准	扣分说明	得分
2	整顿25	① 定置图要在明显位置悬挂，划定定置区域线，定置标志醒目、清晰，与单位定置图相符	定置图、定置区域与定置标志每有一处不符的扣0.5分		
		② 物品按照定置位分类整齐摆放并进行标识	物品每有一处放置与定置区域不一致的扣0.5分		
		③ 通道畅通，无物品占住通道	每有一处占道的扣0.5分		
		④ 生产线、工序号、设备、工模夹量具等进行标识	设备、工模具标识每缺一项扣0.5分		
		⑤ 仪器设备、工模夹量具摆放整齐，工作台面摆放整齐	仪器设备、工模夹具摆放不整齐，每一项扣0.1分		
			工作台面摆放无用物品，加工件摆放不整齐每一项扣0.2分		
		⑥ 库房管理四号定位、五五码放、规律码放。物品数量做到账卡物机一致	库房物品码放每有一处码放不规律扣0.2分		
			库房物品数量每有一种账卡物机不符扣0.2分		
3	清扫25	① 地面、墙上、门窗打扫干净，无灰尘、烟蒂、杂乱物	地面、墙上门窗有一处不合格扣0.1分		
			地面油污未处理的，每一次扣0.2分		
		② 工作台面清扫干净，无灰尘	工作台面有一处清理不干净扣0.1分		
		③ 仪器设备、工模夹量具清理干净	仪器设备未进行正常保养，清理不干净每一项扣0.1分		
		④ 一些污染源、噪声设备要进行防护	对污染源、噪声设备未进行防护扣0.2分		
		⑤ 对流动工位器具要及时回空。合理使用工位器具，无乱扔、超载现象	工位器具使用不合理、流动工位器具乱扔、超载不回空，每一次扣0.2分		
		⑥ 配备清扫工具，及时清理铁屑、砂轮沫子、钢砂、腻子等杂物	未配备清扫工具，每一人扣0.2分		
			铁屑、砂轮沫子、钢砂、腻子杂物每发现一人次未及时清理扣0.2分		
4	清洁10	① 成立生产现场管理推进小组，制订6S推进计划	未成立生产现场管理推进小组扣2分		
			未制订6S管理操作手册及推进计划的扣1分		
			分工不明确，职责不清的扣1分		
			未进行6S培训工作的扣1分		
		② 每天上下班花15分钟做6S工作	未进行6S工作一次扣2分		
		③ 随时自我检查，互相检查，定期或不定期理行检查。对不符合的情况及时纠正	车间要有检查记录，按规定少一次扣0.5分		
			发现问题未进行整改的，扣0.5分		
			整改未按规定完成的，每一项扣0.5分		
		④ 整理、整顿、清扫保持得非常好	整理、整顿、清扫未保持，每有一项扣0.5分		

续表

序号	项目	规范内容	扣分标准	扣分说明	得分
5	素养 10	① 员工穿厂服且整洁得体、仪容整齐大方	未按规定穿戴厂服，每一人次扣0.1分		
			穿着的衣服油、脏、破，每一人次扣0.1分		
		②员工言谈举止文明有礼，对人热情大方	吵架、骂人、恶语相加、臭语脏话有不文明语言的每一人次扣0.5分		
			打人、打架等不文明行为的每发现一人次扣1分		
		③有团队精神，互帮互助，积极参加6S活动	每有一人未参加6S活动扣0.5分		
		④员工时间观念强	工作中闲谈或做与工作无关的事情，每发现一人次扣0.1分		
		⑤遵守劳动纪律，按时刷卡，不在非指定时间和区域抽烟，不乱扔烟蒂	不按时刷卡，每一人次扣0.1分		
			在非指定时间和区域抽烟，每一人次扣0.1分		
			乱扔烟蒂每一人次扣0.1分		
6	安全 10	①严格遵守"企业职工安全守则"和安全操作规程，严禁违章指挥、违章作业、违反劳动纪律	违章作业的每一人次扣0.5分		
			违章指挥每一人次扣1分		
			违反劳动纪律每一人次扣1分		
		②正确使用劳动防护用品，女工戴好安全帽，禁止戴手套、系围裙操作旋转机床	工作时未按规定穿戴劳动保护用品，每一人次扣0.2分		
			戴手套、系围裙在旋转机床操作，扣1分		
		③上班遵守"五不准"要求。即：不准穿拖鞋、高跟鞋；不准赤膊；不准穿裙类服装；不准干私活；不准喝酒	违反"五不准"要求每一人次扣0.5分		
		④严格执行交接班制度，做好交接班记录。班后认真检查，切断电源、汽源、熄灭火种，清理场地	交接班制度执行不到位，交接班记录不完善，每一次扣0.5分		
			班后电源、汽源未切断，场地未清理扣0.5分		
			班后使用的火种未熄灭扣5分		
		⑤定期查验灭火装置，保证灭火器材能用	配备的灭火器材不能用，扣5分		
合计100					

表9-12　某企业办公室（6S）管理检查评比标准

序号	项目	规范内容	扣分标准	扣分说明	得分
1	整理20	① 把不再使用的物品清理掉	每周定期清理不再使用的文件资料，未作废弃处理的扣0.5分		
		② 把长期不使用文件资料按编号归类放置在指定的文件柜	未按规定存放每有一处扣0.5分		
		③ 把经常使用的文件资料就近放置	未按规定存放的扣0.5分		
		④ 将正在使用的文件资料分为：未处理、正处理、已处理三类	未按规定进行分类每有一次扣0.5分		
		⑤ 将办公用品摆放整齐	办公用品摆放不整齐，扣0.5分		
2	整顿25	① 办公桌、办公用品、文件柜等放置要有定置和标识	办公桌、办公用品、文件柜等置无定置和标识，每有一处扣0.5分		
		② 办公用品、文件摆放要整齐有序	办公用品及文件摆放不整齐有序的，扣0.5分。		
		③ 文件处理完毕后均要放入文件夹	文件处理完毕后未放入文件夹。每有一次扣0.2分		
		④ 文件夹要有相应的标识，每份文件要有编号	文件夹没有标识的，文件无编号，每有一处扣0.2分		
		⑤ 办公桌及抽屉整齐、不杂乱	办公桌及抽屉内杂乱的，扣0.2分		
			私人物品未按规定摆放的，扣0.2分		
		⑥ 电脑线用绑带扎紧	电脑线未按规定绑扎的，扣0.2分		
		⑦ 用电脑检索文件	文件没有电脑检索的，扣0.2分		
3	清扫25	① 将地面、墙上、天花板、门窗打扫干净	每有一处不合格扣0.5分		
		② 将文件柜、办公桌、椅子、沙发、茶几打扫干净	每有一处未打扫干净扣0.5分		
		③ 文件记录破损处修补好	文件记录破损每有一处未修补好，扣0.5分		
		④ 电脑、打印机、复印机等擦干净	每有一处未擦干净，扣0.5分		
		⑤ 电灯、电话擦干净	每有一处未擦干净，扣0.5分		
4	清洁10	① 成立6S推进小组，制订推进目标、计划，分工明确，并进行内部培训、宣导	未成立6S推进小组，扣5分		
			未制订6S推进目标、计划扣1分		
			分工不明确、职责不清扣1分		
			未进行内部培训、宣导6S扣1分		
		② 每天上下班花5分钟做6S工作	未进行6S工作扣1分		
		③ 随时进行自我检查、互相检查、定期例行检查	未进行检查、没有检查记录每次扣0.5分		
		④ 对不符合的情况及时纠正	对发现问题未进行整改扣0.5分		
			整改未按规定完成扣0.5分		
		⑤ 整理、整顿、清扫保持得好	整理、整顿、清扫未保持，每有一项扣0.5分		

续表

序号	项目	规范内容	扣分标准	扣分说明	得分
5	素养 10	① 员工穿厂服且整洁得体、仪容整齐大方	未按规定穿戴厂服，每一人次扣0.1分		
			穿着的衣服油、脏、破，每一人次扣0.1分		
		② 员工言谈举止文明有礼，对人热情大方	吵架、骂人、恶语相加、臭语脏话有不文明语言的每一人次扣0.5分		
			打人、打架等不文明行为的每发现一人次扣1分		
		③ 有团队精神，互帮互助，积极参加6S活动	每有一人未参加6S活动扣0.5分		
		④ 员工时间观念强	工作中闲谈或做与工作无关的事情，每发现一人次扣0.1分		
		⑤ 遵守劳动纪律，按时刷卡，不在非指定时间和区域抽烟，不乱扔烟蒂	不按时刷卡，每一人次扣0.1分		
			在非指定时间和区域抽烟，每一人次扣0.1分		
			乱扔烟蒂每一人次扣0.1分		
			违反劳动纪律每一人次0.5分		
6	安全 10	① 上班遵守"五不准"要求。即：不准穿拖鞋、高跟鞋；不准赤膊；不准穿裙类服装；不准干私活；不准喝酒	违反"五不准"要求每一人次0.5分		
		② 下班切断电脑电源	下班未切断电脑电源，每次扣0.5分		
		③ 定期查验灭火装置，保证灭火器材能用	配备的灭火器材不能用，扣5分		
		④ 信息安全，包括商务机密、经营信息、技术工艺机密	经营信息、成本价格信息每有一次泄漏扣5分		
			市场关键信息，招、投标标的，每有一次泄漏扣5分		
			关键技术、工艺信息每有一次泄漏扣5分		
合计100					

编制6S检查表时需要关注以下几点：

➢ 检查表要简明、易填写、易识别，记录项目和方式力求简单；

➢ 尽可能以符号记入避免文字或数字的出现；

➢ 项目要尽量少，检查项目以4～6项为原则；

➢ 检查的项目要随时纠正，必要的加进去，不必要的删去；

➢ 要将检查结果及时反馈给有关责任部门，对查出的问题要立即整改；

➢ 运用〇、×、√等简单符号，如数种符号同时使用于一个检查表时，要在符号后注明所代表的意义。

（3）6S管理活动的评比与考核

一般情况下，检查表是6S管理活动评比与考核的主要工具，而对6S管理互动的评比与考核作为督导的一种方式对于推动6S精益化管理发挥着重要作用。

① 6S管理活动的评比与考核的准备　为了对6S管理成果进行评估，必须先做好以下的准备工作：

➢ 明确评估的目的，了解6S管理进行的现状，促使6S活动推行。

➢ 确定评估者，由推行委员会成员担当。

➢ 安排日程排序，预先计划好各个场所的检查日期。

➢ 确定评估方式，巡回检查。

➢ 评估标准的确定，准备好检查表。评分标准分两种，一种是用于工作现场的评分标准，适用于车间、仓库等一线部门；另一种是科室评分标准，适用于办公室等非生产一线的工作场所。评分表中的内容一般按照整理、整顿、清扫、清洁和素养、安全六个方式来制定，同时要根据企业的实际情况出发，为不同的部门制定不同的标准。

➢ 对评估者进行培训，预先组织集体学习，研讨对检查标准的掌握运用。

② 评分细则　明确6S考核的评分细则，是保证考核结果公平的一个基本条件。确定考核细则，明确如何进行评分以及计算、评估考核的结果。6S考核标准解决了如何进行初步评分的问题，而关于如何得到最终的结果，保证公开公平，是在制定评分细则的时候必须考虑的一个重要问题，具体的评分细则是对这一问题进行描述和说明。

③ 现场考核　评比和考核过程分为两个部分，一个是部门诊断会，由被评比与考核部门就6S活动的开展情况向评比与考核组进行汇报；另一个是评比与考核组进行现场考核。

举行评比和考核会是为了使评比与考核组了解被评比与考核部门开展6S活动的总体情况，部门负责人应就本部门的6S管理活动的推进情况进行汇报。汇报的主要内容有：开展6S活动的目的；6S活动的方针、目标；开展6S活动的经过；6S活动的实施效果；今后本部门开展6S活动的方向；本部门6S活动的成果。

企业6S管理活动的检查采用简捷、务实的方式进行。检查前，检查组开一次碰头会，明确检查计划和分工，随即分组进入受考核部门和班组进行检查；对照检查表收集6S活动的客观证据，听取现场工作人员实地介绍6S活动的改善事例和心得。检查的方法有面谈、提问、查阅文件、记录，以及现场观察，做好检查记录。

按照评分标准与评分办法，对考核的情况进行汇总评分。并将相关事实计入到"6S活动评比与考核表"。如表9-13所示。

表9-13　6S活动评比与考核表

区域	代号	扣分	扣分合计	得分

在此基础上，填写"6S活动考核报告表"，如表9-14所示。

表9-14　6S活动考核报告表

区域	代号	扣分合计	得分	问题描述

对于不能满足检查准备或者《6S管理手册》的有关问题，以汇总表的形式开出"不符合事项通知单"，要求相关部门进行整改，如表9-15所示。

表9-15　6S活动整改措施表（不符合事项通知单）

组别：　　　　　　编号：

序号	整改内容	责任人	期限	验证人	验证时间

对评价结果的应用方面主要体现在对表现优秀的部门和个人给予适当的奖励，对表现差的部门和个人给予一定的惩罚，使他们产生改进的压力。形成一种奖惩机制，以奖励为主，惩罚为辅，最好能与部门的绩效考核和奖金的发放相结合。这样才能真正发挥检查的作用，达到改善的目标。

一般检查完之后，6S推行委员会要举行全体委员会议，会议的主要内容包括如下几项：

一是对检查的情况进行总结。由秘书组公布评比成绩和明细，分发"6S活动整改措施表"给各位委员。各检查小组负责人在会上简要介绍一下检查的情况，各委员可以相互交流一下经验，对活动提出一些建设性的建议。如活动中需要相关部门配合的事项，应在会议上协调好，便于工作的开展。

二是布置下一阶段的工作。对6S活动的下一步工作打算，要在会议上进行落实布置，并形成会议纪要，发至各责任部门。

三是对获奖的6S先进集体或优秀推行小组进行表彰。由6S推行委员会的主要负责人对获奖单位颁发流动奖牌（或流动锦旗）和奖金。对改善不力的单位提出相应的批评，可采用黄牌警告或适当的罚款处理，目的是要落后的部门引起重视，同时也表明最高管理者对开展这项互动的重视和严肃性。

6S评比总结会议结束以后，通常将会议的内容以会议纪要的形式记录整理下来，并分发给相关部门，对纪要所涉及的有关事项，相关部门要按照要求实施，下次总结会议，部门负责人要汇报落实情况。

案例9-3　XX集团有限公司6S检查评定考核办法

1　目的

为了积极有序推进现场管理及提升6S管理水平，把现场管理工作中的考核、检查、评比等工作落到实处，充分运用6S管理方法，通过自查、评比、整改和优化，力争将现场管理工作推向一个新阶段，特制定本细则。

2　适用范围

本细则适用于所有办公区域和作业现场的6S的策划、实施、检查、评比、奖罚、整改和提高等工作。

3　职责

3.1　6S领导小组

3.1.1　全面组织领导、推进6S的策划，并组织实施；

3.1.2　执行6S工作的检查、评比、奖罚；

3.1.3　督促6S工作中不符合项的整改，对评比单位执行月度不符合项的统计、公布、奖罚等；

3.1.4　复核、提交各评比单位推荐的6S优秀人员事项。

3.2　各部门/车间

3.2.1　配合执行公司6S各项管理措施，全力支持与推行6S；

3.2.2　组织与实施本部门/车间的6S各项工作；

3.2.3　指定本部门/车间的6S专责人员，负责组织本部门/车间的自评工作；

3.2.4　参与公司及集团组织的6S检查评比工作，同时有对6S领导小组提出改善意见的义务；

3.2.5　提交本部门/车间的6S月度自评工作资料。

4　检查、评比、奖罚管理实施

4.1　检查评比区域划分

4.1.1　办公区域：公司各职能部门办公室区域。

4.1.2　作业现场：挤压车间、氧化车间、包装车间、喷涂车间、机修车间、设备部、动力车间、喷砂车间、模具车间、材料仓、成品仓、质检部、生产部、总经理办公室责任区域、钢结构车间。

4.2　检查评比组成人员

4.2.1　日常巡查：6S领导小组督导员。

4.2.2　月度大检查：6S领导小组成员、集团公司督导组成员及各部门/车间的6S专责人员。

4.2.3　各部门/车间必须指定6S检查评比专责人员，无指定人员的则由该部门/车间负责人负责参与检查评比。

4.3　检查时间

4.3.1　日常检查：日常进行的检查，具体时间由6S领导小组决定，督导员执行。

4.3.2 月度大检查：每月进行1次大检查，以集团6S巡查时间为准。

4.4 检查标准

按照公司现行的6S检查标准进行，并将不符合方面在OA（自动办公系统）上及时发布。

4.5 奖罚

4.5.1 奖罚依据：根据各部门/车间对所公布的不符合项及时整改完成率的高低实施奖罚。

4.5.2 及时整改完成率：整改责任部门/车间在规定时间内完成整改的项目数与所需整改的项目总数之比。

及时整改完成率的计算公式：

单次及时整改完成率=（当次及时完成整改项数/当次需要整改项总数）×100%

月整改完成率=（日整改完成率总和/检查次数）×100%

4.5.3 及时整改完成率的确定：各部门/车间的月度平均及时整改完成率为该部门/车间实施奖罚的最终依据；月度无整改项的及时整改完成率按100%计算。

4.5.4 奖励标准：为推动6S工作的持续开展。提升各部门/车间的积极性，公司对6S整改工作做得较好的部门/车间进行奖励，且奖励只到部门/车间，可作为部门/车间的内部基金使用（见表1）。

表1 6S工作奖励明细

月平均及时整改完成率	奖励
100%	300元/月
95%以上	200元/月

4.5.5 处罚标准：为体现6S工作开展的奖罚结合，公司对6S工作推行落后的部门/车间进行处罚（见表2）；处罚只到责任部门的管理人员，具体如下：

表2 6S评比处罚方案   单位：元

责任人 / 整改完成率	85%～94%	84%～65%	64%以下	0%
正职	0	200	300	400
副职	0	150	200	300
带班主任（班/组长）	0	100	150	200

注：奖罚只涉及具体参与评比单位，连带的直属管理部门不在此列。

5 其他违规处罚

5.1 不配合检查人员工作的处理方法

检查期间（包括日常巡查及月度大检查），不配合相关工作的（如：拒绝检查、谩骂检查人员等），员工处罚50元/次，班组长以上管理人员处罚100元/次。

5.2 不配合参与检查工作的处理方法

5.2.1　各部门/车间的6S专（兼）责人员，必须参与6S的例行检查工作（以6S领导小组通知为准），若无故缺席，按每人每次扣罚50元处理；

5.2.2　有事或休息可请假，但必须确认检查组对本责任区域6S检查情况及结果。

6　整改项目处理规定

6.1　整改项目范围

6.1.1　日常督导组巡查下发的整改项；

6.1.2　集团巡回检查时所公布的整改项。

6.2　整改项目处理规定

6.2.1　经6S领导小组认定的整改项目，责任部门/车间未按时完成整改的，按10元/项的标准进行处罚；

6.2.2　所有未及时完成的整改项，在月底进行汇总扣罚，有奖励的扣减奖金；无奖励的则直接扣罚部门/车间负责人；

6.2.3　每日计算各整改项的及时完成率，当日检查，最迟次日公布；于每月的最后一日累计当月的整改完成率，并按要求实施奖罚。

6.3　对有异议的整改项目的处理规定

6.3.1　日常巡查：6S领导小组必须将当日检查结果最迟于次日公布。

集团巡回检查：6S领导小组必须在2个工作日内完成图片公布等相关工作。

6.3.2　整改通知公布后的1个工作日为异议申诉期；有异议的部门/车间必须在此期限内按规定以书面形式向6S领导小组提出申诉；6S领导小组受理后必须于1个工作日内妥善处理，并将结果公布。

6.3.3　在申诉期内，由部门/车间提出申诉的，则申诉期顺应延长，但不得超过3个工作日。

6.3.4　有异议的部门/车间必须在申诉期内提出申诉，超过期限则不予受理。

6.4　所需整改的项目集中在OA上公布。

7　申诉处理程序

7.1　需提交的材料

7.1.1　申诉人填写"申诉登记表"1份（包括申诉时间，申诉人姓名、联系电话，被申诉名称、地址、联系电话，申诉内容等）；

7.1.2　以客观事实为基础的书面报告；

7.1.3　其他凭证等。

7.2　受理申诉部门的处理

在1个工作日内做出受理、移送处理或者不予受理的决定，并告知申诉人。

7.2.1　受理后的处理：

①对争议的项目或责任人认定应当根据申诉人或被申诉人的请求，采用调解方式予以处理；

②对属于申诉人正当事实的请求，应当及时更正公示结果。

7.2.2　移送处理：

① 对争议调解不服的申诉，移送行政副总处理；

② 对多个部门争议调解不服的申诉，应当移送总经理处理；

③ 对申诉中涉及相关责任人的违规行为，移送总经理办公室处理。

7.2.3　不予以处理的申诉：

① 公司相关部门或人员已经受理或者处理的；

② 对存在争议的无法实施检验、鉴定的；

③ 不符合公司相关规程规章规定的；

④ 申诉人无法找到证据或事实无法认定的。

7.3　检验、鉴定

对有争议的需要进行检验、鉴定时，在征得申诉人或被申诉人的同意后，由行政副总指定部门或组织有关人员进行。

7.4　调解处理

7.4.1　在争议调解时，一般需要召开调解会议，经调解双方达到一致意见的，应当制作"6S争议调解书"，由申诉人和被申诉人自觉履行；

7.4.2　调解在接到申诉人提供的书面材料之日起2个工作日内完成，对于复杂情况可以延长5个工作日；

7.4.3　调解不成的，及时终止调解，告知申诉人向公司相关领导申诉。

8　奖罚规定

8.1　奖罚周期

8.1.1　每月实施1次奖罚，根据整改完成率的高低执行。

8.1.2　未按规定完成整改项（包括：日常巡查的整改项及集团巡回检查的整改项）所要求扣罚的金额每月作一次统计，统一实施扣罚。

8.2　奖罚金额组成

8.2.1　根据整改完成率的高低按要求奖励或扣罚金额；

8.2.2　未按规定完成整改所应扣罚的金额。

8.3　相关款项处理

8.3.1　公司所发6S评比奖金属集体奖金，由各部门/车间负责具体分配，任何部门/车间相关责任人不得以任何理由私自截留或挪用，违者以奖金为基数加倍处罚。

8.3.2　公司对6S评比落后部门/车间进行处罚的对象仅限于部门/车间责任人。任何部门/车间相关领导责任人不得以任何理由把处罚金转嫁或分摊到员工个人身上，违者以罚金为基数加倍处罚。

9　附则

本细则由公司6S领导小组负责制定、修订、完善和废止，由总经理批准后生效执行，原有的关于6S领导小组检查、评比、奖罚等的工作制度同时废止。

现场 6S
精益管理实务

第十章
6S管理的体系化与标准化

第一节
建立6S管理体系

与ISO 9000的认证一样，要想成功地推进6S管理，必须有一个完善的系统来支持。建立一套适合组织特点，符合6S管理要求便于操作和利于考核检查的结构化、系统化的6S管理体系，对于企业来说是保证6S管理互动深入开展的保证，而编制出相应的6S管理文件则是保证组织6S管理体系正确运行和有效实施，实现组织预定的目标具有不可缺少的重要作用。6S系统化文件是推进更高层管理的支持。如果这些文件做得很好，就能保证企业顺利地推行。现在大部分企业都采用了所谓ISO国际标准系统进行管理，为了整个企业的系统整合，文件的适用，可以简化采用6S文件和ISO国际标准合一的方法。6S文件与ISO系统文件是完全一样的，也是分为四个层次（图10-1），采用同样的推行方法，这四个层次与PDCA一样，采用同样的推行方法，这样6S就与企业日常的活动紧密地结合在一起了。

图10-1　6S体系文件层次

一、6S管理体系文件的内容

6S管理体系文件的内容，参照ISO9001或ISO14001等国际标准的结构形式进行编制。从目前大部分企业的实施情况来看，采用手册的形式比较多。通常的内容一般都包括6S管理活动职责、6S管理内容，作业指导书、检查考核、内部审核等内容整合在一起。在实施体系建设的企业里，通常将手册纳入到管理体系文件中去，其中部分程序可以与质量管理体系（或整合型管理体系）相兼容，如"文件控制程序"、"记录控制程序"、"不符合、纠正和预防措施控制程序"等，其内审和管理评审可与质量（环境、职业健康安全）管理体系合并举行。

企业导入6S管理活动，简单来说可以是这样的。首先是员工行动起来，接下来员工要做好做正确，其次要促进6S活动的持续进行，最后达成6S管理活动的习惯化。在相应的活动过程中，配以相应的管理体系，即基本知识培训体系、6S管理标准和6S作业指导、6S评价改善体系和奖惩体系等。企业的6S管理体系一般包括基本知识培训体系、6S管理标准和6S作业指导体系、6S评价改善体系和奖惩体系这四个方面。相应的6S管理体系文件包括6S活动管理标准、作业指导书以及管理手册等。

二、6S管理体系文件编制的基本要求

6S管理体系文件，是企业对其他管理标准的补充，特别是在实施质量管理体系的企业中，导入6S管理可起到事半功倍的效果。因此，在编制6S管理体系文件时，还应遵循以下的基本要求：

➢ 应按企业的要求，规定适合的范围。6S管理体系主要是针对现场嫌恶和人的素养三方面的内容。

➢ 内容力求完整、准确、易于理解。

➢ 应充分考虑其先进性和为未来的发展提供最佳结构。

➢ 文本应准确、简明、严谨。准确，即没有技术性和科学性的错误。简明，即简单、明了、通俗易懂，避免繁琐和深奥的词语。严谨，即逻辑性强，用词准确，切忌含糊不清、模棱两可。

➢ 关于6S管理体系文件的具体条款表述时的用词，应该确切了理解和正确使用GB/T 1.1—2009推荐的用词，见表10-1。

表10-1 条款规定标书中助动词的使用规则

GB/T1.1—2009推荐用词	使用条件	在特殊情况下使用的等效表述
正面词：应 反面词：不应	表示要准确地符合标准而应 严格遵守的要求	应该、只准许 不得、不准许
正面词：宜 反面词：不宜	表示在正常情况下首先这样做	推荐、建议 不推荐、不建议
正面词：可 反面词：不必	表示在标准规定的范围内 允许稍有选择	可以、允许 无需、不需要
正面词：能/可能 反面词：不能/不可能	表示事情因果关系的 可能性和潜在能力	能够/有可能 不能够/没有可能

6S管理体系文件的编写可采用以下方法和步骤：

➢ 成立文件编写小组，明确职责。

➢ 收集有关6S方面的资料。

➤ 对参与文件的编写人员进行6S方面的知识培训和文件编制的培训。

➤ 确定拟编制文件的数量、结构、格式和文件编写计划。

➤ 起草文件的"征求意见稿"。

➤ 对"征求意见稿"进行审核（评审、评价）并修改，编写出送审稿。

➤ 对"送审稿"进行审核（评审、评价）并修改，完成"报批稿"的编制。

➤ 主任委员（一般为企业最高管理者）审核、批准"报批稿"。

➤ 发布6S管理体系文件。

➤ 通过试运行，确定文件的有效性。在组织内根据使用者的反馈意见、使用效果以及相关文件（如质量管理体系文件等）的接口是否通畅，对文件进行修改，从而完成6S管理体系文件的编制。

第二节
6S管理活动标准化

　　6S管理活动开展起来不算太难，也可以搞得轰轰烈烈，但要坚持下去，持之以恒，不断优化就不容易。在实施6S管理活动到一定程度后，企业往往积累了许多有益的经验，如何改善已经取得的成果不至于回到原来的老路上去，就需要进行标准化。标准化是实行6S管理的重要形式要素之一。统一的标识标准、操作标准、质量标准、摆放标准、安全标准，严格地执行标准，是6S管理规范化的必要条件。对6S管理中形成的标准，可纳入企业标准化体系文件中去。

一、标准化的界定与目的

（1）标准与标准化

　　为在一定范围内获得最佳秩序，经协商一致制定并由公认机构批准，共同使用的和重复使用的一种规范性文件。企业的标准一般分为技术标准、管理标准和工作标准。而6S活动的标准则包含管理标准和工作标准。

　　6S推进到一定的程度后，就要进入标准化阶段，标准化是制度化的最高形式，可运用到生产、开发设计、管理等方面，是一种非常有效的工作方法。所谓标准化就是对于一项任务将目前认为最好的实施方法作为标准，让所有做这项工作的人都执行这个标准并不断地完善它，整个过程称为标准化，是为了在一定范围内达到最佳秩序，对现实问题和潜在问题制定共同使用和重复使用的条款的活动。

（2）标准化的目的

标准化的目的就是强调系统管理，即强调什么时间、什么人、做什么事情、做多少、数量多少、东西摆放在哪里等。所有的管理都是强调一种循环，PDCA管好了还要再改进，发现了问题更要再改进，它是一种持续改造的功能，而且所有事情都是以事实为决策的依据。

为什么6S推动要强调标准化？目的就是降低成本，提升产品质量，提升企业的形象，减少浪费。所谓"制造"就是以规定的成本、规定的工时、生产出合格的产品。要达到上述目的，如果生产现场之作业方法或作业条件随人而异有所改变的话，一定无法生产出合格的产品。因此，必须对作业流程、作业方法、作业条件加以规定并贯彻执行，使之标准化。

6S标准化有以下四大目的：技术储备、提高效率、防止再发、教育训练。

6S标准化的作用主要是把企业内的成员所积累的技术、经验，通过文件的方式来加以保存，而不会因为人员的流动，整个技术、经验跟着流失。达到个人知道多少，组织就知道多少，也就是将个人的经验（财富）转化为企业的财富；更因为有了标准化，每一项工作即使换了不同的人来操作，也不会因为不同的人，在效率与品质上出现太大的差异。

如果没有标准化，老员工离职时，他将所有曾经发生过问题的对应方法、作业技巧等宝贵经验装在脑子里带走后，新员工可能重复发生以前的问题，即便在交接时有了传授，但凭记忆很难完全记住。没有标准化，不同的师傅将带出不同的徒弟，其工作结果的一致性可想而知。

（3）良好6S标准的制定要求

许多企业都有这样或那样的6S标准，但仔细分析会发现许多6S标准存在操作性差、不明确等问题。其实，好的标准的制定要满足以下六点：

① 目标指向：标准必须是面对目标的：即遵循标准总是能保持生产出相同品质的产品。因此，与目标无关的词语、内容不应出现。

② 显示原因和结果：比如"安全地上紧螺丝"，这是一个结果，应该描述如何上紧螺丝。又比如"焊接厚度应是3微米"，这是一个结果，应该描述为："焊接工用3.0A电流20分钟来获得3.0微米的厚度"。

③ 准确：避免抽象："上紧螺丝时要小心"。什么是要小心？这样模糊的词语是不宜出现的。

④ 数量化——具体：每个读标准的人必须能以相同的方式解释标准。为了达到这一点，标准中应该多使用图和数字，例如使用一个更量化的表达方式，"使用离心机A以（100±50）r/min转动5～6分钟的脱水材料"来代替"脱水材料"的表达。

⑤ 现实：标准必须是现实的，即可操作的。标准的可操作性非常重要。可操作性差是许多企业的通病。

⑥ 修订：标准在需要时必须修订。在优秀的企业，工作是按标准进行的，因此标

准必须是最新的，是当时正确的操作情况的反映。永远不会有十全十美的标准。在以下的情况下应该修订标准：

> 内容难，或难以执行定义的任务；
> 当产品的质量水平已经改变时；
> 当发现问题及改变步骤时；
> 当部件或材料已经改变时；
> 当机器工具或仪器已经改变时；
> 当工作程序已经改变时；
> 当方法、工具或机器已经改变时；
> 当要适应外部因素改变（如环境的问题）时；
> 当法律和规章（产品赔偿责任法律）已经改变时；
> 标准（ISO等）已经改变。

（4）6S标准化的过程

6S标准化是一个过程，不能指望本月发出红头文件，下月各种符合要求的标准就完成。在进行标准化时一定要有耐心，营造良好的改善氛围非常重要，比如管理看板、合理化提案制度、部门/企业改善发表大会、改善能手、标准化竞赛等，让做得好的有成就感，做得不好的有压力，逐步引导，最终完成有效的标准化过程。

对于现场管理工作，要应按照"五按五干五检"要求进行组织，即：

> 按程序、按线路、按标准、按时间、按操作指令；
> 干什么、怎么干、什么时间干、按什么线路干、干到什么程度；
> 由谁来检查、什么时间检查、检查什么项目、检查的标准是什么、检查的结果由谁来落实。

用这样的要求来规范、评价及检查每项工作，使现场管理工作的标准化水平大幅度提升。管理水平的提升没有止境，虽然6S标准化在许多企业有体系、制度、意识上的障碍，但必须拿出"明知山有虎，偏向虎山行"的气魄，才能真正提升管理品质。

二、6S标准化的要点和成效

（1）标准化的要点

① 抓住重点。抓住重点就是利用戴明圆环原理，戴明圆环原理就是所谓PDCA（计划、执行、检查、总结），找出关键的少数以及找出重要的少数以便制定标准，这关键的少数，很多人一定晓得就是所谓80 / 20法则，20%的关键少数，80%的关键多数。

② 语言通俗简洁。简洁的语言就可以描述标准，简单扼要。

③ 目的和方法要明确。要具体明确地描述目的和方法，就能保证预期的目标能够达到。

④ 要注重内涵。标准即使是手写的也可以，不求华美庄重的外表，但要有丰富的内涵。

⑤ 明确各部门的责任。比如配备的实施、文件的保管，或培训人都要求有管理的规则。

⑥ 容易遵循。标准化必须容易遵循才能保证彻底地贯彻执行，如果说标准很难做，大家既看不懂又不太容易了解，它就不能贯彻执行。所以标准在制定之前，一定要考虑遵守的难易度，确定合适的方法。

⑦ 彻底实施。在实施标准中要经常确认遵守的状态，若遵守的不好就要调查原因，找出为什么没有遵守好。要彻底实施标准是一件非常重要的事情，制定的标准没有付诸实施，再好的标准也不过是一纸空文。

⑧ 修订完善。世界上没有十全十美的标准，所有的标准一开始都存在不同的问题，通过不断地操作、使用、修正才能逐渐地完善。

（2）标准化的成效

如果标准化没有做到，做得不好就很有可能产出高成本低质量的产品，如果标准做得很好就相应地自然会降低成本，制造出低成本高质量的产品。当获得低成本高质量的产品时，经济效益也必然就会提升，如果经济效益提升到很高的层次，这个企业就会获得社会效益。在公司的内部管理活动中，标准化的作业更是功不可没，其效果也可以分为通用、附带、特别三种，如图10-2所示。

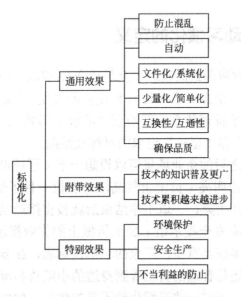

图10-2　标准化的效果

在管理过程中，标准化和改善是紧密关联而又不可分割的，改善是标准化的基础，标准化是改善的巩固。没有改善就没有更新的标准化，而没有标准化，所有的改

善则只能是作为周而复始的重复，不会累积新的技术而形成层次的提高或突破。如果活用改善和标准化，这两者相互依存，相互促进的关系将能够预测到问题，甚至可以及早地做好防范。更好的促进良好的标准化效果的达成。而标准化与改善之间怎样相互促进，来达成最佳效果，具体如图10-3所示。

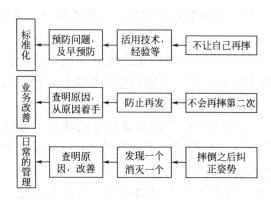

图10-3 标准化与改善的关系

第三节
6S管理活动的习惯化与企业文化

一、6S管理活动习惯化的定义

习惯化就是素养相对应的最高表现，全员遵守6S规范，使之成为每天的习惯，将良好的状态保持下去，是全企业素养培育和提高的表现。"素养"讲的是坚持遵守规定，而推行好的生产现场管理体系应经历三个阶段：形式化——行事化——习惯化，所以，习惯化是"素养"和"坚持"追求的目标及结晶。

6S管理活动习惯化之后的企业场景可以设想一下：区域设置整齐划一、补品堆放整洁有序、现场环境干净明亮；员工士气高涨、看板一目了然、员工自觉地把垃圾、生产产品的废弃物等分开丢弃，一道工序结束后就被直接送至下一步，且处处都有负责人的名字；操作现场有安全提示语；加上机械上的作业指示书有文字写明的步骤，并配以操作图；购入的半成品有生产厂家的名单及标志，在专门的备料区有堆放时间的控制，不管是领导人还是普通的员工看到身边的小纸屑和废物都能按照相应的标准放到其该放置的位置上。还有一些习惯化看不见的效益，如生产效率的提高、生产成本的降低以及企业的长远发展的促进等。

习惯化是6S管理活动的核心目的。通过6S管理活动的实施、监督、指导、考核最终要实现的全体员工对6S管理活动的一种坚持和习惯。做到企业通过四个"S"来改变现场，通过整理、整顿的习惯化，清扫、清洁的习惯化，来改变现场，来改变员工，通过改变员工来提高员工的素质和安全意识，通过促进6S管理活动的习惯化来促使生产的质量水平得到保障，效率得到提高，安全得到保障，同时消除现场的浪费，降低企业的成本。

二、6S管理活动习惯化——企业的素养培育

企业素养培育，促进6S管理活动的习惯化需要做到以下三点：

（1）成为指责高手的领导者

① 6S管理活动的习惯化的第一步从指责开始。制造出一流产品的工厂中，一定有指责高手存在。指责即先指出问题点，没有改善应加以责备。目视现场是指责高手的舞台，通过目视化管理，要关注三定，即定品、定位、定量，询问和查找问题。如有没有划线区分呢？职场有看板反映状态吗？是否有做到物品放置的三定？并进行思考在现场是否存有无指责的基本形态，主要是有关安全、品质和作业方面的。

② 带有爱心来指责（图10-4）。指责意味着带有爱心，不指责是不尽心的管理者。

➢ 现场：热爱于制造物品的舞台。
➢ 制品：热爱于自己所制造出来的制品。
➢ 部属：热爱于部属能成长。

图10-4　三种爱心打造习惯化

③ 当场指责。看见现场零乱当场指责，这是指责高手的根本，也是使下属养成良好习惯的基础。以三现（现场、现况、现物）、三即（即时、即场、即刻）、三彻（彻头、彻尾、彻底）（图10-5），将造成零乱的原因与现象一起责备。

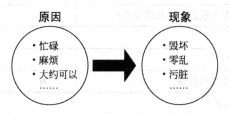

图10-5　以"三现、三即、三彻"批评

（2）善于接受指责

① 员工对待指责的态度。受到上级指责是自己成长的机会，受指责时立即积极回应处理则是善于接受批评的表现。受到指责时，以三现、三即、三彻来对应处理。

② 领导对待指责的态度。作为领导者，不但要善于批评，还要善于接受批评，还要敢于自我批评，领导现场对待批评和指责的态度会让现场人员产生深刻的影响。做好现场的榜样是为了促进6S管理活动的习惯化，这是每一位领导者必须做到的。

> 经理、部长、主任是企业的领导者，而班、组长则是直接领导者；
> 不管是领导者还是下属员工必须以严肃的态度来面对现场的问题；
> 对于现场地零乱、上级不必直接责备作业员，而要责备班组长；
> 班、组长是改善现场体质的主要责任者；
> 严肃认真地对待问题、解决问题，对现场人员的感受是很深刻的。

（3）用好6S习惯化检查表

以一定的分值为参考标准，不同分值对应不同解决策略，以此来推进6S管理活动的习惯化和发展。以表10-2参考。

表10-2　某公司生产车间6S习惯化检查表

部门		检查人			检查日期		
6S	检查项目		完全不行	稍可	中等	良	很好
整理	1.是否定期实施红牌作战（清理不要品）？		0	1	2	3	4
	2.有无不用或不急用的夹具、工具、模具？		0	1	2	3	4
	3.有无剩余料或近期不用的物品？		0	1	2	3	4
	4.是否有"不必要的隔间"影响现场视野？		0	1	2	3	4
	5.作业场所是否规划清楚？		0	1	2	3	4
	小计						
整顿	1.仓库、储物室的摆放是否有规定？		0	1	2	3	4
	2.料架是否定位化，物品是否依规定放置？		0	1	2	3	4
	3.工具是否易于取用，不用找寻？		0	1	2	3	4
	4.工具是否用颜色区分？		0	1	2	3	4
	5.材料有无放置区域，并加以管理？		0	1	2	3	4
	6.废品或不良品放置有无规定，并加以管理？		0	1	2	3	4
	小计						
清扫	1.作业场所是否杂乱？		0	1	2	3	4
	2.作业台上是否杂乱及乱摆乱放？		0	1	2	3	4
	3各区域划分线是否明确？		0	1	2	3	4
	4.作业段落或下班前有无清扫？		0	1	2	3	4
	小计						

部门		检查人			检查日期		
6S	检查项目	完全不行	稍可	中等	良	很好
清洁	1.3S是否规则化？	0	1	2	3	4
	2.机器设备有无定期检查？	0	1	2	3	4
	3.是否对设备物料通道进行打扫？	0	1	2	3	4
	4.工作场所有无放置私人物品？	0	1	2	3	4
	5.吸烟场所有无规定，并被遵守？	0	1	2	3	4
	小计					
素养	1.有无培训日程管理表？	0	1	2	3	4
	2.需要用的护具有无使用？	0	1	2	3	4
	3.有无遵照标准作业？	0	1	2	3	4
	4.有无异常发生时的应对规定？	0	1	2	3	4
	小计					
安全	1.所有的机器设备有无制定安全作业书？	0	1	2	3	4
	2.所有的电源开关是否安全？	0	1	2	3	4
	3.易燃易爆是否定点放置？	0	1	2	3	4
	4.消防器材取用是否方便？	0	1	2	3	4
	5.车间里的主、次通道是否畅通？	0	1	2	3	4
	6.所有的产品、物料在堆放时是否安全？	0	1	2	3	4
	小计					
	6S习惯化综合评分	/100				

以30分为基本标准，根据评价结果确定对策。见表10-3。

表10-3 6S习惯化评价结果及其对策

序号	综合得分	评价	对策
1	0～30	不及格	返回第一阶段，重新开始
2	31～50	再考试	对分数低的项目重补习
3	51～70	刚及格	平均6S，强化弱项
4	71～90	合格（一）	向更高一级努力
5	91～100	合格	努力争取更优秀

三、6S管理活动习惯化对企业文化的塑造

员工在6S管理活动习惯化的过程当中会受到意识、观念的冲击，从而内心产生改变，这样就会慢慢培养成习惯，而且通过这个过程能够培养员工的眼光，也就是说不止是组织大家改变，还能够让大家带着问题意识和问题眼光来直觉现场，把问题当问

题发现出来，而且马上行动，把问题当问题来对待。

6S管理活动的习惯化能够推进企业文化的塑造，更新管理理念，推动管理机制的变革和管理模式的转变。6S管理的习惯化有利于推进企业形象的良性转化，是使制度的硬性化管理和规范化操作最后演化为员工良好的行为习惯，变成引导员工日常工作的一种文化。

促进6S管理活动习惯化是企业的一项基础管理工作，是企业文化及企业竞争力的具体体现；6S管理是营造良好环境的有效方式，是企业管理的重要组成部分，是企业文化的有效手段。6S管理活动的习惯化从一个员工素质提高的角度来塑造企业文化，而企业文化又是企业管理的灵魂。

6S管理活动的习惯化能够为员工创造一个安全、文明、整洁、高效而温馨的工作现场，激发员工高昂的士气和责任感，培养并提升高度的执行力和纪律性，对于塑造企业良好形象，改善工作环境，规范现场管理，提高产品质量，提升员工素养，减少浪费，提高工作效率，保障安全，形成优秀的企业文化具有重要作用。企业文化建设要进入企业制度建设和物质生产的整个系统和全过程，同企业的生产经营融为一体，真正在企业中确立文化管理方式，形成以企业文化建设为主导的企业管理体系，促进企业全面发展。企业文化建设是物质文明、政治文明在企业的综合体现，应成为管理者乃至全体员工永恒的追求。建立并提升具有鲜明特色的企业文化，对企业的长远发展和企业的兴衰至关重要，是企业成功的不可或缺的支柱之一。

6S管理是建设国际一流企业的需要，是适应企业科学管理的需要，是培育先进的办公现场管理模式的需要。6S管理活动的习惯化能够提升6S管理的效果，提升企业文化，培育良好习惯，建立企业形象，使企业保持旺盛的竞争力。同样，创建企业文化的目的更是提升理念，优化管理，以提高企业的凝聚力和感召力，充分调动员工积极性，齐心协力推进企业发展战略的实施。企业文化建设的最终归宿，就是建立符合企业实际的，有个性的企业文化管理模式。

現场 **6S**
精益管理实务

第十一章
6S管理活动的有效实施与持续发展

第一节
6S 活动的预防功能与持续改进

现场 6S 管理活动可以达成预防管理功能，从两个方面来理解。

首先，人为失误的防止。为了提升效率与品质，许多工厂不断引进高性能的设备与系统，但作业现场依然事故频频。究其原因，绝大多数是人为失误，如错误操作、作业条件未确认等。如果 6S 活动不好的话，常常是操作盘及仪表脏污，导致数字读错、模具安装失误等行为发生。此种因人为疏忽的事故必须以彻底的 6S 活动来消灭。

第二，微缺陷的排除。作业现场经常可看到主管为故障的事后处理而烦恼，实际上这些故障只要通过几分钟的事前预防即可防止，却因作业人员视若无睹而造成大故障，例如：机械的给油量不足、油内混入异物造成管路阻塞、螺丝未能锁紧等。这些微缺陷之所以造成故障，是因为当时不排除不至于立刻产生异常，因此谁都认为不重要。微缺陷的排除只有彻底活用 6S 手法才能真正解决问题。

在丰田式的生产模式中，自动化生产中有一点正式体现了 6S 管理活动的预防功能，即生产设备在损害之前要及时修好。具体如图 11-1 所示。

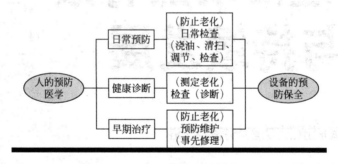

图 11-1 6S 管理活动的预防功能

要保证机器的 100% 运转率，必须要做到防止老化的日常检查维护、为测定老化程度定期检查定期诊断、为早期阶段修复老化按时维修。主要是必须搞清楚哪台设备应当在什么时候进行必要的检修。在此基础上建立起预维修制度，就是一种定期维修制度。当一台设备使用到一定时间后，不管它出现问题与否，提前安排专人利用空余时间对该台设备进行检修和维护；再就是对设备中一些易损件要提前在它达到规定的安全使用期以前就进行主动更换，也是提前定一个更换时间表。做到这些后，一般就能达到"零事故率"。

而现场 6S 精细管理的预防功能则可以实现以上三种活动。

一、6S活动的预防功能

（1）6S预防功能与预防措施

在对6S管理活动的审核与检查中发现的不合格现象，应该采取一定的措施和行动去改进，以防止同样的事情和问题再次发生，这就是预防6S管理活动的预防功能。

为消除实际或潜在的不合格原因所采取的措施称为预防措施。预防措施的程度与问题的大小及轻重有关。所有的预防措施，都必须得到验证。6S审核的目的在于力求改进、彻底纠正所发现的不合格现象，重在落实与预防为主的原则，对不满意的方面应该采取预防措施。

预防的目的是消除实际或潜在的不合格原因；采取措施，防止类似问题的发生或预防问题的再次发生；不断地进行改进，提高管理水平。审核与检查是为了改进，审核与检查中发现的不足是改进的重点内容，采取有效预防措施是达到维持改进质量体系的手段，是防止同样问题再次出现的必要方法。而发现问题即时纠正，不断地发现问题，不断地采取相应的纠正和预防措施；通过持续地改进，实现6S整体水平的提高。

预防具有以下三个特点：

① 6S审核的继续。6S审核中出现的不合格现象都应该采取相应的纠正或预防措施；所有的纠正或预防措施都须得到验证；是作为实现6S内部审核目的的有效手段。

② 目的在于改进。力求彻底纠正所发现的不合格现象；重在落实以预防为主的原则，对不满意的方面采取预防措施。

③ 跟踪的范围。跟踪的范围常因需要而扩大；对有效性的验证也因内部管理的需要而更为严格；在完成纠正措施并经验证以后，还可能对一些后续问题实施进一步的跟踪，因而延长跟踪的时间。

（2）预防的程序及其实施

在开展6S管理活动的预防时候，首先要明确审核组职责。向受审核方解释6S内部审核中出现的不合格项和需改进的方面；对纠正和预防措施的反馈进行管理。其次要明确受审核方的职责。理解审核员指出的不合格项；制订纠正和预防措施的实施计划；执行纠正和预防措施计划；及时地反馈纠正情况以便得到审核员的验证认可。

实施6S管理活动的预防可以按照以下步骤进行：

① 要调查判断不合格的原因，并进行分析——是人、机械、材料、方法、环境等各个方面的问题，找出原因。

② 制订纠正和预防措施的实施计划。

③ 对于控制纠正和预防措施有没有具体有效地实施。

④ 检查纠正和预防措施的效果。

⑤ 对效果的有效性进行验证。

⑥ 巩固经验，巩固验证有效的成果，就是更新文件以及标准化，纠正和预防措施的效果，不明显的可以进入下一个循环。另外采取更有效的纠正措施。

在制订预防措施计划时要关注以下三点：

① 职责明确。谁负责组织纠正和预防工作开展，谁负责制订计划，计划中的每项具体工作由谁负责完成；由谁检查监督，谁负责验收并评价；谁进行成果巩固。

② 报告与记录。对审核中发现的问题，首先，以不合格报告或者其他报告的形式通知受审核方。如，发现这台机器是怎么样的，希望或建议在何时进行改正。如果问题较大，必须经过总经理或6S推行委员会的最高领导进行裁决。其次，记录产生不合格的情况。记录各项纠正和预防措施的主管部门和人员。另外，还要记录各阶段工作的进展情况，由6S审核组长、6S推行委员会的执行长，或最高层管理者来验证与总结纠正和预防措施的状态。

③ 验证与总结。对于纠正和预防措施要有效地进行验证，总结经验和教训，不足之处一定要及时地报告，必要时要采取升级行动。

（3）6S管理活动各个环节的预防功能

要做好6S管理活动的预防，必须进行换位思考，转换有关整理、整顿、清扫、清洁、素养和安全的构想和策划。

① 预防整理。要从事后整理转为预防整理。

经过一段时间的6S管理活动的实施，如果已经做到"必要的东西和不必要的东西区分开来，不必要的东西尽快处理掉"、"不必要的东西出现即予整理的事后处理"，自然是好。但若转成不使"不必要的东西"出现的整理，也就是预防的整理，这将是6S管理活动的真正的提升。

把"不必要的东西出现——整理"，转换为"不必要的东西出现——为什么会出现"来思考，利用"5WHY"法去思考。

WHY1："为何不必要的东西会出现"——因为从前道工序带来的。

WHY2："为何从前道工序带来"——因为从前道工序制造出来的。

WHY3："为何在前道工序会制造出来"——因为管理部门有指令。

WHY4："为何管理部门有指令"——因为来不及做计划变更。

WHY5："为何会来不及作计划变更"——因为制造前置准备时间过长。

为此制定不让不必要东西再出现的方案十分重要。

首先是制定出不必要东西不出现的整体对策。利用5WHY把"为什么"做五次反复问，采用动作和时间分析的方法来改善；采用工序平衡与现场改善的方法，五现主义（现场、现物、现实、原理、原则）以及三及（及时对应、及早预防、及时处理）等方法。

其次改善生产计划，生产计划的好坏是预防整理成功的关键。如何编制生产计划，来确保不生产出来"不必要的东西"这里不作细谈。

② 预防整顿。要从事后整顿转化为预防整顿。

把凌乱的东西加以整理使之分门别类放置，摆放整齐，加以标示，然后使之成为习惯非常重要，但更应思考是不是有不使之凌乱的方法，是否能做到将凌乱的东西已产生的事后整顿变为预防整顿。

把"东西零乱"——整顿转化为"东西零乱"——为何会如此,利用5WHY法进行思考,想象该如何处理(HOW)。

 案例11-1　工装夹具的预防整顿

(1)工装夹具会零乱的原因——归位时会零乱,为何拿回来会零乱?

(2)列出容易归回原位的构想。归回原位使现场不零乱的关键是素养。

(3)消除归回原位的意识。不归原位的理由——使用完后归位,因归位而凌乱。在加油站可看到加油枪使用完后"一松手即完成整顿"——利用悬吊。

(4)消除使用意识观念。可利用共通化的方式,即"工装夹具为何要使用它——是否可与其他工装夹具共同使用";或利用替代化的方式,即"工装夹具为何要使用它—是否可以用其他工装夹具来替代,没有那个工装夹具该如何处理"也可以利用方法上的替代法,即可以从工装夹具的需要性为手段来提出"为何不采用其他的方法"。

---

③ 预防清扫。要从事后清扫转化为预防清扫。

地面或者机器一有脏污即刻加以清扫,如此已成为一贯。即便如此也不能掉以轻心。要转换思想,把事后清扫转化为预防清扫。

换位思考:"地面或机器脏了——清扫"转化为"地面或机器脏了——为何脏了"的思考方式。

许多工作场所的脏污都是从别处带进来的,如工具柜上所积存的灰尘并不是从工具柜里跑出来的,地面上的铁屑不是从地下渗冒出来的。所以一定要调查污染源,予以杜绝或隔离。具体方法有:

首先看到脏污后要思考其来自何处;其次,了解脏污来源之后,无论是来自何处的皆可抑制脏污,并根除其根本源头;在根本上抑制住脏污之后,接下来思考"不使脏污再现的做法",如,a.不产生铁屑的开孔方法(能实现吗?);b.加工零件即时产生铁屑,如何让铁屑不散落在地面上。

④ 预防清洁。需要制定三个对策。

第一,使不必要的东西不出现的对策。可以设计一个"预防整理检查表",对工作场所进行检查了解掌握现状,确认哪些地方还需再一次执行预防整理。

第二,不使物品零乱的对策。"物品的零乱即是心灵的零乱"。即使再怎么忙,心再怎么乱,现场都必须做好预防整理。可以设计一个"预防整顿检查表",对工作现场进行检查了解掌握现状,确认哪些地方还需要再一次执行预防整顿。

第三,不使脏污产生的对策。可以设计一个"预防清扫检查表"检查了解不使脏污产生的预防清扫的状态如何?确认哪些地方还需要再一次执行预防清扫

⑤ 预防修养。不良的错误防范——防呆措施。

人会犯错误的,但可以通过教育、培训等方式来减少相关失误和错误的发生。防范失误后所造成的错误称为防呆措施。

⑥ 预防安全。安全是企业生产互动最不容忽视的关键环节。企业可通过对人员的培训和教育等方式提高员工安全生产的意识。

二、对6S管理活动预防功能实施状况的跟踪

跟踪是实现预防目的的必要环节，是预防活动实施之后的必要的延续。

（1）跟踪的基本概念

跟踪是审核的继续，是对受审核方的纠正和预防措施进行的评审，是验证并判断效果，并对验证的情形进行记录。跟踪的目的就是促使受审核方采取有效的纠正和预防措施，并验证纠正和预防措施的有效性。还有督促受审核方实施纠正、预防，促使受审核方不断地进行改进。同时还要向管理层报告，向审核组长、6S推行委员会反馈受审核方纠正的状况。

对6S管理活动的预防实施情况进行跟踪可以促使受审核方针对实际或潜在的不合格现象采取纠正和预防措施；督促受审核方实施纠正预防措施；使受审核方建立并防止不合格再发生的有效机制；促使受审核方不断地进行改进。同时也要向审核组长、6S推行委员会委员长及时地反馈受审核方的纠正状况；向最高管理层提供6S推进的情况报告，以证实纠正预防措施的适宜性和有效性。

跟踪的时候主要以书面文件的形式提供给审核员或跟踪工作负责人，作为已采取纠正和预防措施的证据；审核员到现场进行跟踪、验证工作。

在跟踪中，审核员的职责主要是证实受审核方已经找到不合格的原因；证实采取的纠正和预防措施是有效的；在跟踪过程中，审核员要证实所涉及的人员对纠正和预防措施有所认识，并进行了适当培训，以适应变化后的情况。审核员要记录所采取的纠正和预防措施，并对有关文件进行改进。同时要向审核组长报告跟踪的结果。

（2）跟踪的实施程序和实施要点

① 跟踪的实施程序

➢ 审核组识别实际或潜在的不合格；
➢ 审核组要向受审核方提出采取纠正和预防措施的建议；
➢ 受审核方要提交纠正和预防措施的计划；
➢ 对采取纠正和预防措施的可行性予以评审；
➢ 受审核方要实施并完成纠正预防措施；
➢ 审核人员对审核状况不满意时，可以要求审核部门再采取下一步的行动。

② 跟踪工作的实施要点　对于跟踪工作的管理应由专职和兼职的管理机构来负责，制定工作持续程序。实施跟踪的人员可由原审核组的成员来进行，也可以委托其他有资格的人来进行。实施跟踪的人员必须了解该项跟踪工作的资料和情况。在进行跟踪的时候，跟踪人员应该针对不同的情况采取不同的措施，对于采取的纠正和预防

措施，如果效果不好时，应该重新采取纠正措施，并进行更细致的跟踪检查，对有效的纠正和预防措施，应该采取巩固措施。跟踪完成之后要编写跟踪检查报告。跟踪检查报告就是对于重大的纠正或预防措施的跟踪情况形成书面报告。跟踪检查报告可以针对一条或若干条纠正和预防措施，视具体情况而定，报告应该反映纠正和预防措施结果的判断，报告是由跟踪检查人来撰写，由跟踪工作负责人，如审核组长、6S推行委员会的执行长来批准。

表11-1是一份简单的预防措施改善书，这在跟踪报告中是必须要呈现的。

表11-1　预防措施改善书

发生区：　　管理评审　　　6S审查　　　客户调查　　　生产过程

No	问题点	担当（改善区）	纠正措施	预防措施	验证结果
发行区： 签名			担当区： 签名		验证人

三、6S管理活动的持续改进

以下两点说明推进6S管理活动的持续改进的原因。

① 从员工个人的角度出发，推动6S管理活动持续改进，有利于员工工作环境的改善，提高工作效率和工作积极性，提高工作绩效，有利于达到工作质量的最优化和员工个人素养的提高。

② 从企业的角度出发，推动6S管理活动持续改进有利于企业整体环境和形象的提高，有利于提高组织绩效，促进企业的长远发展和进步。所以作为企业，它必须具有强烈改善意识的员工，能够把问题解决在那种萌芽的状态。

（1）推进6S管理活动持续改进的基本手法

推进6S管理活动持续改进的基本手法有两种，一种是"五现手法"，另一种是"PDCA循环"。

"五现手法"　"五现手法"是日式企业独有的一种把握现状及解决问题的方式，即"现场"、"现物"、"现实"、"原理"、"原则"，这五个词开头读音都是"CEN"，类似中文发音的"现"，所以统称为"五现主义"。用四个字来概括，即：视，看，观，现。

➤ 现场：事情发生的场所。
➤ 现物：变化的或有问题的实物。
➤ 现实：发生问题的环境、背景、要素。

> 原理：被普遍认同的、能说明大多数事情的根本性的道理。

> 原则：日新月异的、每天都在变化进步的科学技术，也可以认为是基础知识或专业技术。

可以这么说，五现手法就是亲临现场，察看现物，把握现实，找出问题的真正根源，从而根据原理原则地去解决问题的手段和方法。

> 仔细观察现场的现物、现实，发现问题，并以此作为改善的着眼点；

> 坚持悲观主义，做最坏的打算；

> 预期考虑问题，不如优先地去解决问题；

> 追根溯源，打破砂锅问到底。

第一，现场。第一"现"是现场，就是不要只坐在办公室里做决策，而要立即赶到现场，奔赴第一线。到现场如何观察？现场是生机勃勃的，每天都在变化，不具备正确的观察方法，就没法去感觉变化、异常。

观察一般分四种不同层次：

> 见：就是物理学上的观察，也就是只观察跟自己有关或自己比较感兴趣的事情。管理者要学会做现场管理，不能只看与自己有关的或与自己感兴趣的事。

> 视：视是什么？就是以某一个特定的事物为对象，睁大眼睛去看，关注某一部分。

> 看：就是致力于使事物更容易地被看清楚，如将看不见的地方显露出来，将小的东西放大，使移动着的东西静止等。

> 观：观是用目光集中于一点去观察，利用思维和智慧去思考，用目光集中一点地去观察，用智慧、思维去思考。

第二，现物。对于现物，管理者最重要的是以事实为基础而行动，解决问题要求的是找到事实的真相。到实际问题中去，并客观地观察其过程。观察看不到的地方，这时事实最终会出现。需要拥有的是不仅仅停留在观察症状表面，而应培养自己通过观察分析其表面症状后，更深入一步地知其背后原因的洞察力。

第三，现实。对于现实，很多企业经常会脱离实际进行决策，即使面对严峻的后果也没有人怀疑事实的正确性。解决问题需要每一个人都能做到面对现实，把握事实真相。如一份日常报告，报告上只记录做了什么，但不记录还有什么没做，那么，这里边肯定就有问题。事实分为三种，已报告的事实、观察到的事实以及推测到的事实，如图11-2示。

图11-2 事实的种类

第四，原理。即使能及早地认识问题，如果没有掌握原理，还是不知所措。现场、现物、现实让人们能通过实践去行动，认识问题，提高洞察力，而原理正是找寻一种采取怎样的行动，提供一个判断的基准。

第五，原则。日本企业管理者认为，通过测量每一个管理者在工作中的步行距离，就可以判定他是一个什么样的管理者。步行三千步以下的是官僚主义者，三千步到七千步的叫普通管理者，能走到七千步以上的才是一个五现管理者。只有走到现场，观察现物，把握现实，然后通过原理、原则去处理问题。表11-2为五现管理的基本流程。

表11-2　五现管理的基本流程

步骤	目的／内容	手法
认识问题	在哪里发生？	现场
	是什么？怎样？	现物
	什么情形／环境？	现实
思考判定	原因追究	现场、现物、现实
	方向、宗旨	原理
	专业知识	原则
对策	具体方法、可行性	现场、现物、现实、原理、原则
实施	有效行动	现场、现物、现实
反省、评价效果	节省多少钱？效果如何？	现场、现物、现实

（2）持续改善

为了推动6S管理活动持续改进，必须从日常的改善活动入手，这是实现6S管理活动持续改进的基本要求。

① 改善的种类。按时间的不同，可以分为事后改善和事前改善两类。

➤ 事后改善：在制造过程中发现不良，或是直到顾客抱怨后再来改进工作；

➤ 事前改善：在问题发生之前，就已经进行改进，使问题不会发生，或是把损失减少到最低的限度。

② 日常管理与改善的关系。日常管理强调的是遵守标准，将相同的状态维持下去，改善是寻找更好的方法，并做成能保证预期效果的标准来实施。企业的工作就是基于日常管理和改善之上，目标可能一次达不到，但经过反复的维持和改善之后就能达到目标。图11-3说明了日常管理和改善的关系。

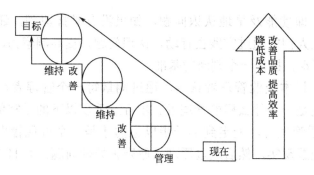

图11-3 日常管理与改善的关系图

持续改进是6S活动整体业绩的重要组成部分。6S活动的总目的是创造一个良好的现场环境，提升人的品质。就每个企业而言，无论是现场环境的改善还是人的素养的提升，都不可能仅仅实施这个活动以后就能得到圆满的解决。持续的改进过程，对所有实施6S的企业来讲，都是必不可少的，而且旧的问题解决了，新的问题又会出现；主要的问题解决了，次要的问题便提到议事日程，改进永无止境。因此，6S管理活动的持续改进是企业永恒的目标。为此，在6S实施过程中建立有效的管理模式，运用合适的方法和工具是企业实施6S有效运行和改进的重要方式。

（3）PDCA循环

PDCA循环又叫戴明环，原是美国质量管理专家戴明博士提出，是全面质量管理所应遵循的科学程序，就是质量计划的制订和组织实现的过程，这个过程就是按照PDCA循环，不停顿地周而复始地运转的。目前在管理上把PDCA循环当作是使任何一项活动有效进行的合乎逻辑的工作程序，特别是在生产能力和产品质量管理功能方面得到广泛的运用。PDCA循环已经远远超过质量管理的范畴。6S管理活动也可通过PDCA循环获得不断提升。

➢ P（Plan）——计划。包括方针和目标的确定以及活动计划的制订。

➢ D（Do）——执行。执行就是具体运作，实现计划中的内容。

➢ C（Check）——检查。就是要总结执行计划的结果，分清哪些是对，哪些是错，明确效果，找出问题。

➢ A（Action）——处理。对检查的结果进行处理、认可或否定。成功的经验加以肯定，或者模式化或者标准化以适当推广；失败的教训加以总结，以免重现；这一轮未解决的问题放到下一个PDCA循环。

6S管理活动的推进与效果提升离不开管理循环的转动，这就是说，改进与解决现场管理问题，都要运用PDCA循环的科学程序。不论提高产品质量，还是减少不合格品，降低运行成本等都要先提出目标，即6S活动的目标，企业现场管理要达到什么样的水平，不合格品率降低多少，成本降低多少，就要有个计划；这个计划不仅包括目标，而且也包括实现这个目标需要采取的措施；计划制订之后，就要按照计划进行执行，看是否实现预期效果，有没有达到预期目标；通过检查找出问题和原因；最后就要进行处理，将经验和教训制定成标准、形成制度。

➢ 6S活动每个环节的管理都有一个PDCA循环，形成一个大环套小环，一环扣一环，互相制约，互为补充的有机整体。一般说，某个PDCA循环上一级的循环是下一级循环的依据，下一级的循环是上一级循环的落实和具体化。

➢ 每个PDCA循环，都不是在原地周而复始运转，而是像爬楼梯那样，每一循环都有新的目标和内容，这意味着推进与提升的6S管理。

➢ 在6S活动推进的PDCA循环中，A是一个循环的关键。

第二节
全员参与和创建6S管理机制

一、全员参与

企业开展6S管理活动最有效的办法是让全体员工都参与到6S的管理活动中，也就是说6S的推动要做到企业上下全体一致，经理、科长、主任、班组长要做到密切地配合，同时要密切关注小组活动。在实际的6S管理活动中，推行的主管部门是一个车间，一个部门。例如在装配车间，主管就应该告知员工，或教育员工整理、整顿、清扫的重要性，然后再进一步地告知每个人，要养成一种规范化，怎么样去进行整理、整顿、清扫。每一个人都能够做好以后，这个小组就可以做得更好。6S的活动的一个环节就是部门，每一个人都有责任；6S的活动的每一个责任都要环环相扣，也就是每一个领导干部之间都要环环相扣。

强调全员参与6S活动需要企业全体员工的积极参与，热情参与的员工越多，对活动的推行越有利。如何促进全体员工积极参与到企业的6S管理活动中，是企业管理者们必须思考的问题。可以通过以下集中方式来促进全员的参与。

① 员工对活动热情的长期维持在很大程度上取决于最高管理者的意志力，这就要求最高管理者在决定发起6S活动时消除犹豫，以一种坚定决然的态度推行6S管理活动。

② 在推动6S管理活动中，必须让员工明确自己在6S管理活动中的责任，并以一种主人翁的心态落实自己的工作；同时推行部门也要对员工的工作进行指导，以及时发现问题并解决问题，提高员工参与到6S管理活动中的积极性。

③ 企业要通过各种丰富多彩的活动，如利用各种宣传工具或者通过动员会、内部刊物文章发表、自主研究会、鼓励提出改善方案等措施使6S活动更加丰富多彩，吸引更多的员工积极参与。

二、创建6S管理机制

创建6S管理机制，最首要的工作是成立6S管理组织，明确组织的主要职责和任务；其次，确定6S管理工作的目标和方针，形成一种动力机制，推动6S管理活动；接下来建立6S管理活动的运作机制，打造高效率的6S管理流程；最后还需要约束监督机制作为后盾，来督导6S管理活动的进行，促进6S管理目标的达成。

（1）成立6S管理组织

① 确定6S管理组织结构和人员构成　6S管理本身是一种企业行为，因此，6S管理的推行一定要以企业为主体。建立一个符合企业自身条件的管理组织——6S推行委员会，以领导和指挥企业的6S管理活动。

企业的6S管理组织，应该有一个核心的主管部门，作为核心力量，之后建立从企业——部门（科室）——班组的三级监督控制体系。而当6S已被员工养成自觉习惯时，进入常态化管理，可由各部门自主管理。

6S管理组织由总经理担任管理组织的主任，6S管理代表担任管理组织的副主任，若干成员（部门负责人）担任推行委员组成。推行办公室是个相当重要的职能部门，可由3～5名的精干人员组成，它负责对整个6S推行过程进行控制，负责制定相应的标准、制度、竞赛方法和奖惩条件等。

② 明确职责

第一，明确6S管理组织的职责。

➤ 设定6S的方针和目标；
➤ 确定6S推进的方法、方案；
➤ 制订推进计划及策划推进活动；
➤ 实施6S教育训练；
➤ 制定6S考核评价标准；
➤ 建立6S监督检查体系。

第二，明确6S管理组织中人员的职责。这是为了各司其职，让大家知道负责人是谁，分别负责什么内容，给各部门一个联络的窗口。以下为参考职责，企业可以根据自身特点进行追加和删减。

➤ 主任委员。人力资源、物资的合理提供者。作出相关决策，鼓舞士气，适当巡逻现场，关心、认可、指正下属的6S工作；颁布权威性文件。
➤ 副主任委员。资源的运用掌握，做好人员的配置，协调不合理等事项；督导办公室的工作；主持各种会议，审核相关文件。
➤ 办公室。首先，制订实施方案，协调部门间的问题，召开各种会议及组织各种推行活动，并准备各类推行文件及事务工作内容；第二，督导各活动区的工作进展，并实施检查评比、宣传教育等活动，对有争议问题进行处理和协调等6S管理的具体工作。最后，对各种重要会议，特别是检讨推行办法的会议，由推行办公室做好会议记录并发放备忘。

➢ 委员（各部门6S负责人）。参与6S活动计划的制订及监督实施，执行领导小组及推行办公室所委派的工作；负责本部门6S的宣传教育，完成诊断表、评分表等表格的填写，定期参加检查，推动整改工作。

③ 建立一个推进组织的注意事项

➢ 层次不能过多，可以分为3～4层。

➢ 人员一定要精干，要有主见和热情，甚至要有影响力或号召力。

➢ 活动过少达不到预期的效果，过多又会影响到正常工作，最好是一周进行一次汇总，或进行一次会议。

➢ 责任明确，分工协作，各展所长。

➢ 领导者要赋予权利，配备齐足够的资源，比方说经费、办公的文具、场所等。

（2）确定6S管理活动的目标以及方针（动力机制）

① 确定6S管理活动的目标和方针　6S推进部门可以结合企业的发展宗旨和经营方针，提出整个活动的目标，为6S活动指明方向。在活动开始后，各部门又可以根据各自特点提出部门的具体目标，做到具体问题具体分析。

第一，制定6S目标应符合以下原则要求。

➢ 相关性原则。企业在制定6S目标时，应与企业的产品、活动、资源等情况密切相关，为企业整体目标服务。

➢ 先进性原则。6S目标应具有先进性或挑战性，只有这样才能激发员工的改善意识和拼搏精神，为实现组织和个人的目标努力。

➢ 可实现性原则。6S目标必须切实可行，能够实现。

➢ 可量化原则。如果不能制定出定量目标，也应制定出定性目标，从而使这些目标是可被考核的或可被控制的。

➢ 时间性原则。6S目标要具有一定的时限性，企业必须明确在什么时候完成，给实施者一定的压力，以保证整体进度。

第二，制定6S方针要注意的事项。

➢ 与企业宗旨相适应。推动6S要与企业宗旨相适应，6S的方针是根据企业宗旨、发展战略制定的。与之相适应，才有旺盛的生命力。所以制定6S方针，一定要有助于提升企业的形象或节约成本，提高生产力，杜绝浪费。

➢ 抓住要点，向全员表达出信心和决心。通过方针向全体职工说明推进6S的意义和推进的方向，传达管理层的信心、决心和期望。

➢ 作为6S目标的订立框架的基础。6S方针是6S体系建设的基础，是企业制定、评价6S体系的框架，所以6S的方针应该切实可行。

➤ 全员理解。6S方针应做好宣传贯彻工作,使各级人员都能充分理解。

➤ 及时修订。企业在不断成长,原来制定的6S方针不可能永远都适合企业,应根据变化及时地检讨修订6S方针,使其与发展变化相适应。

② 制订6S计划

第一,长期计划与短期计划。长期计划通常以年度作为考核时限。各年度有不同的工作内容。一般而言,长期计划需要规划近三年的计划。短期计划用来明确具体改善项目和具体日程,如每周一清扫地板等。每完成一个短期计划之后,员工应在该计划上用记号标注。

第二,企业6S推进计划和各部门6S实施计划。企业6S推进计划比较宏观抽象,各部门计划是对企业6S推进计划的落实和细化,要求实施内容和时间具体明确。例如,拟定各部门实施计划和相应日程,并将计划公布出来,让所有的人知道实施细节,制定表11-3所示的日程与计划表,相关部门负责人以及企业的员工都知道应该在什么时间内完成什么工作,如什么时间进入样板区域的选定、什么时间进行样板区域6S推行、什么时间进行样板区域阶段性交流会。

表11-3 推行6S管理日程与计划

项次	项 目	推行6S管理大日程						
		1月	2月	3月	4月	5月	6月	……月
1	推行组织成立							
2	前期准备							
3	宣传教育展开							
4	样板区域选定							
5	样板区域6S推行							
6	样板区域阶段性交流会							

③ 制定6S活动实施办法 对于6S活动的推行与展开,企业要通过书面形式让员工了解哪些可做,哪些不可做,怎么做才符合6S的要求。书面规范一般包括以下四点:

➤ 活动时间和目的;
➤ 区分必需品与非必需品的办法;
➤ 6S活动评鉴方法;
➤ 6S活动奖惩方法。

④ 制定6S活动章程 组织建立后,要集体研讨制定相应的规章制度,勾画出大的蓝图,以便为日后的工作明确方向和方法。规章制度制定后,及时向企业每个员工公布。

（3）6S管理活动的运作流程（运营机制）

　　企业推进6S管理活动，应该按计划，有步骤地进行。按照一定的程序和流程把6S管理活动贯彻到企业的每个部门。图11-4、图11-5用两个实例来说明6S管理活动的运作流程。

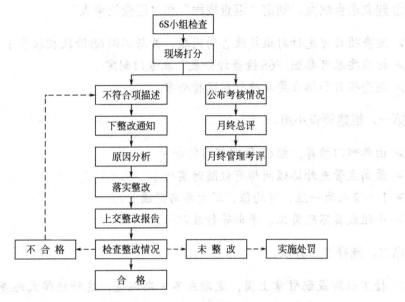

图11-4　深圳市某高新技术有限公司6S管理流程

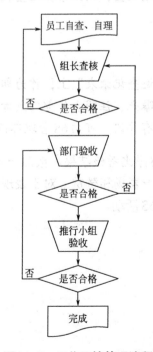

图11-5　工作环境管理流程

（4）6S管理活动监督约束机制的建设

① 评比考核制度。定期或者不定期开展企业的6S管理评比考核活动，按照约定的标准，利用6S评价表对企业所开展的6S管理活动情况进行公开、公平、公正的评比。

② 建立巡查制度。制定"巡查规程"和"巡查记录表"。

➢ 巡查项目可先针对亟须改善的问题，并与不同6S阶段相联系；

➢ 标准要求可参照"6S检查评分表"或专门制定；

➢ 巡查项目和标准要求执行前张榜公布。

第一，组建稽查小组。

➢ 由各部门推荐，经6S管理部门任命；

➢ 最高主管或外协顾问师有权随时实行；

➢ 1～2人为一组，可轮值，扩大参与范围；

➢ 小组成员不限员工、干部等行政职位。

第二，选择巡查办法。

➢ 挂工位牌或配臂章上岗，定期或不定期巡查，这种挂牌式巡查比较适合6S初级阶段；

➢ 不佩戴任何标识，不定期巡查，例如素养巡查较适合用这种隐蔽式巡查，利于客观地、全面地发现问题。

第三，处理。

➢ 巡查结果及时记录在"巡查记录表"上，作为部门阶段评比一项参考依据；

➢ 巡查结果还应当日公布曝光，注明责任部门或责任人，制定整改期限；

➢ 被稽查人如对巡查结果有异议，可向6S管理部门申诉，由主任委员最后裁决。

③ 奖惩制度。根据客观的评比考核结果，按照一定的奖惩标准，对于在6S管理互动中突出的单位和个人，给予表扬和赞赏；对于表现不好的员工和部门要给以一定的巧妙批评，鼓励其继续做好6S活动。

后记
理念远比工具重要

从20世纪80年代以来，国内企业从引入CI系统开始，为了提升企业管理水平与竞争能力，不断引入国外先进的企业管理工具和方法，例如平衡计分卡、执行力系统、精益管理、流程管理、并行工程、全面质量管理等，包括目前很多企业大力推行的6S管理、现场管理，基本上国外企业什么管理工具有用，就引入、推行什么。在这方面，国内管理理论界，尤其是咨询界相关人士，不遗余力地引导国内企业引入国外企业最先进的管理工具、方法、手段。但遗憾的是，国内很多追求时髦管理方式、工具的企业并没有因为这些工具、方法的引入而提升自己的管理水平和竞争力，甚至有些企业还因此走上下坡路，原因何在？企业管理层意欲改变落后管理现状与提升企业竞争能力的目的是好的，但往往一方面忽视企业管理基础和企业实际，简单复制的居多，另一方面的问题是急功近利，方法与手段优先，改变模式推行的前提与条件，从而使得很多管理模式、方法引入之后效果不佳，甚至半途而废。

《改变世界的机器》一书的作者詹姆斯·P·沃麦克在谈到精益生产在世界实施的结果时认为，整个实施效果非常令人不满意。原因在于精益生产不仅是指用于生产和品质管理的工厂管理系统，更重要的是集市场信息和生产为一体的经营系统。当完整、全面研究丰田汽车精益生产过程时认识到，精益生产创始人大野耐一在导入精益生产的时候，注重的不是工具，而是一种意识、一种理念，是一种经营模式，而不是几个管理工具（丰田在做着精益生产的事情，但确实不知道自己那个是什么精益生产，它们有的只是一个理念：消灭一切浪费）。经过管理学家们总结的丰田精益生产成功的关键在于，建立优秀的团队，形成主动承担责任的意识，养成主动的工作意识，具有跨边界的管理意识和创新意识。很多企业引入精益生产模式不成功，原因在于过于强调工具的作用（很多企业不过只是宣称或标榜自己取得成功，而且产生大量的"成功经验"）。

追溯很多管理模式之所以在最初诞生的企业能够获得成功，可以认识到重要一点：意识、理念远比工具重要。

现场6S管理首先是一种理念，一种意识，是提升企业基础管理水平与员工素质的理念和意识，而不简单的只是工具化手段。尽管进行了区域规划与责任划分，6S更强调的是一种团队合作意识，强调的是一种主动工作意识和责任意识。企业高层管理者不能游离于6S活动之外，必须首先养成团队意识、责任意识，才能让员工按照6S管理的目的要求，形成主动工作意识、责任意识、创新意识、团队意识等；企业高层管理者对待6S管理活动的开展，应该首先明确6S活动的目的，然后才能有效使用6S活动的方法与工具。企业推行现场6S管理重在意识养成与理念形成，进而养成素质。6S管理活动推行的前4个"S"不仅在于行为与活动本身，重要在于意识或观念、理念，把整理、整顿、清扫、清洁的行为变成习惯，按照企业运行的要求规范化、标准化、习惯化。6S管理活动的推行改变的不仅仅是员工的行为，重要的是夯实与提升企业的基础管理水平，改变的是企业文化内容。

本书强调6S管理活动的理念与意识，是在参考大量文献与总结大量企业实践基础上编辑而成。本书在编辑、写作过程中参考大量的出版文献与网络文献，在此对原作者表示感谢。

本书编辑、写作过程中，研究生陈真真、马茜、郑银霞、范文卿协助进行大量的文献收集和资料整理工作。本书的编辑、写作得到北京化工大学张英奎教授、潞安环能公司王志清总经理、潞安郭庄煤矿李明书书记，焦煤集团郭建周矿长，潞安煤基合成油公司武瑞庆部长，新疆潞新公司郝志忠矿长、刘爱国处长的支持与帮助，在此一并致谢。

参考文献

[1] [美]纳罕姆斯.生产与运作分析.第6版.[国外大学优秀教材——工业工程系列（影印版）].北京：清华大学出版社，2009.

[2] [美]麦卡菲.企业2.0：企业社会化协作趋势与工具（web2.0下企业管理如何先人一步，从人机交互到人人交互）.于蓬波等译.北京：机械工业出版社，2011.

[3] [日]熊译诚.日本式企业管理的变革与发展（日本社会学名著译丛）.黄咏兰译.北京：商务印书馆，2003.

[4] 孔繁荣等."大6S"管理精要.北京：中国标准出版社，2008.

[5] 高庆华.卓越6S管理实战手册（图解版）.北京：化学工业出版社，2012.

[6] 陈春花.从理念到行为习惯：企业文化管理（让理念转化为行为习惯，日益成为企业获得竞争优势的唯一方式）.北京：机械工业出版社，2011.

[7] 孙兵等.6S精益管理实用指南.北京：国防工业出版社，2012.

[8] 王钦.现代企业管理基础工作新发展.北京：经济管理出版社，2007.

[9] 罗仕文.6S督导师实用手册.深圳：海天出版社，2007.

[10] [日]大西农夫明.图解5S管理实务——轻松掌握现场管理与改善的利器.高丹译.北京：化学工业出版社，2009.

[11] 郑海航等.21世纪.企业管理新趋势.北京：经济管理出版社，2008.

[12] [日]越前行夫.图解生产管理.5S推进法.尹娜译.北京：东方出版社，2011.

[13] 曾添等.看图轻松学5S管理.广州：广东省出版集团图书发行有限公司，2010.

[14] 徐航等.工厂5S管理实务.北京：中国时代经济出版社，2008.

[15] 石强.5S推行实操手册.北京：中国电力出版社，2012.

[16] 江艳玲.工厂5S/7S精益运作实务.北京：中国时代经济出版社，2012.

[17] 李家林.5S精细化管理——工厂管理一本通系列.深圳：海天出版社，2011.

[18] 胡凡启.5S管理与现场改善.北京：中国水利水电出版社，2011.

[19] 张忠新.中国式5S管理.南京：东南大学出版社，2009.

[20] 曾跃顿.5S推行问题与对策.厦门：厦门大学出版社，2008.

[21] 苏俊.卓有成效的5S管理.广州：广东经济出版社，2008.

[22] 日本名古屋QS研究会编辑.改善经营管理的5S法.张贵芳等译.北京：经济管理出版社，2005.

[23] 孙少雄.如何推行5S（塑造人的品质）.厦门：厦门大学出版社，2001.

[24] 刘承元.专家博士的5S经——实现卓越工厂管理的基础.深圳：海天出版社，2003.

[25] 李家林等.图说工厂7S管理.北京：人民邮电出版社，2011.

[26] 涂高发等.中小企业"必备"系列——中小企业7S全程运作方案.北京：化学工业出版社，2012.

[27] 袁公明.工厂3Q7S管理.北京：中国经济出版社，2008.

[28] [日]大野耐一.大野耐一的现场管理.崔柳等译.北京：机械工业出版社，2011.

[29] 李家林.工厂现场精益管理实务.北京：中国时代经济出版社，2012.

[30] [日]门田安弘.丰田现场管理方式.丰田巨额利润的秘密.李伟，李晴译.北京：东方出版社，2005.

[31] 陈志祥等.生产与运作管理.北京：机械工业出版社，2009.

[32] 孙少雄.制造业6S精益管理.现场改善利器.北京：机械工业出版社，2010.

[33] 宋文强.图解6S管理实务：中国实战版.北京：化学工业出版社，2010.

[34] 唐苏亚.5S活动推行与实施.广州：广东经济出版社有限公司，2012.

[35] 聂云楚等.立正管理书系.6S实战手册.深圳：海天出版社，2004.

[36] 李家林.6S精益推行手册（实战图解精华版）.北京：人民邮电出版社，2011.

[37] 北京中电力企业管理咨询有限责任公司.电力企业6S管理.北京：中国电力出版社，2008.

[38] 舒化鲁.企业规范化管理系统实施方案——文化建设管理.北京：电子工业出版社，2012.

[39] 祁有红等.第一管理——企业安全生产的无上法则（全新升级版）.北京：北京出版社，2009.

[40] 刘敏兴.卓越的现场管理——5S推行实务.北京：北京大学出版社，2011.